In memoriam

Peggie Castle (1927-1973), *Barboura Morris* (1932-1975), *Susan Cabot* (1927-1986), *Betsy Jones-Moreland* (1930-2006), *Candice Rialson* (1951-2006), *Beverly Garland* (1926-2008), *Roberta Collins* (1944-2008)

und all jener vergessenen B-Movie-Queens.

robert zion

roger corman

die rebellion des unmittelbaren

Bibliografische Information der Deutschen Nationalbibliothek:
Die Deutsche Nationalbibliothek verzeichnet diese Publikation in der
Deutschen Nationalbibliografie; detaillierte bibliografische Daten sind im
Internet über http://dnb.dnb.de abrufbar.

Buchumschlag und grafische Gestaltung: Robert Zion

Fotonachweis:
13: New World Pictures (1978); 21, 121, 197, 223: AIP (1970, 1961, 1970, 1966); 25, 27, 31: Los Angeles Water and Power Associates (2016); 74: ARC (1955); 211: Filmgroup (1962) 242: LoopNet (2018); 256: Robert Zion (2017). Screenshots, Presse- u. Aushangfotos u. Filmplakate: zu den Copyright-Inhabern/Produktionsfirmen siehe Bildunterschriften sowie die Filmografie im Anhang.
© Filmhistorisches Archiv Robert Zion
© Photographs: original copyright holders

© 2023 Robert Zion
Die Erstausgabe erschien im Dezember 2018 bei BoD

Herstellung und Verlag: BoD – Books on Demand, Norderstedt

ISBN: 9783746044316

Inhalt

Amerika **8**

Einleitung:
Zeiten und Zyklen **11**

1. Kapitel:
Michigan-See, Winter **24**

2. Kapitel:
Wenn du Geld machen willst, dann mache einen (Frauen-)Western **40**
- *SWAMP WOMEN* (1956) **49**
- *GUNSLINGER* (1956) **56**

3. Kapitel:
Die Geburt des Neuen oder Science Fiction, zum Ersten **63**
- *DAY THE WORLD ENDED* (1955) **70**
- *LAST WOMAN ON EARTH* (1960) **76**

4. Kapitel:
Rebellion, zum Ersten oder Von Teenage Angst,
Girl-Gangs und dem Beatnik-Phänomen **87**
- *SORORITY GIRL* (1957) **97**
- *TEENAGE DOLL* (1957) **103**
- *A BUCKET OF BLOOD* (1959) **111**

5. Kapitel:
Der Untergang oder Zeitenenden und Endzeiten **120**
- *HOUSE OF USHER* (1960) **133**
- *THE TOMB OF LIGEIA* (1964) **142**

FARBTAFELN: Auflösung, Psychedelia, Farbreduktion,
Plakate, Abstraktion, Augen, Gegenkultur **150**

6. Kapitel:
Das Auge des Regisseurs oder Science Fiction, zum Zweiten **160**
- *NOT OF THIS EARTH* (1957) **168**
- *"X" - THE MAN WITH THE X-RAY EYES* (1963) **174**

7. Kapitel:
Familienbande oder Von der Gewalt nach Innen und nach Außen **182**
- *MACHINE GUN KELLY* (1958) **187**
- *BLOODY MAMA* (1970) **195**

8. Kapitel:
Rebellion, zum Zweiten oder Von der Rassentrennung,
Höllenengeln und dem Hippie-Phänomen **204**
- *THE INTRUDER* (1962) **209**
- *THE WILD ANGELS* (1966) **219**
- *THE TRIP* (1967) **229**

9. Kapitel:
Bei der Oscar-Verleihung (1975, 2010) oder
New World Pictures und danach **239**

Anhang:

Filmografie **265**
Literatur- und Quellenverzeichnis **295**
Index **304**

Über den Autor

"Ich studierte *THE WILD ANGELS* in den Kinos. An der Universität von New York musstest du jeden Morgen eine Kerze für Ingmar Bergman anzünden. Überall gab es dort kleine Bergman-Schreine. Ich liebe die Filme Bergmans, aber es waren Cormans Filme, die wir in diesen seltsamen Keller-Kaschemmen studierten, die es dort überall in New York gab."

Martin Scorsese

„Cormans Arbeit hat viel mehr gemeinsam mit den billigen Produktionen von unabhängigen *underground*-Filmemachern wie Kenneth Anger, als mit dem kommerziellen Kino der letzten Jahre, dem Versuch Hollywoods, seinen *output* durch einen traditionell puritanischen *production code* zu kontrollieren und zu verkitschen."

Warren French

Amerika

> "We are all outlaws in the eyes of America."
> *Jefferson Airplane*: We can be together, 1969

Die *outlaws* Amerikas wollten sie sein, die Jefferson Airplane, die wohl exponiertesten und radikalsten musikalischen Vertreter jener Kulturrevolte, die im *summer of love* 1967 in den Ashbury Haights San Franciscos, von der dortigen Bay-Area und der Uni Berkeley ihren Ausgangspunkt hatte, und die in den folgenden zwei Jahren als Flower-Power- oder Hippie-Bewegung die Jugend der westlichen Welt in Aufruhr versetzte. Als 1970 Roger Cormans *GAS-S-S-S! OR IT BECAME NECESSARY TO DESTROY THE WORLD IN ORDER TO SAVE IT* erschien, wirkte dieser Film bereits wie ein Nachruf auf diese Kulturrevolte. Zwar stammte die Musik für *GAS-S-S-S!* von Country Joe & the Fish, *der* Kult-Band der Studentenrevolte in Berkeley, doch hatten zu dieser Zeit die Hell's Angels aus San Francisco bereits für ein jähes Ende des Hippie-Traumes gesorgt, ausgerechnet jene Hell's Angels, deren Protestkultur Roger Corman noch 1966 mit *THE WILD ANGELS* ein filmisches Denkmal gesetzt hatte: auf dem Festival von Altamont am 6. Dezember 1969 wurde der junge Schwarze Meredith Hunter während des Auftrittes der Rolling Stones von als Ordnern eingesetzten Hell's Angels niedergestochen. Letztlich erwiesen sich die Ressentiments gegenüber der schwarzen Bevölkerung Amerikas selbst noch in der Revolte stärker als der schöne Traum von *love & peace*. Eine Erfahrung, die Roger Corman nicht fremd war, hatte er doch 1962 mit *THE INTRUDER* einen der besten und ersten Filme über die Rassentrennung in Amerika inszeniert und dabei den unverhohlenen Hass der Rednecks gegen jegliche liberale Tendenzen am eigenen Leibe verspüren müssen.

William Shatner in *THE INTRUDER* (1962)

Jedenfalls stellte *GAS-S-S-S!* den filmischen Schwanengesang einer kurzen aber intensiven Epoche des Aufbruchs dar, deren Anfänge nicht weniger mit dem Namen Roger Corman verbunden sind. Ob es sich nun um Teenager-Revolten, die Rock'n'Roll-Hipster der 50er Jahre, das Beatnik-Phänomen oder die Hippie-Bewegung handelte, stets war es der Autorenfilmer Roger Corman, der die rebellischen Zeichen der Zeit mit Filmen wie *TEENAGE DOLL* (1957), *A BUCKET OF BLOOD* (1959), *HOUSE OF USHER* (1960) oder *THE TRIP* (1967) am deutlichsten erkannt und am unmittelbarsten widergespiegelt hat. Dennoch war Roger Corman, der seine politische Haltung selbst einmal als „liberal bis radikal" beschrieben hat, kein Protestfilmer im herkömmlichen Sinne. Er war ein *Rebell des Unmittelbaren*, ein Seismograf der Erschütterungen seiner Zeit. So wie sich die Jefferson Airplane als die *outlaws* der politisch und kulturell zum Stillstand gekommenen Gesellschaft Amerikas verstanden, so war Roger Corman das Reinigungskommando des nicht minder verkrusteten, langweilig und unbeweglich gewordenen Hollywood-Kinos. War? Sicher, Roger Corman hat seine Karriere bis heute als Produzent und Verleiher fortgesetzt, doch das, was von ihm bleiben und nun im Mittelpunkt dieses Buches stehen wird, ist untrennbar mit den späten 50er, den 60er und frühen 70er Jahren des vergangenen Jahrhunderts verbunden, mit jener Epoche, in der der Aufbruch in eine Welt mit menschlicherem Antlitz wenigstens für kurze Zeit möglich schien.

Für diese Werkausgabe wurden Fehler stillschweigend korrigiert und einige wenige Verbesserungen vorgenommen.

Robert Zion, im Sommer 2023

Einleitung: Zeiten und Zyklen

Roger Corman, der „King of the B's", ein Autorenfilmer? Gerade in Deutschland, wo man aus der *politique des auteurs* allzu schnell eine Autoren*theorie* gemacht hat und damit das kleine Wort „Politik" unterschlug, scheint diese Behauptung noch immer eine Provokation für die professionelle Filmkritik darzustellen. Schwebte mit dem Begriff der Autorentheorie in Deutschland stets auch die vage Differenz von „Kunst" und „Kommerz", ob nun ausgesprochen oder unausgesprochen, im Hintergrund mit, so stand diese Unterscheidung in Frankreich, wo Roger Corman spätestens seit *MACHINE GUN KELLY* der Status des *auteurs* zuerkannt wurde, eigentlich nie zur Debatte.

Charles Bronson und Susan Cabot in *MACHINE GUN KELLY* (1958)

„Was zählt", so Jacques Rivette, sei vielmehr, „der Ton, oder der Akzent, die Nuance, wie immer man es nennen mag - das heißt der Standpunkt eines Menschen... und die Haltung dieses Menschen zu dem, was er filmt, und folglich zur Welt und allen Dingen." Dieser Standpunkt eines Filmemachers, er kann sich in wiederkehrenden Motiven der Filme, aber auch in der Aussage des gesamten Werkes wiederfinden. Beides ist bei Roger Corman der Fall. Als *Rebell des Unmittelbaren* wusste er dabei, dass er keine Zeit zu verlieren hatte: die Welt, die er dokumentierte, sie würde verschwinden, und Cormans enorm schnelle und effiziente Arbeitsweise, sie war nicht allein dem Kommerz geschuldet, sondern auch dem Drang, so viel wie nur möglich von dem Untergang einer alten und der Geburt einer neuen Welt auf die Leinwand zu bringen - von Beatnik-Schuppen bis Biker-Gangs, von der Aufhebung der Rassentrennung bis zur Hippie-Bewegung. Cormans Haltung zu seiner Zeit findet sich in den beiden Motiven wieder, die seine Filme fast durchgängig durchziehen: den Außenseiter als Protagonisten und das *empowerment* der Frau. Doch nicht allein diese Haltung zu seiner Zeit, die Zeit selbst ist es, die Cormans Werk in seiner Gesamtheit behandelt.

Als Roger Corman 1970 seine aktive Karriere als Regisseur für viele Jahre beendete und die New World Pictures gründete, war für ihn nicht allein seine Lektüre eines Buches über Schlüsselbegriffe der Werbebranche für den neuen Firmennamen maßgebend. Im selben Jahr besuchte Corman während der Dreharbeiten von *VON RICHTHOFEN AND BROWN* in Irland das Edinburgh Film Festival, das unter dem Titel „The Millennic Vision" eine der ersten Retrospektiven seines Werks zeigte. Es war dabei der aus Belgien stammende Filmkritiker Paul Willemen, der Cormans Gesamtwerk in dem gleichnamigen Reader des Festivals erstmals vollständig aufschlüsselte. Corman zeigte sich beeindruckt, hatte Willemen doch sein Thema einer „neuen Welt" (und des Untergangs einer alten Welt) bis ins Detail beschrieben. Cormans Ins-Werk-Setzen von Zeiten und Zeitzyklen, es war in dieser analytischen Schärfe und Ausführlichkeit nicht einmal in *Les Cahiers du cinéma* oder *Positif* erfasst, die jeweils im Februar und März 1964 Cormans Filme bereits ausführlich als Werke eines *auteurs* besprochen hatten.

Willemens Untersuchung „Roger Corman: The Millennic Vision" ist dabei nicht allein ein herausragendes Beispiel brillanter Filmanalyse, sie ist seitdem der definitive Schlüssel und Leitfaden zum Werk Cormans als „Pope of Pop Cinema", wie *Le Monde* ihn bereits tituliert hatte, ein Leitfaden, der darum nun zunächst vorgestellt werden soll, damit sich der Leser dieses Buches daran orientieren kann.

Roger Corman mit Ron Howard 1978 in seinem Büro der New World Pictures, an der Wand das Plakat von „The Millennic Vision"

Cormans einmalige Stellung als Seismograf seiner Zeit sowie seine zyklische Behandlung der Zeit selbst, seine Erzählungen des Untergangs einer alten und der Geburt einer neuen Welt, sie werden von Paul Willemen auf einen zentralen *cultural pattern* und Mythos unseres christlich-abendländischen Kulturkreises bezogen, den Millennarismus (von lat. *millennium* = „Jahrtausend"), auch als Chiliasmus bekannt. Ursprünglich bezeichnet der Millennarismus den Glauben an die Wiederkunft Jesu Christi und das Aufrichten eines tausendjährigen Reiches, allgemeiner steht dieser Begriff für den Glauben an das nahe Ende der gegenwärtigen Welt, der manchmal mit der Erschaffung eines irdischen Paradieses, manchmal mit einem apokalyptischen Fatalismus im Zusammenhang mit einer Jahrtausendwende („Millennium") in Verbindung gebracht wird. Dementsprechend teilt Willemen Cormans Werk in vier „Corman-Gruppen"[*] ein:

Gruppe A: Filme, die sich mit dem Zeitraum nach dem Millennium befassen und von der Geburt einer neuen Gesellschaft handeln (z.B. *ATTACK OF THE CRAB MONSTERS, DAY THE WORLD ENDED, TEEN-AGE CAVEMAN, GAS-S-S-S!*).

Gruppe B: Filme, die sich mit dem Zeitraum vor dem Millennium befassen (z. B. *HOUSE OF USHER, THE PIT AND THE PENDULUM, THE PREMATURE BURIAL, THE TOMB OF LIGEIA, THE HAUNTED PALACE, NOT OF THIS EARTH, IT CONQUERED THE WORLD*).

Gruppe C: Filme, die von einem vollständigen Zeitzyklus handeln (z.B. *LAST WOMAN ON EARTH, NAKED PARADISE, „X" - THE MAN WITH THE X-RAY EYES, THE WASP WOMAN, MASQUE OF THE RED DEATH*).

---

[*] *Willemen*, Paul: THE MILLENNIC VISION, in: *Will*, David/*Willemen*, Paul (Editors): ROGER CORMAN: THE MILLENNIC VISION, Edinburgh, 1970, S. 8-33; hier: S. 9f. Da Willemen zu dieser Zeit Cormans *GAS-S-S-S!* und *VON RICHTHOFEN AND BROWN* noch nicht kennen konnte, wurden diese Filme vom Autor den entsprechenden Gruppen nachträglich zugeordnet.

Gruppe D: Filme, die von Bemühungen handeln, dem ewigen Kreislauf zu entkommen (z.b. *THE WILD ANGELS, THE TRIP, MACHINE GUN KELLY, I, MOBSTER, ST. VALENTINE'S DAY MASSACRE, VON RICHTHOFEN AND BROWN*).

Diese "Corman-Gruppen" umfassen nicht das gesamte Werk und dessen Themen - die durchgängigen Motive des *female empowerment* und des gesellschaftlichen Außenseiters werden uns noch im Laufe dieses Buches mehrfach begegnen -, doch verdeutlichen sie die Einheitlichkeit von Cormans Werk, denn, „indem wir hinter nur oberflächliche Bedeutungen blicken, entdecken wir, dass Cormans gesamtes Werk eine Serie von Kommentaren und Variationen des Themas einer heiligen Zeit repräsentiert, die sich weitestgehend in Begriffen des Mythos von der ewigen Wiederkehr ausdrückt" (Willemen). Das „Heilige" und das „Profane" als Merkmale einer archaischen Religiösität sind die zentralen Begriffe dieses Mythos unter der Oberfläche der Filme Cormans, der 1982 gegenüber David Chute auch dementsprechend sagte: „Ich wollte nur unterhaltsame Filme machen, die meine persönliche Position als Subtext enthalten sollten."

In diesem Subtext von Cormans Werk drückt sich der gesellschaftliche, kulturelle und politische Umbruch der aufwühlenden Zeit, in der er Filme machte, zum einen in Handlungen seiner Protagonisten aus, die den Charakter *heiliger Handlungen* als „Übergangsriten" (Willemen) in reversiblen Zeiten annehmen (Gruppen A, B, C) und zum anderen in lediglich *profanen Handlungen* in säkularen, irreversiblen Zeiten[*], in denen seine Protagonisten versuchen dem Zyklus der ewigen Wiederkehr zu entkommen (Gruppe D). Das Kino im Allgemeinen, insofern es denn seine Zeit reflektierte, und das Kino Cormans im Be-

---

[*] *Eliade*, Mircea: DAS HEILIGE UND DAS PROFANE: VOM WESEN DES RELIGIÖSEN, Frankfurt/M, 1998, S. 63ff.

sonderen, ist in der Tat bereits immer der Ort heiliger, archaischer Handlungen gewesen, selbst wenn es von der Rebellion gegen unsere prägenden *cultural patterns* erzählte und aus ihnen auszubrechen versuchte. Willemen übersetzt diese Grundkonstellation, basierend auf den vier Gruppen der Filme, nun in ein Schema von Cormans Werk:

Das Analyse-Schema*

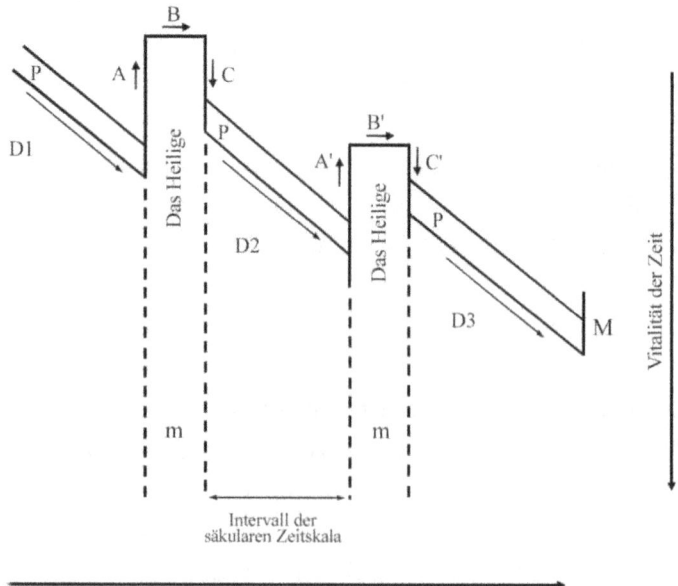

M – Millennium
m – millennaristische Probe
P – Das Profane

---

* *Willemen*, Paul: THE MILLENNIC VISION, a. a. O., S. 21.

Aus dem Schema ist zunächst einmal ersichtlich, dass die Vitalität der Zeit in Cormans Werk mit der Richtung des Zeitflusses auf das endgültige Millennium (M) hin abnimmt, über die Intervalle profaner Ausbruchszeiten sowie heiliger Umbruchszeiten hinweg. „Die heiligen Intervalle vor dem Millennium sind in der Tat symbolische Proben der endgültigen, totalen Zerstörung der Welt, obwohl sie nie vollständig genug ausgeführt werden, um zu verhindern, dass ein weiterer Zyklus oder ein weiterer Intervall der Katastrophe von jetzt an folgt", so Willemen, der Corman dementsprechend eine „zutiefst pessimistische Weltsicht"[*] attestiert. Wir werden im Laufe dieses Buches noch mehrfach auf dieses Analyse-Schema zurückkommen und diesen Pessimismus, wie auch das Schema selbst, anhand der Filme weiter verdeutlichen. Gary Morris, der 1985 die zweite herausragende Analyse von Cormans Werk nach Paul Willemen in Buchform vorgelegt hat, spricht diesbezüglich gar von Cormans „Nihilismus". Und es sind nahezu immer die Filme der letzten Gruppe wie *MACHINE GUN KELLY* oder *THE WILD ANGELS*, die Filme des Aus-

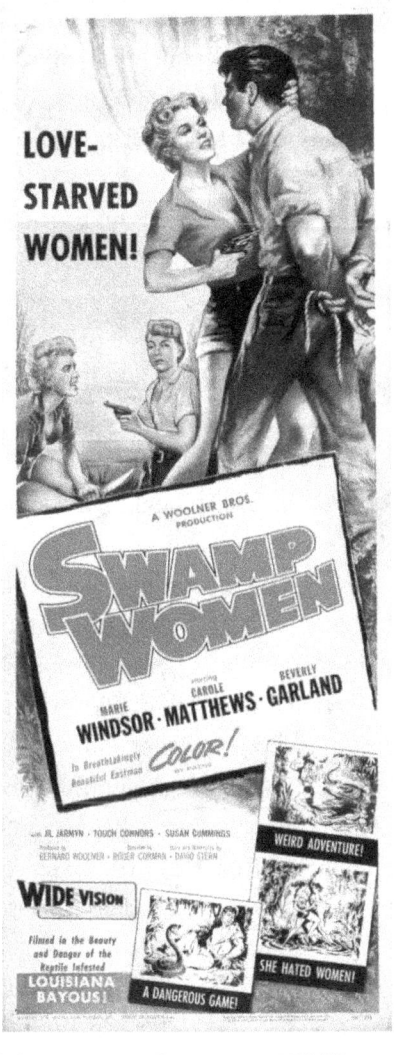

---

[*] *Willemen*, Paul: THE MILLENNIC VISION, a. a. O., S. 20.

bruchsversuchs in profanen Zeiten, die diesen Nihilismus am deutlichsten widerspiegeln. Willemen identifiziert zudem in Cormans Werk noch eine weitere Gruppe von Filmen, die jenseits dieses Schemas angesiedelt sind (z.B. *FIVE GUNS WEST, THE OKLAHOMA WOMAN, APACHE WOMAN, GUNSLINGER, SWAMP WOMEN*), es sind dies Filme, die die zyklische Repräsentation der Zeit als „Tausch der Geschlechter-Rollen" behandeln.

Statt eingangs auf die Aufbruchsstimmung der 68er-Generation sowie auf die tiefere Bedeutung von Cormans Werk einzugehen, hätte man dieses Buch auch auf eine andere, sehr naheliegende Weise beginnen lassen können, etwa mit den Titeln, die Roger Corman während seiner langen Karriere von der Kritik verliehen wurden: „King of the B's", „The Orson Welles of Z-Movies", „Simenon of Cinema", „Billigfilmer", „Metteur en Scène", „Imitator", „Schnellfilmer", „Rebell", usw., oder vielleicht mit der Liste derer, die den Start ihrer Karriere mehr oder weniger Roger Corman zu verdanken haben: Allan Arkush, Peter Bogdanovich, Stephanie Rothman, James Cameron, Francis Ford Coppola, Joe Dante, Jonathan Demme, Robert De Niro, Bruce Dern, Peter Fonda, Monte Hellman, Jack Hill, Dennis Hopper, Ron Howard, Gale Ann Hurd, Jack Nicholson, Martin Scorsese, Sylvester Stallone, Robert Towne, usw.

Wie die Liste dieser „Corman-Schule" bereits andeutet, lassen sich auch die *high budget-exploitation-movies* eines Steven Spielberg, James Cameron oder George Lucas im Grunde auf von Roger Corman entwickelte Muster zurückführen. So hat beispielsweise Vincent Canby von der New York Times vollkommen zurecht die Frage gestellt: „Was ist *JAWS* eigentlich anderes als ein Roger-Corman-Film mit großem Budget?" Jedenfalls sollte eines zunächst festgehalten werden: Die

Beschäftigung mit Roger Corman ist nicht nur eine mit der Protestkultur und der *exploitation* der 50er, 60er und frühen 70er Jahre, sie ist ebenso in jeder Beziehung eine Beschäftigung mit den filmischen Wurzeln des gegenwärtigen US-Kinos, oder, wie es in einer jüngst erschienenen Geschichte des internationalen Films heißt: „Es gibt im Hollywood der 70er und 80er Jahre kaum einen Filmschaffenden, der seine ersten kommerziellen Arbeiten nicht unter der Obhut Roger Cormans realisierte." Nicht zufällig war es das Branchenblatt Boxoffice, das in den USA 1960 als erstes diese Sonderstellung Roger Cormans erkannt hatte: „Wenn es überhaupt eine *new wave* in der US-Filmindustrie geben sollte, dann muss es Corman sein, der diese repräsentiert." Diese damals noch vorsichtig vermutete *new wave* hat mittlerweile ihren Namen, *New Hollywood*, unter dem so unterschiedliche Regisseure wie George Lucas, Steven Spielberg, Martin Scorsese, Peter Bogdanovich oder Monte Hellman subsumiert werden. Für einen kur-

Nancy Sinatra und Peter Fonda in *THE WILD ANGELS* (1966)

zen Moment gar schien Roger Corman das öffentlich anerkannte Zentrum des neueren US-Kinos zu sein, wurden ihm, als jüngstem Regisseur überhaupt, Retrospektiven im *National Film Theatre*, in der *Cinématheque Francaise*, ja, sogar im *Museum of Modern Art* gewidmet.

Stilbildend und marktbeherrschend in jenem *New Hollywood* sind jedoch nur Spielberg und Lucas und in deren Nachfolge James Cameron oder Jonathan Demme geworden, Regisseure also, die aus der *exploitation* der 50er, 60er und 70er Jahre den *mainstream* der 80er und 90er gemacht haben. Der Einfluss Cormans auf die *high budget-exploitation* ist noch heute unbestritten, da dieser sich sehr gut innerhalb der Regeln des Marktes verhandeln lässt. So bekennt beispielsweise James Cameron öffentlich, dass er mit *THE TERMINATOR* oder *TITANIC* im Grunde nur dasselbe getan hat, wie zu Beginn seiner Karriere für Roger Corman, lediglich mit erheblich mehr Geld und Zeit. Auch Äußerungen, wie die folgende Jonathan Demmes, lassen sich leicht finden: „Rogers Beitrag zum Film ist ehrfurchteinflößend. Er ist ein meisterlicher Regisseur von einer wilden Begabung, der das Medium komplett unter Kontrolle hat: ausgezeichnete Besetzungen, hervorragende Kameraarbeit und Schnitt, eine verblüffende Art des Geschichtenerzählens und ein brillanter grafischer Gebrauch des Bildausschnitts. Er ist ein Gigant."

Es war aber Peter Bogdanovich, der einem anderen, weniger offensichtlichen Erbe Cormans einen Namen gegeben hat: „Wenn ich nicht die Guerilla-Taktik erlernt hätte, mit der Roger an das Filmemachen herangegangen ist und die er erfunden hat, wäre ich niemals fähig gewesen, einige der Filme zu machen, die ich gemacht habe." Genau diese „Guerilla-Taktik" war es, die es Roger Corman ermöglicht hat, seine Zeit zu reflektieren und dabei Pop, Politik und Profit zu verbin-

Roger Corman während der Dreharbeiten zu *BLOODY MAMA* (1970)

den. In seiner 1990 erschienenen Autobiografie hat Roger Corman diese seine Guerilla-Philosophie des Filmemachens auf den Punkt gebracht:

> „Ich erinnere mich an die Dreharbeiten von *ATLAS* in Griechenland, vor ungefähr dreißig Jahren, als ich die finale Schlacht inszenierte, in der Atlas die Truppen des Praximedes gegen das mit starken Mauern befestigte Thenis führt. Ich hatte dem Wohltätigkeitsfond der griechischen Armee eine Spende versprochen, falls diese mir fünfhundert Soldaten für die Schlacht zu Verfügung stellen würde. An dem angesetzten Tag kamen aber nur fünfzig. Möglich, dass jemand eine Dezimalstelle unterschlagen hat. Laut Drehbuch sollte Praximedes die gelichteten Reihen der Verteidiger allein durch die Übermacht seiner Armee überwältigen. Das Einzige, was mir nun noch übrig blieb, war, dass ich meinen Plan, die Sequenz in großangelegten Panorama-Aufnah-

men zu drehen, aufgab, und stattdessen die Schlacht in einer Folge von Nahaufnahmen zu drehen, um so mit der Hektik der Actionsequenzen die wahre Größe der Armee auf der Leinwand verbergen zu können. Vor dem Drehen schrieb ich rasch einige neue Dialogzeilen, in denen Atlas Praximedes fragt, wie er denn nur annehmen könne, dass er mit einer solch kleinen Anzahl von Soldaten die Mauern der Stadt bezwingen würde. Praximedes antwortete, dass in seiner Theorie der Kriegsführung eine kleine Gruppe von hocheffizient vorgehenden, eingeschworenen und gut ausgebildeten Kämpfern gegen jeden Pöbel, wie groß er auch sei, bestehen könne. Das ist meine Theorie des Filmemachens."[*]

Mit dieser Guerilla-Taktik bezüglich der rein technischen Produktionsbedingungen ist es Roger Corman gelungen, die in Hollywood beinahe unmögliche Symbiose von finanziellem Überleben und künstlerischer Unabhängigkeit zu erreichen, sie erst bildete die Grundlage für beide Seiten seiner Arbeit, sowohl für seine Stellung als Seismograf einer Epoche als auch für seine Bedeutung als *auteur*.

Diese herausragende Bedeutung Cormans vor dem Hintergrund einer aufgewühlten Zeit *und* den Pop-Charakter seiner Filme im Zusammenhang darzustellen, ist Absicht dieses Buches. An dessen Ende sollte dann der gigantische untergründige Einfluss des Regisseurs auf die Mythen der Popkultur, die Entwicklung der Film-Genres, auf die Strategien der Filmvermarktung und nicht zuletzt auf die formale und inhaltliche Sprache des gegenwärtigen Kinos in einem

---

[*] *Corman*, Roger/*Jerome*, Jim: HOW I MADE A HUNDRED MOVIES IN HOLLYWOOD AND NEVER LOST A DIME, Boston, 1998, S. xiii.

TEENAGE DOLL (1957)

deutlicheren Licht erscheinen. Zu diesem Zweck werden sechzehn Filme Cormans, die hierfür zentral sind, ausführlicher vorgestellt und besprochen, andere werden nur kurz angerissen oder zumindest erwähnt. Diese Auswahl folgt den fünf Gruppen von Cormans Filmen sowie seinen zentralen Motiven und Thematiken; diese sollte dieses Buch nicht nur lesbarer machen, sondern dem deutschen Publikum vor allem die Filme näherbringen, mit denen er die popkulturellen Mythen seiner Zeit - und darüber hinaus - entscheidend mitgeprägt hat. Eher anekdotisch orientierte Gesamtschauen von Cormans Werk gibt es (im englischsprachigen Raum) bereits mehr als genug. Zunächst aber werden wir uns nach dem politischen und kulturellen Aufbruch der 68er, der analytischen Einführung in sein Werk sowie der filmhistorischen Einordnung noch einem vierten Aspekt der Einmaligkeit Roger Cormans widmen: seiner Biografie.

1. Kapitel: Michigan-See, Winter

THE ST. VALENTINE'S DAY MASSACRE von 1967, Roger Cormans erster und einziger Film, der gänzlich im Studio entstanden ist, und nicht zuletzt deshalb sein mit einem Budget von $1,1 Millionen bis dato teuerster, beginnt mit einem wunderbar stimmungsvollen Bild der Draufsicht einer Straßenschlucht von *downtown* Chicago in den 20ern, getaucht in die dumpfe Stille des sanft rieselnden Schnees. Die Potiemkinschen Dörfer der „New York Street" der Stages 9 und 10 auf dem Desilu-Studiogelände - tatsächlich fand dieser Strassenzug bereits in der Gangster-Fernsehserie THE *UNTOUCHABLES* (1959 - 1963) seine Verwendung - schienen für Roger Corman wie gemacht, um mit ihnen jene eigenartig friedliche Stimmung der klirrenden Winter in den Großstädten im Norden der USA rund um den Michigan-See wiederauferstehen zu lassen - konnte doch das ehemalige Studiogelände der RKO sowie der Paramount an der Gower Street bei nahezu jedem Wetter genutzt werden. Die großen Studios Hollywoods, sie waren nicht nur die größten Spielzeugeisenbahnen, mit denen Jungen jemals spielen durften, wie Orson Welles einmal anmerkte, sie waren zuweilen auch Traummaschinen für diese Regisseure, die immer ein wenig Junge geblieben sind, mitunter gigantische Instrumente der Erinnerung an die eigene Kindheit, in der die Welt noch voller Leidenschaften, Geheimnisse und seltsamer Stimmungen war. Vielleicht hat Roger Corman mit diesem melancholisch machenden Bild genau jenes Gefühl wiederzufinden gesucht, das ihm aus den 30er Jahren, als er in seiner Heimatstadt Detroit im Winter auf den zugefrorenen Straßen Eishockey spielte, so nachdrücklich in Erinnerung geblieben ist: die Großstadt als ein in kaltes Weiß getauchter, zeitweilig so friedlich wirkender Dschungel möglicher Abenteuer. Detroit und Chicago unterschieden sich diesbezüglich kaum voneinander, es waren zu dieser Zeit noch typische Arbeiterstädte, in denen die Auto- bzw. Fleischindustrie boomte, *downtown* mit ihren in die Höhe schießenden Häuserschluchten sowie jenen schier endlos scheinenden *suburbs* mit ihren aufgereihten Holzhäusern und roten Backsteinbauten mit Vorgärtchen.

Downtown Chicago: *THE ST. VALENTINE'S DAY MASSACRE* (1967)

Desilu Studios (Stages 9 u. 10): 780 Gower Street, Hollywood (heute)

In einem dieser Backsteinhäuser in einem Vorort Detroits kam Roger William Corman am 5. April 1926 zur Welt. Sein einziger Bruder

Gene wurde achtzehn Monate später geboren. Die Cormans stammen aus der gehobenen amerikanischen Mittelschicht, der Vater, William Corman, ein Einwanderer aus Europa in der ersten Generation, wuchs in St. Louis auf, studierte an der dortigen Engineering School der Washington-University und arbeitete während des Ersten Weltkrieges als Ingenieur bei der US-Marine. Nach dem Krieg siedelte William Corman in die Industrie-Stadt Detroit über um dort u. a. bei der McCray Steel Company und später auch in den Projekten des legendären Henry Ford als Bauingenieur Karriere zu machen. Rogers Mutter, die Anwaltssekretärin Ann High, lernte William Corman während eines Tennis-Spieles kennen. Während Roger Corman über die Beziehung zu seiner Mutter nur sehr wenig preisgibt, beschreibt er seinen Vater als einen extrem intelligenten und streng logisch denkenden Menschen, der dem Intellekt eine ungleich höhere Bedeutung zumaß als der Fähigkeit Emotionen zu zeigen.

Für William Corman war es daher eher eine Frage der Logik, seinen beiden Söhnen, denen schließlich ein Leben voller Arbeit bevorstand, eine möglichst unbeschwerte Kindheit voller sportlicher Aktivitäten und Spiele zu gestatten. Die ersten Helden des kleinen Roger aber kamen keineswegs aus der Glitzerwelt Hollywoods, es waren die Fliegerasse des Ersten Weltkrieges wie der Kanadier Roy Brown und „Der rote Baron" Manfred von Richthofen, denen die frühen Fantasien der Corman-Brüder galten. Ihr gemeinsames Zimmer wirkte wie ein Miniatur-Flugzeughangar, vollgestopft mit aus Balsaholz und Reispapier gebastelten Modellen historischer Doppel- und Dreidecker. Diese naive Begeisterung für die Ritter der Lüfte hat das Brüderpaar selbst noch 1971 mit *VON RICHTHOFEN AND BROWN* geteilt - wieder wurde die Filmindustrie für sie zu einer Erinnerungsmaschine, aus dem Spielzeughangar ihrer Jugend ein aufwendig inszenierter Luftzirkus.

Damals verschlang Roger Corman noch Zeitschriften wie Popular Mechanics und Boy's Life, die ihm jedoch im Rückblick als „eine billige Propaganda, um den *american way of life* zu verkaufen", vorkamen. Doch 1929, mit der beginnenden wirtschaftlichen Depression, als der naive Glaube an diesen *american way of life* seine ersten Risse bekam, wurden auch für die Cormans die Zeiten härter. Die Hälfte der Belegschaft in der Firma seines Vaters wurde auf einen Schlag entlassen und auch William Corman musste seine Stellung aufgeben: „Mein Vater war organisiert und stolz genug um sich, im Alter von 43, aus seinem Ingenieur-Beruf zurückzuziehen. Es gab auch gesundheitliche Gründe. Da er ein ruhiger, sozial nicht sonderlich aggressiver Mensch war, bekam er Herzprobleme. Kalifornien schien der ideale Ort für ihn zu sein. Es war das *Goldene Land*,... Er wurde nicht wirklich pensioniert, er nahm verschiedene Berater-Jobs an. Er hatte einfach genug von der Routine, wir alle hatten genug vom Schnee in den Michigan-Wintern."

Beverly Hills (um 1940)

1940 zogen die Cormans so in einen Bungalow in Altamont, einem unterhalb von Wilshire gelegenen und noch zu Beverly Hills gehörenden Stadtteil von Los Angeles. Rogers Klassenkameraden an der Beverly Hills Highschool unterschieden sich nicht nur durch ihren offen zur Schau gestellten Reichtum von den Arbeiterkindern Detroits, sie hatten auch klingende Namen wie Zukor, Goldwyn oder Laemmle, und es waren diese Zöglinge der Studio-Mogule, von denen Roger die ersten fantastischen Geschichten aus der Traumfabrik zu hören bekam.

Doch zunächst schien er noch in die Fußstapfen seines Vaters treten zu wollen, er konzentrierte seine Studien auf die technisch-naturwissenschaftlichen Fächer, in der Hauptsache Mathematik und Physik. Erst allmählich zeichnete sich Roger Cormans eigentliches Interesse ab: die Literatur. Er ließ sich zu Weihnachten das Gesamtwerk Edgar Allan Poes schenken, begann für Zeitschriften zu schreiben und an der High School in Radiosendungen und Theaterstücken aufzutreten. „1943, im Alter von 17, verließ ich die High School und ging nach Palo Alto im Norden in der Absicht Flugingenieur zu werden, dann wechselte ich über zur Elektrotechnik. Als ich das College halb absolviert hatte, traf ich die Entscheidung, überhaupt keine Ingenieurslaufbahn anzustreben. Doch da gerade Krieg herrschte, meldete ich mich freiwillig bei einem Trainingsprogramm für Marineoffiziere, das V-12 genannt wurde und mir eine vierjährige Ausbildung als Ingenieur sicherte." Er absolvierte das V-12-Programm in Stanford und Boulder und schloss 1947 als Industrie-Ingenieur ab - bezeichnenderweise für seinen späteren Ruf als enorm schnell und effizient arbeitender Regisseur mit den Spezialgebieten Rationalisierung und Management.

Dass Roger Corman ein Regisseur war, in dem sich extrem widersprüchliche Pole vereinigten, insbesondere was seine Stellung zwischen Kunst und Kommerz betrifft, ist des Öfteren gesagt worden; was jedoch kaum Erwähnung findet, ist, dass diese Widersprüchlichkeit bereits in der Jugend stark ausgeprägt war. Sicher war es die Erziehung des dominanten, gänzlich rational ausgerichteten Vaters, von dem Roger Corman sagte, er habe lediglich vermuten können, dass er von ihm geliebt wurde, an der sich dieser zentrale Charakterzug Cormans festmachen lässt. Hatte in Roger Corman diese frühe, rational bestimmte Prägung, mit samt ihrer ökonomischen und naturwissenschaftlich-technischen Ausrichtung, zu der nicht zuletzt auch der Mythos des *selfmade mans* innerhalb eines euphorisch propagierten *american way of life* gehörte, auch ihre nachhaltigen Spuren hinterlassen, so fand in Corman doch immer auch ein fortwährender Emanzipationsprozess statt, hin zum Irrationalen, Kreativen und zuweilen auch Rebellischen.

Für das Verständnis seiner Filme der 60er Jahre, vor allem der Poe-Verfilmungen und Gangster-Filme, deren oftmals bitterböse Kritik in erster Linie dem Mythos der „heiligen amerikanischen Familie" gilt, ist es wesentlich, dass Roger Corman die eigene Familie immer auch als Ort extremer Widersprüche erlebt hat. Der Vater, der sich durch seine Arbeit die Gesundheit ruiniert hat, bevor die wirtschaftliche Depression seiner Karriere ein jähes Ende setzte, war für ihn zugleich Vorbild und Opfer, zu überlegt und kritisch, um sich dem System gänzlich anzudienen und zugleich zu angepasst, um wirklich ausbrechen zu können. Roger Corman ist beide Wege gegangen, und dies in einer Form, wie es wohl extremer nicht mehr möglich gewesen wäre: er wurde als Regisseur und Produzent ein Rebell, der künstlerisch und kommerziell mitunter alles auf eine Karte setzte, *und* er wurde ein Modellkapitalist in der Filmindustrie Hollywoods - nacheinander und zuweilen sogar gleichzeitig.

1

947 war ein Schlüsseljahr im frühen Werdegang Roger Cormans. Langsam bekam seine andere, vom trockenen Ingenieur-Beruf gänzlich abweichende Seite die Oberhand: „Ich hatte an The Chaparall, einer satirischen Campus-Zeitschrift und am Jahrbuch der Universität mitgearbeitet. Ich war auch Sport-Reporter des Daily in Stanford. Ich begann mich zunehmend für den Film, insbesondere für die Arbeiten der großen Regisseure wie John Ford, Alfred Hitchcock und Howard Hawks zu interessieren. Ich kehrte nach Hause nach L. A. zurück, entschlossen in der Filmindustrie zu arbeiten... Einige Monate lang klapperte ich die Büros der großen Studios ab, doch da ich in keiner Vereinigung war, bekam ich keinen Job." Nach frustrierenden sechs Monaten ohne Arbeit und Geld, entschloss sich Corman notgedrungen dazu eine Stelle als Ingenieur bei U. S. Electrical Motors anzunehmen. Arbeitsbeginn war am Montag und bereits am Mittwoch kündigte er. Es war eine Gefühlsentscheidung, die sein Vater niemals gebilligt hätte, eine Entscheidung, vor der so viele junge Menschen an einem bestimmten Punkt ihres Lebens stehen, die zu treffen jedoch nur die wenigsten den Mut haben oder imstande sind: eben alles auf eine Karte zu setzen, die Abenteuer der Kindheit, deren Hoffnungen und Sehnsüchte mit dem beginnenden Bewusstsein des erwachsen Werdenden in die Zukunft hinüberzuretten. Doch Roger Corman hatte auch Glück. Ende 1948 bekam er auf Vermittlung des Vaters eines Freundes seinen ersten Job bei der 20th Century Fox für $32,50 die Woche. Der ganz normale Junge aus Detroit, der das Gesicht Hollywoods einmal nachhaltig verändern sollte, fuhr nun als Botenjunge mit dem Fahrrad über das Fox-Studiogelände.

Ventura Boulevard, Studio City (um 1950)

Sechs Monate transportierte Corman Filmdosen, Pakete und Briefe, bevor er darum bat, die Samstage an den Sets verbringen und sich im *story department* des Studios die Wochenenden unbezahlt als Drehbuchleser um die Ohren schlagen zu dürfen. Bald stieg er zum offiziellen *story analyst* auf, nun für $65 die Woche, und erhielt gar sein eigenes kleines Büro im Gebäude der Drehbuchabteilung der Fox. Diese Drehbuchabteilungen der großen Studios waren - und sind - arbeitsteilige Fabriken, in denen Autorenschaft kaum gefragt war. Drehbuchautoren im eigentlichen Sinne, für die nach totaler Kontrolle strebenden Studio-Mogule wie Darryl F. Zanuck ein notwendiges Übel, waren eher die Ausnahme. Zwar gab es einige berühmte *screenwriter*, die Corman damals als „hochbezahlte Sklaven, die einige tausend Dollar die Woche machten" vorkamen, die Fließbandproduktion von Träumen hinter den zahlreichen Bürotüren wurde in der Regel jedoch von *story editors, script readers, script doctors* oder *story analysts* betrieben. Corman arbeitete zunächst im Schnitt zwei Drehbücher die Woche durch, die der Fox von Agenten angeboten wurden, schrieb nebenbei selber einige Scripts, von denen er jedoch keines vollendete, und wollte schon frustriert aufgeben, als er ein bereits abgelehntes Script mit dem Titel *THE BIG GUN* selbstständig überarbeitete und seinem Vorgesetzten präsentierte. Tatsächlich wurde der Film 1950 unter dem Titel *THE GUNFIGHTER* von Henry King realisiert. *THE GUNFIGHTER* mit Gregory Peck in der Hauptrolle, ein vom Film Noir beeinflusster Western mit einer für das in künstlichen Mythen schwelgenden Genre ungewöhnlich realistischen Atmosphäre, wurde gar ein Schlüsselfilm für die weitere Entwicklung des Westerns.

Gregory Peck in Henry Kings *THE GUNFIGHTER* (20th Century Fox, 1950)

Corman jedoch erfuhr erstmals schmerzlich die ganze Härte des streng hierarchisch organisierten Studiosystems Hollywoods: „Ich bekam eine entscheidende, wenn nicht sogar desillusionierende Lektion, wie das System funktionierte. Der Vorgesetzte, der mich noch gelobt hatte, bekam einen großen Bonus. Ich bekam nichts. Ich war verärgert, konnte aber nichts tun."

Dennoch fest entschlossen im Filmgeschäft zu arbeiten, verließ Corman die 20th Century Fox in der Absicht, sich einen größeren *background* in der Kunst und Literatur des zwanzigsten Jahrhunderts anzueignen. Er akzeptierte ein durch die G. I. Bill zugesichertes Stipendium und ging 1950 für einige Monate nach London, um dort an der Universität Oxford neuere englische Literatur - in der Hauptsache die Werke von D. H. Lawrence, E. M. Forster und T. S. Eliot - zu studieren. „Nach einer Weile war für mich die Zeit gekommen, um einen anderen Weg einzuschlagen. Ich nahm mir ein Zimmer in einem kleinen Hotel am Boulevard St. Germain am linken Seine-Ufer von Paris für $1,50 die Nacht - Frühstück inklusive - und begann in all den berühmten Cafés wie dem Deux Magots und dem Café Flore herumzuhängen. Ich fiel gleich mit einem ganzen Haufen amerikanischer Studenten ein. Im Nachkriegs-Paris der 50er Jahre war der Existenzialismus allgemein in Mode. Wir alle waren große Existenzialisten, fühlten uns den hippen Jazz Clubs wie dem Rose Rouge und dem St.-Germain-des-Prés zugehörig und tauschten Mitgliedskarten untereinander aus, um eingelassen zu werden." Für ein paar Monate führte Roger Corman ein Leben wie so viele der aus aller Herren Länder nach Paris geströmten Intellektuellen, vormittags Treatments für Filme schreibend, die nie realisiert wurden, nachmittags durch die Straßen der Stadt streifend, um sich dort, wie André Breton einmal schrieb, dem „Wind des Eventuellen" auszusetzen und die Abende in den Jazz Clubs, Cafés und Bordellen verbringend. Neun Jahre später wird Corman seine Eindrücke dieser Zeit, den Mode-Slang der Existenzialisten, mit seiner Beatnik-Komödie *A BUCKET OF BLOOD* satirisch auf die Leinwand bringen.

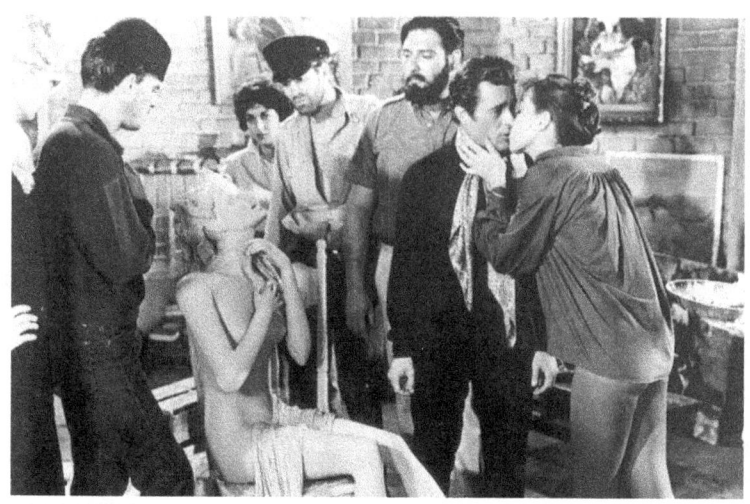

A BUCKET OF BLOOD (1959)

Nach einem Jahr Aufenthalt in Europa kehrte Corman schließlich 1951 nach Los Angeles zurück und verdingte sich dort für die nächsten Jahre in der Literatur-Agentur Jules Goldstones und als Bühnenarbeiter bei der örtlichen Fernsehstation Klac-TV. Nicht willens, wieder in einer Sackgasse zu landen, durchbrach er die ungeschriebenen Regeln des Geschäfts - er arbeitete inzwischen erneut als *script reader* für die Dick Irving Highland-Agentur - und nutzte seine Stellung, um 1953 ein gemeinsam mit U. S. Anderson verfasstes Drehbuch mit dem Titel *THE HOUSE IN THE SEA* für $3.500 an Allied Artists zu verkaufen. *THE HOUSE IN THE SEA*, von Nathan Juran unter dem Titel *HIGHWAY DRAGNET* verfilmt, kam im Februar 1954 in die Kinos und wurde später in Spencer Selbys Standardwerk „Dark City" zum Kanon jener 490 Filme gezählt, die der Schwarzen Serie Hollywoods zuzurechnen sind. Der Film handelt von einem Ex-Marinesoldaten (Richard Conte), der zu unrecht des Mordes verdächtigt wird und dem eine argwöhnische Schauspielerin (Joan Bennett) zur Flucht verhilft. Corman hatte das Treatment bereits in Paris verfasst, unter dem Eindruck seiner eigenen Flucht aus Hollywood in die Metropolen Europas und hiermit auch selbst gemachte Erfahrungen bei der Marine verarbeitet. Zwar wurde Corman für das eigenmächtige Lancieren seines Drehbuchs von der Agentur gefeuert, doch wurde *HIGHWAY DRAGNET*, der ihm die ersten Credits als Drehbuchautor und beteiligter Produzent einbrachte, für ihn zum Türöffner in den Produktionsbetrieb Hollywoods.

Richard Conte in Nathan Jurans *HIGHWAY DRAGNET* (Allied Artists, 1954)

Nach der Lektüre eines Artikels über ein neuartiges, elektrisch betriebenes Ein-Mann-Unterseeboot in der Los Angeles Times, schrieb Corman die *outline* einer Science Fiction-Story mit dem Titel *IT STALKED THE OCEAN FLOOR* und machte der Firma, die das U-Boot entwickelt hatte, das Angebot einer kostenlosen *Publicity*, falls er das Unterwasser-Fahrzeug in seinem Film verwenden durfte. Die Firma akzeptierte. Was nun noch fehlte, war ein Regisseur und Geld. Bald darauf traf Corman Wyott Ordung, einen erfolglosen Schauspieler, Drehbuchautoren und Produzenten, der seinen Lebensunterhalt mittlerweile als Tellerwäscher verdienen musste, und konnte diesen für sein riskantes Projekt begeistern. Ordung übernahm die Regie, ließ sich seine Lebensversicherung auszahlen und belieh sein Haus, um die geschätzten $12.000 Produktionskosten aufzutreiben. Den Rest des Budgets steuerte Corman bei, u. a. mit von seinen Eltern geliehenem Geld und den $3.500 Drehbuchhonorar aus *HIGHWAY DRAGNET*; das Kopierwerk erklärte sich zudem bereit, die anfallenden Kosten von $5.000 für Filmentwicklung und Herstellung der Negative vorerst zurückzustellen. Gedreht wurde in sechs Tagen an Originalschauplätzen in Malibu mit der gewerkschaftlich vorgeschriebenen Mindest-Crew. Einen seiner Darsteller, den 1929 in Pittsburgh geborenen Theaterschauspieler Jonathan Haze, engagierte Ordung an einer Tankstelle, an der sich dieser des Nachts ein Zubrot verdiente. Risikobereitschaft und Enthusiasmus zahlten sich aus: Roger Corman, nun unabhängiger Produzent mit einem eigenen kleinen, über einem Restaurant am Sunset Strip gelegenen Büro, konnte den Film auf Vermittlung seines Bruders Gene an den Produzenten Robert Lippert verkaufen, der ihn unter dem Titel *MONSTER FROM THE OCEAN FLOOR* in den Verleih der Lippert Releasing Company nahm. Will man Wyott Ordung glauben schenken, so spielte der Film $850.000 ein. Corman: „Wir haben mit Lippert abgeschlossen, da er von denen, die wir aufgesucht haben, der einzige war, der mir einen Vorschuss der Einnahmen aus dem Verleih - um die $60.000 - anbot. Dies erlaubte es mir, die Negativkosten von *MONSTER* abzudecken, das geliehene Geld schnell zurückzuzahlen, die Rückstellungen der Kosten für das Labor, die Filmkopien und den Komponisten abzudecken *und* ich hatte noch ausreichend Profit, um mit der Produktion meines nächsten Films beginnen zu können."

MONSTER FROM THE OCEAN FLOOR (1954)

Als Roger Corman 1954 als unabhängiger Produzent in das Filmgeschäft einstieg, waren die Voraussetzungen dafür denkbar ungünstig. Mit der zunehmenden Mobilisierung der Bevölkerung und der Einführung des Fernsehens 1946 wurde die B-Picture-Produktion empfindlich getroffen. Überdies hatte die Antitrust-Entscheidung des Obersten Gerichtshofes vom 31. 12. 1946 dazu geführt, dass sich die großen Filmgesellschaften nach und nach von ihren Kinoketten trennen mussten, was nahezu alle Studios an den Rand des Bankrotts brachte. Der Zusammenbruch des vertikalen Produktions- und Vertriebssystems und damit des klassischen Hollywood-Systems, veranlasste die nun unabhängigen Kino-Betreiber dazu, ihre von freien Produzenten hergestellten B-Filme zwar weiterhin zu niedrigen Fixpreisen zu buchen - und hiermit faktisch das kartellrechtlich verbotene

System des Blockbuchens fortzusetzen -, diese Honorare aber nur sehr zögerlich, wenn überhaupt, an die ökonomisch schwachen unabhängigen Produzenten auszuzahlen. Um nicht aufgrund dieser Praxis in frühzeitigen Bankrott zu gehen, begann Roger Corman 1954 für seine nächste Produktion *THE FAST AND THE FURIOUS* mit der gerade gegründeten Verleihfirma American Releasing Corporation (ARC) zusammenzuarbeiten. Geleitet wurde die Firma, die 1956 in American International Pictures (AIP) umbenannt wurde, von James H. Nicholson und Samuel Z. Arkoff. Der 1916 geborene Ex-Kino-Betreiber James Harvey Nicholson hatte sich bereits als Werbeleiter der kleinen Verleihfirma Realart einen Namen gemacht, für die er reißerische Werbekampagnen für Neuveröffentlichungen alter Filme entworfen hatte, als er zusammen mit dem 1918 in Fort Dodge (Iowa) geborenen Rechtsanwalt Samuel Zachary Arkoff, dem aus England stammenden Produzenten Alex Gordon und Roger Corman das Produktions- und Verleihkonzept der mittlerweile zur Legende gewordenen Firma aus dem Boden stampfte. Da es unbedingte Voraussetzung für das Überleben der ARC war, dass die Firma von den unabhängigen Kino-Betreibern früh genug eine prozentuale Einspielbeteiligung ihrer Filme erhielt, flog Nicholson nach Pittsburgh, um dort vor der Vereinigung der Kino-Betreiber des Landes zu sprechen:

> „Wir haben die American Releasing Corporation nicht mit der Idee gegründet, quasi über Nacht die Probleme der Produktion lösen zu können, aber doch mit dem Gefühl, dass wir vielleicht zu seiner Lösung beitragen und, falls es gut läuft, sogar einen Profit einfahren können. Um dies zu erreichen, mussten wir zunächst einen Bestand an Produktionen sichern, die unserer Ansicht nach kommerziell erfolgversprechend sind. Wir haben für die Produktion einiger Filme abgeschlossen und sind im Dezember letzten Jahres ins Geschäft eingestiegen. Tatsächlich wurde unser erster Film zwei Tage vor der Bekanntgabe der

Gründung unserer Firma in der Presse veröffentlicht. Falls sie ihn noch nicht gebucht haben: er heißt *THE FAST AND THE FURIOUS*... Unser Verleihabkommen mit dem Produzenten sieht derart aus, dass wir diesem zu einem Zeitpunkt einen Gewinn garantieren, an dem jeder große Verleih dies noch nicht könnte. Unser zweiter Film wird gerade veröffentlicht. *FIVE GUNS WEST*, ein Action-Western in WideScreen und Farbe mit Dorothy Malone und John Lund. Und er wird schneller gebucht als das Labor Kopien herstellen kann. Wir sind außerdem stolz, ihnen innerhalb von vier Monaten zwei weitere Filme anbieten zu können, die kommerziell erfolgversprechend sind. Nächste Woche starten wir mit den Dreharbeiten unseres dritten Films *THE BEAST WITH 1.000 EYES* (1955) und im Mai unseres Vierten in Farbe und WideScreen: *APACHE WOMAN* (1955)."*

Nicholsons enthusiastisch vorgetragenes Konzept ging auf, jeder der ARC-Filme brachte zu einem frühen Zeitpunkt genügend Geld ein, um sofort mit der Produktion des nächsten Films beginnen zu können. Was Nicholson jedoch in seiner Rede nicht erwähnte, war, dass die ARC ihren geglückten Einstieg in das Geschäft allein Roger Corman zu verdanken hatte, der, obwohl noch relativ unerfahren, die ersten vier Filme der Firma produzierte und bei zweien sogar Regie führte, und dass sich die ARC und Corman dabei im Grunde nur an eine uralte Weisheit gehalten hatten, die in Hollywood seit jeher die Runde machte: „Wenn du Geld machen willst, dann mache einen Western" - allerdings in etwas abgewandelter Form.

---

* *McGee*, Mark Thomas: FASTER AND FURIOUSER. THE REVISED AND FATTENED FABLE OF AMERICAN INTERNATIONAL PICTURES, Jefferson (North Carolina)/London, 1996, S. 27.

2. Kapitel:
Wenn du Geld machen willst, dann mache einen (Frauen-)Western

Als Roger Corman am frühen Morgen des ersten Drehtages am Set von *FIVE GUNS WEST* erschien, setzte er sich zunächst in seinen Regie-Stuhl und starrte wie paralysiert auf das Drehbuch. Zwar hatte er zusammen mit seinem technischen Assistenten Chuck Hannawalt, einer 16-Millimeter-Kamera und ein paar Lampen einen Tag lang einige Probeaufnahmen gedreht, doch nun wusste er einfach nicht, was er als Regisseur überhaupt zu tun hatte. Nur das Gefühl gehabt zu haben, als Regisseur bessere Filme drehen zu können, als die, die er bisher produziert hatte, dies reichte natürlich nicht. Doch Corman lernte schnell, mit Hilfe Ben Haynes, seines *Art Directors*, insbesondere aber mit der seines Kameramannes Floyd Crosby. Der 1899 geborene Crosby war zu dieser Zeit bereits ein Hollywood-Veteran, der für seine Kamera-Arbeiten bei Friedrich Wilhelm Murnaus *TABU* und Fred Zinnemanns *HIGH NOON* jeweils 1931 einen Oscar sowie 1953 einen Golden Globe gewonnen hatte, und der nun die künstlerische Freiheit der Arbeit für Corman und die ARC/AIP den Zwängen des Hollywood-Studiosystems vorzog. Hayne und Crosby brachten Corman während der zehnstündigen Drehtage vor allem die absolute Notwendigkeit bei, jede Einstellung sorgsam zu planen und hierfür *storyboards* anzufertigen. Rückblickend nannte Corman seine ersten vier Filme als Regisseur seine „Trainings-Filme", nach denen er erst das gelernt hätte, was ein Film-Student für gewöhnlich beigebracht bekam und nahm die Fehler, die er dabei zwangsläufig machte, mit Humor: „Während die Fehler, die sie in den Studenten-Filmen machen, normalerweise für immer verloren sind, wurden meine gleich unsterblich."

Dorothy Malone und John Lund in *FIVE GUNS WEST* (1955)

Gedreht wurde *FIVE GUNS WEST*, wie so viele Western Hollywoods, auf den *movie ranches* in der Umgebung von Los Angeles, wie der spätere *GUNSLINGER* auf der Iverson und der Jack Ingram Ranch, doch in der Regel zogen Sam Arkoff, Jim Nicholson und Produktionsleiter Alex Gorden für die Filme der ARC - sowie später der AIP - das Drehen *on location* vor, zumal die ARC zunächst als reine Verleih-Firma begann und Studios noch anmieten musste. Bereits Cormans *DAY THE WORLD ENDED* entstand so zu guten Teilen im Bronson Canyon, heute berühmt aus Hunderten Hollywood-Filmen, einem alten Steinbruch, oberhalb des Hollywood Boulevards an der Franklin Avenue in der Nähe des Beachwood Drive gelegen. Der Berg des Steinbruchs hatte vier Tunnel - einer vorne und drei hinten - und insbesondere die Hintereingänge wurden von zahlreichen Filmemachern genutzt, da dort bei jedem Kamera-Schusswinkel weder Telefonmasten noch irgendwelche Stadtteile L.A.'s zu sehen waren.

Sobald Corman mit jemandem erfolgreich an einem Film zusammengearbeitet hatte, engagierte er diesen, da zumeist auch Produzent, für weitere Filme. Mit *FIVE GUNS WEST* begann so nicht nur seine langjährige Zusammenarbeit mit Floyd Crosby, sondern auch die mit seinem Cutter Ronald Sinclair sowie mit Drehbuchautor R. Wright Campbell. Die oft angebrachte Kritik an der Autorentheorie, dass der Regisseur garnicht der Autor eines Films sein könne, da Film im Wesentlichen Team-Arbeit ist, macht im Falle Cormans daher keinen Sinn, denn „in der zweiten Hälfte der 50er Jahre baute Corman eine Crew auf, bestehend aus ihm selbst als Regisseur und Produzent, Floyd Crosby als Kameramann, Daniel Haller als künstlerischen Leiter und einem festen kleinen Kreis von Autoren, bestehend aus Charles B. Griffith, Mark Hanna, Lou Rusoff, Richard Matheson, R. Wright Campbell und Charles Beaumont."[*] Griffith und Crosby sowie Cormans Story-Entwicklerin Frances Doel und sein technischer Assistent Chuck Hannawalt arbeiteten als Team sogar so effizient zusammen, dass Corman sie gemeinsam an andere Studios vermietete, wenn er diese gerade einmal nicht selbst brauchte.

Nur ein Lernprozeß sollte bei Corman etwas länger dauern. Er fühlte sich unsicher bei seiner Arbeit mit Schauspielern und noch Jahre später nannte Vincent Price ihn einen „Kamera-Regisseur, er war hauptsächlich mit den Kamera-Einstellungen beschäftigt." Während Cormans Schauspieler so zunächst noch auf sich selbst gestellt waren, sollte sich dies erst ab 1957 allmählich ändern. Bei der Arbeit an *CARNIVAL ROCK* und *SORORITY GIRL* mit Hauptdarstellerin Susan Cabot, die mit den Entspannungs- und Erinnerungstechniken des *method acting* arbeitete, machte Corman einige schwerwiegende Fehler, die ihn schließlich dazu veranlassten, über einige Jahre einmal pro Woche die

---

[*] *Morris*, Gary: ROGER CORMAN, Boston, 1985, S. 4.

Schauspielschule von Jeff Corey zu besuchen. Corman lernte dort nicht nur Jack Nicholson und Robert Towne kennen, *MACHINE GUN KELLY* von 1958 mit Susan Cabot und Charles Bronson wurde bald darauf der erste Film Cormans, der auch durch ein differenziertes, intensives Schauspiel gewann. Cabot sollte eine der wichtigsten Schauspielerinnen in Cormans Frühwerk werden.

Dieses Frühwerk, es ist - höchst ungewöhnlich für die 50er Jahre und in seiner Konsequenz - zum Großteil ein Frauen-Kino. „Ich glaube an die Frauen-Bewegung", so Corman, „doch ich kann nur einen Teil der Verdienste für die Themen dieser Filme bean-

June Kenney, Abby Dalton, Betsy Jones-Moreland, Susan Cabot und weibliche Wikinger-Crew in *THE SAGA OF THE VIKING WOMEN AND THEIR VOYAGE TO THE WATERS OF THE GREAT SEA SERPENT* (1957)

spruchen. Von den vier Western, die ich drehte, wurden zwei der Titel von der AIP vorgeschlagen: *APACHE WOMAN* und *THE OKLAHOMA WOMAN*." Gerade das Western-Genre mit seinen rigiden Regeln und festgefügtem, eher konservativen Frauen-Bild, bot Corman die ideale Gelegenheit, sich hiervon abzusetzen und damit auf sich aufmerksam zu machen. *FIVE GUNS WEST* handelte noch von einer Gruppe Schwerstverbrecher, die ihre Schuld durch ein Selbstmordkommando für die Armee abgleichen sollen - tatsächlich erinnert diese Story stark an Robert Aldrichs *THE DIRTY DOZEN* von 1967 und Corman sowie Drehbuchautor R. Wright Campbell werden diese noch vor Aldrichs Kassenhit 1964 mit *THE SECRET INVASION* noch einmal als Kriegsspektakel verfilmen. Doch *APACHE WOMAN, THE OKLAHOMA WOMAN* und *GUNSLINGER* waren bereits reine Frauen-Western, so wie Cormans frühe Interpretationen des Gangster-Films *SWAMP WOMEN* und *MACHINE GUN KELLY*, oder des Historien- und Abenteuerfilms wie *THE SAGA OF THE VIKING WOMEN AND THEIR VOYAGE TO THE WATERS OF THE GREAT SEA SERPENT* von 1957 und *SHE - GODS OF SHARK REEF* von 1958 jeweils starke Frauen-Figuren im Mittelpunkt hatten, die entweder ihre eigenen Interessen selbstständig verfolgten, oder in einer Umkehr der Geschlechter-Rollen ihre Männer gar aus misslichen Situationen mit zum Teil gewaltsamen Methoden befreien mussten.

"Der Männerüberschuss in der Western-Gesellschaft hatte zu einer Mythologisierung der Frau geführt, ihrer ‚Aufhebung' im Idealbild", so Georg Seeßlen, „in einer frauenarmen Gesellschaft wurde das Bild der Frau verklärt, das Verhalten zu ihr einem strengen ritterlichen Code untergeordnet." Doch Corman und seine Drehbuchautoren Lou Rusoff und Charles B. Griffith entmythologisierten die Frau mit ihren Western nun radikal. Joan Taylor spielte in *APACHE WOMAN* die Halbblut-Indianerin Anne Libeau, die den naiven Friedensbemühungen ihres *love interests* Lloyd Bridges - nicht umgekehrt, wie es im Western-Genre die Regel ist - ganz und gar nicht naiv und, wie sich erweisen sollte, auch zurecht sehr skeptisch gegenübersteht. Auch B-Movie-Queen Peggy Castle entsprach als Marie "Oklahoma" Saunders in *THE OKLAHOMA WOMAN* nicht gerade dem verklärten Idealbild der Frau im Western, indem sie die Intrigenspiele im Ort souverän durchschaute, dabei noch die Ortschaft und Richard Denning rettete und am Ende die Urheberin des Ganzen, ihre kriminelle Konkurrentin Cathy Downs, mit der Waffe in der Hand ausschaltete. In *FIVE GUNS WEST* hatte Dorothy Malone bereits solch eine Frau gespielt: „Rose in *GUNSLINGER*, die ihren *lover* niederschießt, Anne Libeau in *APACHE WOMAN*, Marie ‚Oklahoma' Saunders in *THE OKLAHOMA WOMAN*, Shalee in *FIVE GUNS WEST* und die gesamte weibliche Besetzung von *SWAMP WOMEN*, werden sämtlich mit phallischen Symbolen wie Pistolen und

Peggie Castle in *THE OKLAHOMA WOMAN* (1956)

Messern in Verbindung gebracht. Dieses Motiv der Frau, die eine dominante Rolle einnimmt, kehrt in fast allen Filmen Cormans wieder"[*], so Willemen, der in dieser Umkehr der Geschlechter-Rollen bei Corman auch bereits deren Dekonstruktion feststellt. Auch hierin zeigt sich für Willemen Cormans zyklische Behandlung der Zeit, die im Western traditionell aus der griechischen Mythologie entlehnt ist: eine ursprünglich als Einheit vorhandene Zeit spaltet sich in zwei entgegengesetzte Pole auf - hier in einen männlichen und einen weiblichen - und es sind die phallischen Symbole, mit denen Cormans Frauen nun zwischen beiden Polen hin und her wandern und so mit der Überwindung traditioneller Geschlechter-Rollen auch die Zeit neu definieren, sie dadurch repräsentieren, ihr ihren Rhythmus verleihen und sie somit allein vorantreiben.

Cormans Unerfahrenheit, sein geradezu schüchtener Umgang mit Schauspielern sowie seine extrem schnelle Arbeitsweise unter zumeist schwierigsten Produktionsbedingungen, hätten in den ersten zwei Jahren wohl kaum zu solch zum Teil bereits beeindruckenden Ergebnissen geführt, wenn er sich nicht auf die Erfahrung seiner Schauspieler - wenn auch ausschließlich B-Film-Schauspieler - hätte verlassen können. Dies galt für Dorothy Malone, John Lund, Paul Birch und Richard Denning wie auch für B-Movie-Queens wie Joan Taylor und Peggie Castle, vor allem aber für Beverly Garland, die gleich in fünf der frühen Filme Cormans die weibliche Hauptrolle spielte. Sie wurde am 17. Oktober 1926 als Beverly Fessenden in Santa Cruz geboren, studierte am Glendale College Schauspiel und schlug sich hiernach als Kellnerin, Fahrstuhlführerin und sogar bei der Poststelle eines Leichenschauhauses durch, während sie an kleineren Thea-

---

[*] *Willemen*, Paul: THE MILLENNIC VISION, a. a. O., S. 10.

tern spielte. Nach ihrer ersten Kino-Rolle 1949 in Rudolph Matés Film Noir *D.O.A.* (als Beverly Campbell) landete sie schließlich beim Fernsehen, dies allerdings äußerst erfolgreich. Für ihre Darstellung einer Leukämie-Kranken in der Serie *MEDIC* wurde Garland 1954 für einen Emmy nominiert. Nach ihrer Arbeit für Corman wurde sie 1957 für ihre

Beverly Garland in *GUNSLINGER* (1956)

Rolle als verdeckt arbeitende Ermittlerin „Casey Jones" in der Fernseh-Serie *DECOY* berühmt, der ersten Polizeiserie im amerikanischen Fernsehen überhaupt, deren Protagonistin eine Frau war. Rückblickend betrachtet hielt Beverly Garland diese Rolle allerdings für einen Fehler:

> „Ich hatte nun ein schwarzes Mal auf meiner Stirn - ich hatte Fernsehen gemacht! Das war ein absolutes Tabu. Fernsehen galt als ein Emporkömmling, der von der Filmindustrie in Stücke geschlagen werden sollte. Und damals hat niemand, der in Filmen war, Fernsehen gemacht. Ich musste wieder ganz von vorne anfangen, zurück zu B-Filmen. So habe ich nie wieder genug Schwung bekommen, um in größeren Filmen mitzuspielen."[*]

Sie spielte immerhin so erfolgreich im Fernsehen, dass sie 1983 sogar einen Stern auf dem „Hollywood Walk of Fame" erhielt. Später leitete sie zudem ein Hotel, das „Beverly Garland's Holiday Inn", an der Vineland Avenue im Norden Hollywoods. Sie starb am 5. Dezember 2008, nie die internationale Anerkennung erfahrend, die sie eigentlich verdient gehabt hätte. Garlands Kino-Karriere fiel dem Snobbismus der von Corman so verabscheuten Hollywood-Gemeinde zum Opfer, denn sie war nicht allein eine Pionierin für emanzipierte Frauen-Rollen im Fernsehen - ein Weg, der ihr auch durch Cormans Filme gewissermaßen vorgezeichnet wurde -, ihre schauspielerische Präsenz ragte weit über das im *low budget*- und *exploitation*-Film Übliche hinaus. Beverly Garland konnte einen Film tragen, arbeitete zudem hoch professionell, schnell und präzise - ein Glücksfall für Corman, der so mit ihr, trotz widriger Umstände, seine ganz eigene Vorstellung von Frauen-Rollen im Kino entwickeln konnte.

---

[*] Zit. n.: *Minton*, Kevin Lee: BEVERLY GARLAND, in: Filmfax, #46, 1994, S. 42.

swamp women

Verständlicherweise erschrak Beverly Garland zunächst, als Roger Corman ihr vom Regie-Stuhl aus zurief, sie müsse nun tot vom Baum fallen (gegen Ende von *SWAMP WOMEN* wird sie von einem Speer getroffen) - der Ast, auf dem sie saß, befand sich immerhin 6 Meter über dem Boden. Doch sie ließ sich fallen und wurde von drei Männern, darunter Cormans Stunt-Koordinator Jonathan Haze, sicher aufgefangen. „Die meisten Kampfszenen zwischen Frauen werden nicht richtig auf die Leinwand gebracht. Frauen haben nicht die gleiche muskuläre Koordination wie Männer"[*], so Haze, doch Garland und die anderen Darstellerinnern mussten sämtliche Action- und Kampfszenen in *SWAMP WOMEN* selber ausführen. An Stunt-Frauen war 1956 noch nicht zu denken, schon garnicht unter den Produktionsbedingungen Cormans. „Roger war immer sehr professionell, außer, wenn es darum ging, uns in einem guten Hotel unterzubringen oder uns eine anständige Mahlzeit zu geben", so Garland, die mit der gesamten Besetzung und Crew in einem verlassenen Hotel im Ge-

---

[*] Zit. n.: *McGee*, Mark Thomas: ROGER CORMAN: THE BEST OF THE CHEAP ACTS, Jefferson (North Carolina)/London, 1988, S. 161.

orgianischen Stil untergebracht war, in dem es nicht einmal heißes Wasser gab und des Nachts auch noch ein Bett unter einer der Darstellerinnen zusammenbrach. Gedreht wurde *SWAMP WOMEN* in zehn Tagen in den stehenden Gewässern (Bayous) um Lacombe in Louisiana, finanziert wurde er von den Woolner Brothers, die zuvor die ersten Auto-Kinos in New Orleans, Louisiana und Memphis, Tennessee eröffnet hatten. Es war eine gängige Praxis, dass die Auto-Kino-Inhaber „*low budget*-Filme finanzierten, um ihre Kinos überhaupt bespielen zu können und Corman landete in Louisiana, nachdem er mit seinem Partner James H. Nicholson auf der Suche nach möglichen Finanziers eine lange Reise durch die Vereinigten Staaten unternommen hatte."[*] Neben *SWAMP WOMEN* drehte Corman 1957 noch *TEENAGE DOLL* für die Woolner Brothers, die beide über die Allied Artists vertrieben wurden. Die Woolner Brothers finanzierten noch andere *low budget*-Filme sehr erfolgreich, etwa 1958 Nathan Jurans *ATTACK OF THE 50 FOOT WOMAN* mit Allison Hayes, und nahmen später nicht ganz unbedeutende italienische Filme in ihren US-Verleih, so 1964 Mario Bavas stilbildenden *giallo BLOOD AND BLACK LACE*. 1970 wurde Lawrence Woolner schließlich für ein Jahr Cormans erster Partner bei der New World Pictures.

Corman war weder als Regisseur noch als Produzent jemand, der für gewöhnlich ausgetretene Pfade ging, und so entstanden zwei seiner bemerkenswertesten Filme über das *female empowerment* für ein Gruppe von Auto-Kino-Betreibern ausgerechnet aus dem amerikanischen Süden. Gary Morris hat 1985 in seiner ausgezeichneten Studie von Cormans Werk dessen Sichtweise auf die Frau (und dementsprechend auch den Mann) sehr weitgehend ausgelegt: „Cormans gesamte Karriere

---

[*] *Simmons*, David Lee: ED NELSON, ROGER CORMAN AND THE EXPLOSION OF THE B-MOVIE, in: The Times-Picayune, 20. 08. 2014.

kann als Subversion jener Vorstellung des Patriarchats gedeutet werden, auf der sowohl Western- als auch Gangster-Filme basieren. Hawks' geliebte ‚Kameradschaft' kommt auch in Cormans Arbeiten vor, aber in einer bedenkenswerten Umkehrung sind bei ihm diese ‚Kameraden' üblicherweise weiblich (*SWAMP WOMEN, TEENAGE DOLL*)."*

Beverly Garland und Susan Cummings: *SWAMP WOMEN*

Zu einer Zeit, in der Darstellerinnen wie Doris Day als „*the girl next door*" das Frauenbild im Kino beherrschten, tauschte Corman die „Kameraderie" der Männer-Gemeinschaften aus den Western-, Gangster- und Kriegs-Filmen von Howard Hawks, die für die amerikanische Popkultur so prägend wurde, einfach durch vier Frauen aus: Lieutenant Lee Hampton (Carole Mathews) ist eine Polizistin aus New Orleans, die

---

* *Morris*, Gary: ROGER CORMAN, a. a. O., S. 37.

undercover in das Gefängnis eingeschleust wird, um einer Frauen-Gang, bestehend aus der Anführerin Josie (Marie Windsor), der gewalttätigen Vera (Beverly Garland) und Billie (Jil Jarmyn), den Ausbruch zu ermöglichen. Die Polizei hofft so, dass Lee von der Gang zu den gestohlenen Diamanten geführt wird, die seit nunmehr drei Jahren verschwunden sind. Nachdem wir zu Beginn einige farbenprächtige Archivaufnahmen des „Mardi Gras" („Fetter Dienstag"), des berühmten Faschingsumzugs aus New Orleans gesehen haben, führt Corman mit dem machohaft auftretenden Geologen Bob (Touch Connors) und dessen - allen Frauen-Klischees der Zeit entsprechender - Freundin Marie (Susan Cummings) noch zwei weitere Figuren ein. „Du bist so stark und groß und mutig", so Marie zu Bob, der sogleich von einem Taschendieb (Jonathan Haze) auf dem „Mardi Gras" ausgeraubt wird, nach dessen Verhaftung uns Corman dann im Gefängnis mit Lee und der Girl-Gang bekannt macht. Die arrangierte Flucht gelingt, die vier besorgen sich Pistolen und machen sich tatsächlich auf den Weg in die Bayous, um die dort versteckten Diamanten zu holen. Dabei treffen sie auf Bob und Marie, Vera erschießt den Bootsfahrer und die vier nehmen die beiden als Geiseln mit, während sie mit dem Boot weiter in die Sümpfe vordringen. Während Bob dabei rasch Begehrlichkeiten bei den Frauen weckt („Drei Jahre ohne Mann sind eine verdammt lange Zeit"), erscheint Marie von Anfang an überflüssig: „Noch so ein Mädchen, das wir nicht gebrauchen können", so Billie.

Corman lässt seine Darstellerinnen enorm physisch spielen, von Anfang an gibt es Spannungen zwischen Lee und Vera, aber auch untereinander, die sich in mehreren Prügeleien entladen. „Alle drei sind äusserlich durch Kurzhaarschnitte und eine maskuline Kleidung - Jeans und Arbeitsshirts - als starke Frauen gekennzeichnet und während sie sich am Lagerfeuer betrinken, schneiden sie sich sogar die Beine ihrer Jeans ab und verwandeln sich mit ihren kurzen Shorts in post-feministische Vamps à la Madonna."* Ihre Lebensträume, die sich die Frauen dabei betrunken am Lagerfeuer erzählen, drehen sich sämtlich darum, dass ihnen die Diamanten zu mehr Selbstbestimmung verhelfen sollen. Im Gegensatz dazu inszeniert Corman die Figur Touch Connors geradezu kastriert: die meiste Zeit sitzend an Bäume gefesselt, erlebt Bob die abwechselnden Begehrlichkeiten der Frauen - von Billie, Lee und Vera - nur passiv, Corman stellt die Kamera sogar oft auf seine Höhe, so dass dem Zuschauer aus Bobs Untersicht die Frauen stets umso beherrschender erscheinen. Indem Bob auf die abwechselnden, eindeutig sexuellen Avancen auch noch eingeht, offenbart sich zudem ständig die Oberflächlichkeit und Manipulierbarkeit seines Charakters.

Beverly Garland und Touch Connors: *SWAMP WOMEN*

---

* *Silver*, Alain/*Ursini,* James: ROGER CORMAN: METAPHYSICS ON A SHOESTRING, W. Hollywood, 2006, S. 36.

Marie wird bei einem Fluchtversuch von einem Alligator getötet und Bob rettet dabei Lee, doch Josie rückt dessen Ego augenblicklich wieder zurecht: „Ich denke, wir können ohne dich auskommen. Hau ab!" Die Gruppe findet schließlich das Versteck mit den Diamanten, aber Vera hat ihre eigenen Pläne. In der Nacht nimmt sie alle Pistolen und die Diamanten an sich und flieht mit dem gefesselten Bob. Da sie weiß, dass sie den dreien nicht entkommen kann, stellt sie ihnen eine Falle. Sie nimmt die Pistolen, klettert auf einen Baum und bindet Bob als Lockvogel am Fuß des Baumes fest. Aber Billie und Lee gelingt es, Vera abzulenken und Josie trifft sie mit einem inzwischen selbstgebauten Speer. „Und zu guter Letzt führt Corman noch eine phallische Schlange ein, die den hilflosen Bob bedroht, für die Spannung und als weitere Demütigung für den ohnehin impotenten Mann."[*] Vera erschießt die Schlange und fällt anschließend tot vom Baum. Josie gibt Lee nun den Befehl, Bob zu töten.

Der *production code* ließ es nicht zu, dass Kriminelle am Ende davonkommen, und so lässt Corman rechtzeitig genug einen Polizeihubschrauber eintreffen, während Lee und Bob die beiden Übriggebliebenen der Girl-Gang überwältigen. Den Zuschauern mag es abschließend kaum glaubhaft erschienen sein, dass eine Frau wie die harte *undercover*-Polizistin Lee nun mit dem bis zur Lächerlichkeit entzauberten Macho Bob anbandelte, denn tatsächlich wurde Cormans *SWAMP WOMEN*, wie auch der spätere *TEENAGE DOLL*, nicht einfach nur ein Film über kriminelle Girl-Gangs, der Hawks' Thema einer auf die Probe gestellten „Kameraderie" aufgegriffen und

---

[*] *Silver*, Alain/*Ursini*, James: ROGER CORMAN: METAPHYSICS ON A SHOESTRING, a. a. O., S. 36.

Roberta Collins in Jack Hills *BIG DOLL HOUSE* (New World Pictures, 1971)

dabei die Geschlechter-Rollen vertauscht hat. Hier ging es bereits eindeutig um weibliche Selbstbestimmung, mehr noch, um *female sexual empowerment*. Bereits Mitte der 50er Jahre zeichnete Corman mit *SWAMP WOMEN* so eine *exploitation*-Formel vor, die sein Schüler Jack Hill Anfang der 70er Jahre mit *women in prison*-Filmen wie *BIG DOLL HOUSE* von 1971 für die New World Pictures wieder aufgriff, dann als wilde *camp*-Fantasien von Frauen, die sich von ihrem Begehren leiten lassen, rebellieren und bewaffnet die Macht an sich reißen - *Chicks'n'Guns*, wie man sie erst über zwei Jahrzehnte später nach Jack Hill - und fünfzig Jahre nach Roger Corman - bei Quentin Tarantino, etwa in dessen *GRINDHOUSE: DEATH PROOF* von 2007, wiedersehen sollte. Auch die Flucht von Josie, Vera und Billie in *SWAMP WOMEN* war solch ein Ausbruchsversuch aus einer patriarchalen Gesellschaftsnorm, die Corman bereits früh dekonstruierte, indem er seine Frauen nicht nur dementsprechend handeln, sondern auch *sprechen* ließ, dabei ihre eigenen (auch sexuellen) Begehrlichkeiten formulierend und verfolgend - tatsächlich ist dies im *mainstream* Hollywoods bis heute noch eher die Ausnahme als die Regel.

gunslinger
1956

Die „Rollen-Umkehr war eine bewusste Entscheidung bei mehreren meiner Filme", so Corman. „Ich habe mich den größten Teil meines Lebens bis zu einem gewissen Grad mit den Unterdrückten identifiziert, mit jedem Opfer gesellschaftlicher Vorurteile." Hierzu zählten für ihn nicht nur Halbblut-Indianer (*APACHE WOMAN*) oder Schwarze (*THE INTRUDER*), sondern vor allem Frauen. Und nur im unabhängigen *low budget*-Film konnte diese Entscheidung auch kommerziell erfolgreich sein: „Hatte man in einem *exploitation*-Film eine starke Protagonistin, dann konnte die Geschichte auch aus diesem Blickwinkel beworben und besser verkauft werden." Diese Entscheidung hatte aber auch seinen Preis. Die Vermarktung der Filme über Plakate und Werbeanzeigen musste sehr aggressiv durchgeführt werden, dabei immer das Spektakuläre versprechend, und mit den eigentlichen Stories Cormans, gar mit seinem *female empowerment*, hatten die legendär gewordenen Plakate der ARC/AIP am Ende nicht mehr viel zu tun. Nicholson und Arkoff verdankten auch die zentrale Person für ihre Vermarktungs-Strategie Corman: für die Werbe-Kampagne seines nunmehr letzten Westerns *GUNSLINGER* engagierte

Corman Albert Kallis, der hiernach mit der ARC - per Handschlag - eine Abmachung traf, fortan die Plakat-Entwürfe sowie die gesamte Werbung der Firma verantwortlich zu betreuen. Kallis übernahm diese Aufgabe auch noch für die AIP bis 1973.

Weder Beverly Garlands sexy Erscheinung, noch der Werbe-Claim auf Kallis' Plakat zu *GUNSLINGER* ließen etwas von der Story des Films erahnen, doch dieser Preis, den Corman und seine Crew für eine *low budget-exploitation*-Produktion zu zahlen hatten, nahm sich gegenüber einem anderen noch bescheiden aus. Allen Western Cormans und vor allem *GUNSLINGER* sieht man ihr knappes Budget wirklich an, insbesondere aber ließen es die Produktionsbedingungen und das Finanzierungskonzept der ARC nicht zu, den Drehplan zu verschieben, auf andere Drehorte auszuweichen, oder Ersatz für Schauspieler zu besorgen. Es regnete beinahe die gesamten sechs Drehtage, so dass sich die Jack Ingram Movie Ranch im Topanga Canyon in ein Schlammloch verwandelte und die Pferde auf den mit etwa 5 Zentimeter hohen Matsch bedeckten Asphaltwegen der Ranch keinen Halt fanden. Wegen des andauernden Regens konnten keine Scheinwerfer, sondern nur Reflektoren zur Ausleuchtung verwendet werden, allerdings schien keine Sonne, die von diesen reflektiert werden konnte. Dies gab dem Film im Ganzen schlußendlich sogar einen interessant wirkenden, matten und schmutzigen Flair, doch Corman musste - absolut ungewöhnlich für ihn - den Drehplan um einen Tag überziehen, zumal sich beide Hauptdarstellerinnen verletzten. Allison Hayes fiel vom Pferd und brach sich einen Arm, Beverly Garland verstauchte sich den Knöchel. Beide drehten den Film zu Ende. Garland:

> „Ich habe mir den Knöchel verdreht, weil ich in diesen schrecklichen Stiefeln steckte... Am nächsten Tag konnte ich meinen Stiefel nicht mehr anziehen, weil mein Fuß auf die Größe eines

Fußballs angeschwollen war. Natürlich musste ich den Film zu Ende drehen. Es waren nur noch ein paar Tage übrig und Roger konnte mich nicht ersetzen. Mit Roger hast du immer gearbeitet. Ich meine, du konntest ein Auge raushängen haben und er würde dich einfach aus einem anderen Winkel fotografieren. Du musstest wirklich ein Soldat sein... Roger rief diesen Arzt an. Ich glaube nicht, dass das ein richtiger Arzt war. Vielleicht ein Pferdearzt, oder so etwas. Er gab mir eine Spritze mit Novocain in meinen Knöchel, die mich fast durch die Decke gehen ließ. Sie mussten mir den Stiefel aufschneiden, um ihn auf meinen Fuß zu bekommen, was Roger zum Wahnsinn trieb - ich denke, dass er ihn gemietet hat, oder so. Wie auch immer, sie haben mir den Stiefel an den Fuß geklebt und ich habe den ganzen Tag gearbeitet. Kampfszenen, das war alles, was ich noch zu tun hatte... Danach konnte ich eine Woche nicht laufen."[*]

In dem texanischen Ort Oracle wird Rose Hood (Beverly Garland) zum provisorischen Marshal ernannt, nachdem ihr Mann Scott (William Schallert) als vorheriger Marshal ermordet wurde. Als ihre Gegenspielerin und größte Bedrohung für den Ort erweist sich schnell Erica Page (Allison Hayes), die örtliche Saloon-Besitzerin, die systematisch alle Grundstücke in Oracle aufkauft, auf denen eine neue Eisenbahnstrecke gebaut werden soll - um diese dann wieder gewinnbringend an die Eisenbahngesellschaft verkaufen zu können - und die dabei Konkurrenten und Mitwisser ausschalten lässt. Auch Roses Mann wurde ein Opfer Ericas und die beiden geraten von Anfang an in einen harten Konflikt. Erica beauftragt ihren Gehilfen Jake (Jonathan Haze), den Berufskiller Cane Miro (John Ireland) zu engagieren, der „Lady Marshal" Rose töten soll. Zufällig trifft Rose Cane auf seinem Weg

---

[*] Zit. n.: *McGee*, Mark Thomas: ROGER CORMAN: THE BEST OF THE CHEAP ACTS, a. a. O., S. 110f.

nach Oracle, der ihr erzählt, er wolle im Ort lediglich den Bürgermeister Gideon Polk (Martin Kingsley) aufsuchen. Die beiden verlieben sich ineinander. Für Cane scheint sich ein Ausweg zu bieten, als ihm Erica eröffnet, dass er Rose eventuell nicht töten müsse, falls ihre Grundstücksgeschäfte erfolgreich sein würden. Cane selbst erzählt Rose nun,

GUNSLINGER: Beverly Garland, Jonathan Haze und Allison Hayes

dass er eigentlich gekommen sei, um Gideon Polk zu töten, da dieser als Kommandeur der Artillerie-Einheit Canes im Bürgerkrieg versagt und seine Kameraden auf dem Gewissen habe. Rose nimmt Polk in Schutzhaft. Doch die gefährliche Situation löst sich nicht auf, zumal Ericas Avancen von Cane abgewiesen werden und sie per Brief erfahren muss, dass die geplante Bahnstrecke nun doch nicht gebaut wird. Cane erweist sich nun als ein eiskalter Killer, der nacheinander Jake und den Bürgermeister (sowie dessen Frau) erschießt. Auch Erica wird von Cane getötet, noch bevor sie auf Rose abdrücken kann. Im finalen

Duell stehen sich abschließend Rose und Cane gegenüber. Rose verwundet ihren Geliebten tödlich und verlässt anschließend die Stadt - für immer.

Die Ikonografie der bewaffneten Frau durchzieht das gesamte Frauen-Kino Cormans, von seinen Western (*FIVE GUNS WEST, APACHE WOMAN, THE OKLAHOMA WOMAN, GUNSLINGER*), über seine Abenteuer- und Girl Gang-Filme (*VIKING WOMEN, TEENAGE DOLL*), bis hin zu seinen Gangster-Filmen (*SWAMP WOMEN, MACHINE GUN KELLY, BLOODY MAMA*). Aber Cormans mit Messern, Speeren, Pistolen, Gewehren und Maschinen-Pistolen bewaffneten Frauen sind keine „Amazonen", keine mythologisch überhöhten Figuren, sondern ganz reale, mit phallischen Symbolen hantierende Subjekte, die ihre traditionelle Rolle, nur als Objekte in einer männerdominierten Gesellschaft zu gelten, zurückweisen und mit ihrem *empowerment* zugleich um einen neuen Platz in der Welt ringen. Als Handlungssubjekte geht es ihnen nicht um das Sich-Behaupten in einer alten, patriarchalen Ordnung, sondern um die Definition einer neuen Zeit. Es war wohl Cormans vielleicht wichtigstem Drehbuch-Autoren Charles B. Griffith zu verdanken, der für *GUNSLINGER* das erste Mal für ihn arbeitete, dass diese neue Zeit nun weit weniger positiv gezeichnet wurde, als noch in den früheren Western Cormans. Auch Peggie Castle spielte als Marie "Oklahoma" Saunders in *THE OKLAHOMA WOMAN,* der noch von Sam Arkoffs Schwager Lou Rusoff geschrieben wurde, bereits das neue *empowerment* der Frau im Western, doch Beverly Garlands „Lady Marshal" Rose und Allison Hayes' Erica Page wurden bereits weit komplexere Frauen-Figuren:

> „Neben ihrer grundlegenden dramatischen Funktion als Gefährtinnen für Männer, tragen sie auf der soziologischen Ebene in

ihrer Annahme oder Ablehnung weiblicher Rollen eine Bedeutung, auf der Ebene des Mythos, indem sie die Erneuerung des Lebens und damit den Ablauf der Zeit darstellen... Aus diesem Grund begann Corman diese Ebenen zu teilen, so dass sie von mindestens zwei weiblichen Charakteren verkörpert wurden, die normalerweise miteinander im Konflikt standen."[*]

Beide Frauen in Oracle - ein Ort, der nicht zufällig so heißt, denn das „Orakel" ist traditionell der mythologische Ort an dem Zukunftsfragen beantwortet und entschieden werden - bestimmen den Ablauf des Lebens und somit der Zeit (nach dem Tod des Marshals), beide verlieben sich in Cane Miro, und dennoch unterscheiden sie sich in ihrer Ablehnung oder Annahme ihrer traditionell weiblichen Rolle, nur Gefährtin-

GUNSLINGER: John Ireland und Allison Hayes

---

[*] *Willemen*, Paul: THE MILLENNIC VISION, a. a. O., S. 31f.

nen für diesen zu sein. Rose entscheidet sich für die neue Zeit gegen Cane, tötet ihn sogar, obwohl sie dem Sterbenden am Ende gesteht, ihn wirklich geliebt zu haben, während Erica an Cane festhält, selbst noch als sie von diesem abgewiesen wird. Ihre neue Ordnung bleibt im Grunde die alte, deren zerstörerisches Werk sie nur vollendet, indem sie in Rose lediglich eine Konkurrentin um Cane und die Macht in Oracle sieht - einer alten, überholten Zeit, der sie schließlich zum Opfer fällt.

Aber die alte Ordnung erweist sich selbst für Rose noch als derart wirkmächtig und destruktiv, dass auch sie am Ende dieses „Orakel" nur noch verlassen kann, wohin auch immer. Denn aus ihrem Zukunftsort ist ein Trümmerfeld geworden, zerstört durch die überkommene Logik der Rache, der rücksichtslosen ökonomischen Interessendurchsetzung und der Gewalt. Griffiths Drehbücher für Corman sind, beginnend mit dem zu *GUNSLINGER*, daher in erster Linie immer *subversiv*, ohne dabei Auswege oder Scheinlösungen anzubieten. Und so wirft dieser kleine, merkwürdige Western hierin seine Schatten bereits weit auf das Werk Cormans voraus, bis hin zu *THE WILD ANGELS*.

3. Kapitel:
Die Geburt des Neuen oder Science Fiction, zum Ersten

Als "King of the B's" ist Roger Corman berühmt geworden, sogar Bücher über ihn werden bis heute noch so betitelt, doch er selbst hat diese Bezeichnung stets abgelehnt:

„Ich denke, dass ich niemals in meinem Leben einen ‚B'-Film gemacht habe. Der B-Film stammte aus der Depressions-Zeit und war ein Phänomen, das nur bis in die frühen 50er reichte. In den 30ern, als die Besucherzahlen zurückgingen, lockten die Studios das Publikum mit Doppelprogrammen in die Kinos. Der A-Film konnte mit Stars wie Clarke Gable aufwarten; der B-Film wurde schnell und billig produziert und hatte entweder neue, in den A-Film aufstrebende Kontraktschauspieler oder ältere Stars, die auf dem Weg nach unten waren. Der B-Film war auch eine untere Liga für noch ungetestete Autoren, Regisseure und Produzenten, und es war weder eine Schande noch eine Stigmatisierung dazuzugehören... B-Filme wurden, als die zweite Hälfte eines Doppelprogramms, in der Regel zu niedrigen Fixpreisen gebucht."[*]

Corman produzierte und drehte, um einen etwas umständlicheren, aber dafür genaueren Begriff zu verwenden, „unabhängig *low budget*- und *exploitation*-Filme", und genau dieser Charakter seiner Filme war es, der ihm in der Hollywood-Gemeinde jene Stigmatisierung einbrachte, die er gegenüber B-Film-Regisseuren und -Produzenten noch selbst zu-

---

[*] Zit. n.: *Zion*, Robert: WILLIAM CASTLE ODER DIE MACHT DER DUNKELHEIT, Meitingen, 2000, S. 53.

rückgewiesen hat. Zwar konnte Corman, wie auch seine späteren Schüler Jack Hill und Peter Bogdanovich, mit den Gepflogenheiten des etablierten Hollywood mit seinen *celebrity parties*, aufgeblasenen Eitelkeiten sowie dem entmündigenden Studiosystem nichts anfangen, aber die Herablassungen, die er dort als *exploitation*-Filmemacher erfuhr, waren unmissverständlich. George Armitage, später Drehbuchautor und Regisseur für die New World Pictures, erzählte von einem Meeting 1967 bei der 20th Century Fox: „Wir wurden zu einem Ort namens ‚Gold Room' bestellt, wo sich die Produzenten trafen. Diese wirkten schon irgendwie eingemottet, hielten sich aber immer noch für bedeutender als die Fernseh-Leute. Die Filmproduzenten setzten sich auf die andere Seite des Raums, um sich von den Fernseh-Leuten zu distan-

ATTACK OF THE CRAB MONSTERS (1957)

zieren. Und diesen blieb so niemand mehr, gegenüber dem sie sich wiederum wichtig tun konnten, außer Roger Corman, der sich gerade dort befand, um THE ST. VALENTINE'S DAY MASSACRE zu machen."[*]

Der snobbistischen Hollywood-Gemeinde bei der Fox waren wohl noch Cormans Science Fiction- und Monster-Filme der 50er Jahre wie ATTACK OF THE CRAB MONSTERS in Erinnerung, *low budget-exploitation*, die allerdings auch die erste Welle der *baby boomer* scharenweise in die Auto-Kinos gelockt hatte und mit denen Corman sehr schnell zum erfolgreichsten *low budget-exploitation*-Regisseur wurde. „Der ganze Antrieb, in diese billigen Filme zu gehen, war der, dass es Filme waren, die uns unsere Eltern verboten hatten", so mit Joe Dante einer dieser *baby boomer*, doch bei Weitem nicht der Einzige, bei dem diese Filme einen nachhaltigen Eindruck hinterlassen hatten, wie Regisseur Howard R. Cohen anmerkt: „Du kannst den Einfluss Cormans bei Steven Spielberg und anderen heutigen Filmemachern aus dieser Altersgruppe sehen. Sie sind mit dieser rasanten Action, mit den plötzlichen Schocks und dem Horror aufgewachsen. Es war alles bereits da."

Seinerzeit war es noch fast ausschließlich das Hollywood-Branchenblatt Boxoffice, das überhaupt positiv über Corman schrieb. So nannte Ian Spear Corman im Dezember 1956 in seiner Kolumne „einen erfrischend neuen Typ eines Produzenten und Regisseurs; ein junger Mann, mit Fantasie begabt und wagemutig, der sich nicht durch den Klamauk und die Tabus einschränken lässt, mit denen derzeit viele alt-

---

[*] *Pinkerton*, Nick/*Armitage*, George: INTERVIEW: GEORGE ARMITAGE, in: Film Comment, 28. April 2015.

gediente Film-Fabrikanten finanziellen Schiffbruch erleiden."[*] Es hat Corman entscheidend geprägt, dass er seine erste Anerkennung beim Publikum und der Kritik über seinen Erfolg an den Kinokassen erfuhr. Rasch stach er dabei andere Regisseure der ARC/AIP mit deren Monster-Filmen, wie etwa Edward L. Cahns *THE SHE-CREATURE* von 1956, kommerziell aus, nicht allein, weil seine Filme zumeist dynamischer und technisch versierter wirkten, vor allem, weil Corman immer *etwas mehr* als nur eine Monster-Geschichte zu erzählen hatte: die *baby boomer* sehnten sich nach einer anderen Welt als die ihrer Eltern mit ihrer spießigen Enge und moralischen Rigidität und Corman spiegelte ihnen diese Sehnsucht nun zurück, indem er nun entweder mit seinen

Robert Vaughn und Darrah Marshall in *TEENAGE CAVEMAN* (1958)

---

[*] Zit. n.: *Gray*, Beverly: ROGER CORMAN: AN UNAUTHORIZED BIOGRAPHY OF THE GODFATHER OF INDIE FILMMAKING, Los Angeles, 2000, S. 59.

Monster-Filmen wie *NOT OF THIS EARTH* eine alte Welt außerirdischer Fremder (= die der Eltern) untergehen, oder mit *post doomsday*-Filmen wie *DAY THE WORLD ENDED, ATTACK OF THE CRAB MONSTERS* und *TEENAGE CAVEMAN* eine neue Welt (= die der *baby boomer*) auferstehen ließ.

ATTACK OF THE CRAB MONSTERS von 1957 handelte vom Weltuntergang durch die Atombombe und einer kleinen Gruppe Menschen, die an einem isolierten Ort den schrecklichen Konsequenzen der neuen Gegenwart zu entkommen versuchen - in diesem Fall riesigen, telepathisch begabten Monster-Krabben. Die Bewohner der neuen Welt besiegen schießlich unter großen Opfern die Monster. Der von Corman für $70.000 für die Allied Artists gedrehte Film spielte $1 Million ein. In dem 1958 für dasselbe Budget für die AIP entstandenen *TEENAGE CAVEMAN* spielte Robert Vaughn dann „The Boy", der - stellvertretend für die *baby boomer* in den Auto-Kinos - in einer primitiven Höhlenmenschen-Welt lebt, deren Bewohner eine irrationale Angst vor dem „Ding" jenseits des Flusses entwickelt haben. Durch den Wissensdrang von „The Boy" stellt sich das „Ding" schlussendlich als ein Mensch des zwanzigsten Jahrhunderts heraus, der eine Weltuntergangs-Katastrophe überlebt hat - wie auch die Höhlenmenschen selbst, die nun von „The Boy" von ihren Ängsten befreit werden. Jenseits aller *thrills*, die Corman seinem Teenager-Publikum mit diesen Filmen natürlich verschaffte, wie auch der stets vorhandenen, am Ende geglückten Liebesbeziehungen, vermittelte er ihnen immer auch das Gefühl, die Geburt einer neuen Welt bewältigen zu können, trotz aller stets vage im Hintergrund bleibenden Ängste vor der atomaren Bedrohung des Kalten Krieges. Dies wurde Cormans Erfolgsformel und zugleich sein Kommentar auf alles Alte, Überkommene - mithin sogar auf jenen „Klamauk und die Tabus" des etablierten Hollywood-Studiosystems.

Es war vor allem Roger Cormans sprühender Energie und Kreativität zu verdanken, in Verbindung mit seinem unvergleichlichen Talent zur Improvisation, dass die ARC von Anfang an kommerziellen Erfolg hatte. Er fungierte dabei als eine Art stiller dritter Partner neben Arkoff und Nicholson, Verträge wurden, wenn überhaupt und nicht ein Handschlag genügte (eine Praxis, die Corman später beim Endschnitt seiner Filme zum Verhängnis werden sollte), nur von Film zu Film mit ihm abgeschlossen. James H. Nicholson startete neue Filmprojekte oftmals nur mit einem reißerischen Titel und einem noch reißerischeren Plakat, so wie das zu *THE BEAST WITH 1,000,000 EYES*, einen jener Titel, mit denen er in Pittsburgh vor den unabhängigen Kino-Betreibern für sein Geschäftskonzept geworben hatte, bevor überhaupt nur eine einzige Einstellung des Films abgedreht war. Die Produktionsgeschichte dieses Films zeigt dann auch, unter welch zum Teil abenteuerlichen Bedingungen die noch junge Firma arbeitete und wie unentbehrlich sich Corman für diese von Beginn an machte. Produzent David Kramarsky und Regisseur Lou Place bekamen die Produktion zu keiner Zeit in den Griff und als

die Kosten - auch auf Intervention der Gewerkschaft hin - anzusteigen drohten, ersetzte Corman, der zunächst nur als ausführender Produzent fungierte, die beiden sowie den Kameramann Everett Baker kurzerhand, fuhr mit Floyd Crosby in die Wüste und drehte mit diesem den Film selber zu Ende.

Doch als der Film schließlich endlich im Kasten war, begannen erst die eigentlichen Probleme. Nach einem Screening für die Subverleiher und Kino-Betreiber herrschte eine tödliche Stille im Saal. Einer von ihnen fragte, wo denn das titelgebende Monster auf dem Plakat geblieben sei. Tatsächlich gab es in dem Film weder eine Millionen Augen, noch überhaupt ein „Beast", nur ein Alien-„Raumschiff", genauer einen Blechzylinder mit einem kleinen, sich drehenden Propeller obenauf - in Wirklichkeit ein Stück Schrott, das Lou Place beim Dreh in der Wüste gefunden hatte. Nicholson versuchte den Film noch zu retten, indem er mit einer Schere die Augen der Tiere auf einer Filmkopie herauskratzte. Dies wurde dann zwar tatsächlich die Geschichte des Films, aber die Subverleiher stellte das immer noch nicht zufrieden. Corman rief daraufhin Forrest J. Ackerman an, der seinerzeit als Agent arbeitete, und fragte diesen, wer ihm möglichst schnell und günstig ein Monster bauen könne. Doch der vorgeschlagene Ray Harryhausen war Corman zu teuer. Die beiden kamen schließlich auf Paul Blaisdell, den Herausgeber des Spaceway Magazine, der das Monster am Ende für $200 plus Materialkosten zusammenbaute. Blaisdells Monster „Herky" hatte dann zwar nur zwei Augen, doch um dem Titel des Films zu entsprechen, hatte Nicholson ja bereits alle Tieraugen von Hand bearbeitet. Blaisdell sollte hiernach in den 50er Jahren noch zahlreiche Filmmonster für die AIP bauen, vorwiegend aus Schaumgummi und Pappmaché, die er jeweils selbst bediente und denen er immer einen Namen gab, etwa 1957 für *VOODOO WOMAN* von Edward L. Cahn sowie 1956 für Cormans *IT CONQUERED THE WORLD*.

Die Notoperationen Roger Cormans an *THE BEAST WITH 1,000,000 EYES* bescherten der ARC nicht nur einen für gerade einmal $33.000 entstandenen Kassenerfolg, sondern ihm selbst sein eigenes Film-Monster, Blaisdells "Marty the Mutant" in seinem ersten Science Fiction-Film *DAY THE WORLD ENDED*, nun bereits für das Dreifache des Budgets von *BEAST* produziert und unter Anderem im Bronson Canyon gedreht. Obwohl die ARC zu Beginn ohne eigenes Studio und so gut wie ohne Eigenkapital produzierte, gingen Arkoff und Nicholson mit Cormans Filmen bewusst immer ein etwas höheres finanzielles Risiko ein, da sie sich sicher sein konnten, dass er als Produzent stets im Drehplan und im Budget blieb und dass seine Regie stets ein wenig versierter, seine Stories zumeist interessanter waren, als die anderer Regisseure der ARC. Corman nahm so bei der ARC/AIP eine Rolle ein, die später Stephanie Rothman und Jack Hill bei seiner eigenen Produktions- und Verleihfirma New World Pictures einnehmen werden: er garantierte der Firma ihren kommerziell erfolgreichen Start nahezu im Alleingang. Der Geschäftstüchtigkeit Sam Arkoffs war es zudem zu verdanken, dass die in der Regel hohen Laborkosten die Budgets der Produktionen noch nicht belasteten. Er hatte das Pathé-Labor dazu überredet, die Kopierkosten für die Film-Drucke, zuzüglich $30.000 pro Veröffentlichung, zurückzustellen:

Story	$ 3.035,77	Transporte	$ 2.149,79
Stab	12.952,21	Außenaufnahmen	1.993,40
Besetzung	15.402,63	Studiomiete	6.000,00
Kleindarsteller u. Statisten	5.048,48	Schnitt	6.449,34
Set Aufbau	5.855,46	Filmmaterial	1.490,52
Set Betrieb	1.830,53	Kopierwerk	5.192,31
Dekoration	2.937,61	Leistungen für die Sozialversicherung	4.026,14
Garderobe	1.983,35	Titel etc.	1.021,06
Produktionssekretariat	959,06	Versicherung	755,63
Beleuchtung	1.972,50	Verschiedenes	1.288,89
Kamera	3.937,29		
Ton	4.982,99	Zusammen	$ 96.234,49
Musik	3.478,75	Plus: Alex Gordon (Ausf. Produzent)	$ 2.500,00
Spezial Equipment	1.472,78		(Rückstellung)
		Samuel Z. Arkoff	$ 2.500,00
			(Rückstellung)

Obwohl die Kosten, wie diese Budgetaufschlüsselung[*] von *DAY THE WORLD ENDED* zeigt, so knapp unter $100.000 gehalten werden konnten, hatte die ARC noch immer das Problem des Blockbuchens. Die Kino-Betreiber buchten *low budget*-Filme weiterhin wie B-Filme im alten Hollywood-Vertriebssystem, jeweils als *second features* für größere Filme der Majors zu einem niedrigen Fixpreis von $100 bis

---

[*] McGee, Mark Thomas: FASTER AND FURIOUSER, a. a. O., S. 46.

$300. *DAY THE WORLD ENDED* wurde daher ein wichtiger Film für die ARC, denn nun begann die Firma ihre Filme als *double features* anzubieten, gezielt für ein Publikum zwischen 12 und 25 Jahren in den Jugend-Matinees und Auto-Kinos, um so eine prozentuale Einspielbeteiligung zu erhalten, die in etwa dem Preis eines „A"-Films entsprach: 1956 veröffentlichte die ARC Cormans Film zusammen mit Dan Milners *THE PHANTOM FROM 10,000 LEAGUES* noch einmal - das erste der berühmt gewordenen *double features* der ARC/AIP.

DAY THE WORLD ENDED

Durch einen Erzähler erfährt der Zuschauer zu Beginn, dass die ihm bekannte Welt durch einen Atom-Krieg ausgelöscht wurde (Corman zeigt dabei einige Archiv-Aufnahmen einer Atombomben-Explosion sowie zerbombter Städte aus dem Zweiten Weltkrieg). Doch es gibt Überlebende. Nach und nach treffen diese in dem Haus ein, in dem sich Jim Maddison (Paul Birch) mit seiner Tochter Louise (Lori Nelson) angesiedelt haben. Das Haus liegt in einem Tal, das von bleihaltigen Bergen umgeben ist, die vor der radioaktiven Strahlung Schutz bieten. Nur widerwillig nimmt Maddison die Gäste auf: den kleinen Gauner Tony (Touch Connors) und dessen Freundin, die Stripperin Ruby (Adele Jergens), den Goldsucher Pete (Raymond Hatton) mit seinem Esel Diabolo sowie den Geologen Rick (Richard Denning), der den kontaminierten Radek (Paul Dubov) mit sich schleppt. Maddison ist ein Ex-Marine-Offizier, der sich schon seit Jahren auf das, was er den „T. D. Day" („Total Destruction Day") nennt, vorbereitet hat, seine Vorräte sind allerdings nur für ihn und seine Tochter kalkuliert.

Eine Situation, die dazu einlädt, nun die vorhersehbaren Spannungen unter den sieben Überlebenden auszuspielen - was natürlich auch geschieht -, aber Corman bettet hier erstmals sein Thema der Geburt einer neuen Gesellschaft (nach dem Millennium) in ein komplexes, religiöses Bezugssystem ein. Bereits im apokalyptischen Prolog wurden Bibel-Verse zitiert und der gottgleiche Erzähler nicht etwa mit der Erschaffung der Welt, sondern mit deren Zerstörung in Verbindung gebracht. Diese zerstörte, tödliche Welt da „draußen", sie erscheint nun vollkommen unwirklich, im Gegensatz zum „drinnen" des geschützten Hauses, das zu einem Garten Eden wird, in dem sich die Schöpfungsgeschichte wiederholt, diesmal nicht als eine von Gott, sondern von Menschen gemachte: Rick und Maddisons Tochter Louise verlieben sich ineinander und werden zu Adam und Eva, bedroht von der Schlange da „draußen", dem ehemaligen Verlobten von Louise (Roger Corman selbst auf einem Portrait-Foto der beiden auf dem Nachttisch), der sich mittlerweile unter dem Einfluss der Strahlung in einen Mutanten verwandelt hat. Auch Tony ist hinter Louise hinterher, er entwickelt einen Neid auf Rick, so

Lori Nelson, „Marty the Mutant" (Paul Blaisdell) und Roger Corman am Set von *DAY THE WORLD ENDED*

wie Kain auf seinen Bruder Abel. Als Tony seine eifersüchtige Freundin tötet, wird er, wie einst Kain, zum ersten Mörder dieser „neuen" Menschheit. Maddison übernimmt derweil die komplette Kontrolle über die Gruppe und damit selbst eine Art Gottesfunktion: wie Gott Abel Kain vorgezogen hat, so zieht er für seine Tochter Rick Tony vor, er erlaubt Rick sogar, sie zu töten, falls sie der Strahlung ausgesetzt sein würde. Anders als in späteren Filmen, löst Corman seine *post doomsday*-Geschichte in *DAY THE WORLD ENDED* - scheinbar - noch positiv auf: Maddison stirbt an der Strahlung und Gott erlangt seine Macht wieder, indem er das Tal und die Erde am Ende durch seinen Regen reinigt und damit alle Mutanten tötet, die sich mittlerweile vollständig an die Strahlung angepasst haben und ohne diese nicht mehr überleben können.

Der sich auf der ersten Stufe der Strahlen-Mutation befindende Radek - von insgesamt vier Mutations-Stufen, wie Maddison irgendwann feststellt -, ist sicherlich die interessanteste Figur in *DAY THE WORLD ENDED*. Radek befindet sich zwar „drinnen", bildet aber allmählich eine Art metallische Haut als Schutz vor der Radioaktivität aus. Da er sich, wie alle Mutanten, nur noch von rohem, radioaktiv verseuchtem Fleisch ernähren kann, muss er regelmäßig nach „draußen", nachdem er bereits den Esel des Goldsuchers Pete getötet hat. Pete selbst erliegt seinem Goldrausch, geht nach „draußen" und stirbt dort an der Strahlung. Radek aber wird zu einem Wanderer zwischen beiden Welten, zu einem Halbwesen, das „draußen" sowohl das Grauen der alten, zerstörten Welt leben muss, wie auch „drinnen" die ganze Destruktivität des Menschen bei der Geburt einer neuen Welt erfährt. Es ist daher die Figur Radeks, durch die der Zuschauer bereits eine Ahnung davon erhält, dass der gewaltige Antagonismus zwischen Gott und Mensch, den Corman am Anfang des Films konstruierte, gar kein wirklicher Gegensatz ist und sich das positive Ende dementsprechend als ein Schein-Optimismus erweisen könnte. Das, was Corman hier mit seiner stark religiös konnotierten Parabel von *DAY THE WORLD ENDED* für sein Publikum zunächst nur im Subtext andeutete, es sollte dann im nächsten Zyklus seiner *post doomsday*-Filme offen ausgesprochen werden. Je länger Corman Filme drehte, mit jedem weiteren heiligen Intervall, näherte sich das endgültige Millennium, die vollständige Zerstörung der Welt - nun ohne religiöse Auswege - und seine pessimistische Weltsicht zeigte sich dann in *LAST WOMAN ON EARTH* umso deutlicher.

C orman zog die Arbeit als unabhängiger Produzent und Regisseur seinen wenigen Filmen für Major-Studios stets vor und obwohl er in der Hauptsache bereits für die *independent*-Firma ARC/AIP arbeitete, versuchte er selbst noch von dieser eine gewisse Unabhängigkeit zu erlangen, wie etwa mit dem 1956 von den Woolner-Brothers produzierten *SWAMP WOMEN*. Er hatte immer noch das kleine Büro seiner 1954 gegründeten Produktionsfirma Palo Alto Productions am Sunset Strip, mit der er bereits 1954 *MONSTER FROM THE OCEAN FLOOR* und *THE FAST AND THE FURIOUS* sowie 1955 *FIVE GUNS WEST* und *THE BEAST WITH 1,000,000 EYES* produziert und über Lippert oder die ARC vertrieben hatte, aber 1959 entschloß er sich dazu, seine Filme selbst zu vetreiben und gründete mit seinem Bruder Gene seine eigene Produktions- und Vertriebsfirma Filmgroup. Mit dieser entstanden insgesamt 26 Filme, bis Gene Corman die Firma 1963 verließ und die Vertriebsrechte an die AIP übergingen. Mit Filmgroup produzierte das Brüder-Paar zumeist noch billiger und schneller als die AIP, aber eben auch flexibler, und so entstanden für die Firma mit *THE TERROR* sowohl einer der abenteuerlichsten, mit *THE LITTLE SHOP*

OF HORRORS einer der erfolgreichsten und mit *THE INTRUDER* einer der herausragendsten Filme Cormans - vor allem aber *LAST WOMAN ON EARTH*. Corman hatte die steuerlichen Vorteile Puerto Ricos während der Produktion des dort 1960 für den Vertrieb der Filmgroup entstandenen *BATTLE OF BLOOD ISLAND* schätzen gelernt und entschloß sich, ein kleines Filmteam, Betsy Jones-Moreland, Antony Carbone sowie Drehbuchautor Robert Towne, den er in der Schauspielschule Jeff Coreys kennengelernt hatte, auf die Insel zu holen, der die Drei-Personen-Besetzung von *LAST WOMAN ON EARTH* unter dem Pseudonym „Edward Waine" vervollständigte. Der Film kostete lediglich $45.000 und Corman ließ sich von Charles B. Griffith schnell ein weiteres Drehbuch schreiben und per Post zuschicken und blieb mit demselben Team und seinen drei Darstellern noch eine Woche auf der Insel, um für $25.000 *CREATURE FROM THE HAUNTED SEA* zu drehen. Es wurden zwei der billigsten Filme Cormans.

Zu der Zeit auf Puerto Rico war Roger Corman bereits der Filmemacher, den Jonathan Demme beschrieben hat, ein Regisseur „von einer wilden Begabung, der das Medium komplett unter Kontrolle hat", und dies nicht trotz, sondern gerade wegen seiner Guerilla-Taktik des Filmemachens. Robert Towne, der als sehr langsam arbeitender Autor galt und an *LAST WOMAN ON EARTH* noch während der Dreharbeiten weiterschrieb, sagte über Corman: „Er hatte das Gefühl, dass er es falsch machte, wenn er es nicht schnell machte." Und dieser Arbeitsweise war es zu verdanken, dass aus *LAST WOMAN ON EARTH* einer der direktesten, persönlichsten und dabei noch komplexesten Filme Cormans wurde, der heute fast schon wie seine ganz eigene *low budget-exploitation*-Version der französischen *Nouvelle Vague* wirkt.

Der Film ist im Wesentlichen ein Drei-Personen-Stück: Der New Yorker Banker Harold Gern (Antony Carbone) verbringt mit seiner Ehefrau Evelyn (Betsy Jones-Moreland), die er „zwischen Gerichtsverfahren" geheiratet hatte, seinen Urlaub in Puerto Rico. Sein Anwalt Martin Joyce (Robert Towne als „Edward Waine") trifft dort ein, um mit ihm über seine Schwierigkeiten mit der Justiz zu sprechen. Die drei unternehmen eine Bootsfahrt und nach einem gemeinsamen Tauchgang (mit Sauerstoff-Flaschen) müssen sie feststellen, dass inzwischen aus unerklärlichen Gründen alle Menschen und Lebewesen auf der Erde an Sauerstoffmangel zugrunde gegangen sind. Ihre Sauerstoff-Flaschen sichern ihnen ihr Überleben solange, bis dass sie feststellen, dass der nahegelegene Dschungel wieder genug Sauerstoff zum atmen abgibt.

Antony Carbone und Robert Towne: *LAST WOMAN ON EARTH*

Die drei lassen sich in einem Haus in dem Dschungel nieder, wollen sich unter Führung Harolds autark machen. Sie leben von Fischen aus dem Meer und als die ersten Insekten wieder auftauchen, fasst Harold den Plan, auf lange Sicht nach Norden in ein kälteres Klima zu ziehen, um Probleme mit der Nahrungskonservierung zu vermeiden und ihre Chancen zu erhöhen, andere Überlebende zu treffen. Doch bald entsteht eine Konkurrenz der beiden Männer um Evelyn. Diese lässt sich mit Martin ein. Harold schlägt daraufhin Martin mit einem Stein an die Schläfe und befiehlt ihm zu verschwinden. Martin geht, nimmt aber Evelyn mit. Harold verfolgt die beiden bis zu einem Hafen, von dem aus das Paar fliehen wollte und prügelt dort erneut auf Martin ein, während Evelyn in einer Kirche auf diesen wartet. Martin verliert allmählich sein Augenlicht, wird weiter von Harold verfolgt und rennt in die Kirche, wo er - inzwischen vollständig erblindet - stirbt. Harold und Evelyn verlassen die Kirche und gehen davon.

Für Alain Silver und James Ursini sind *HOUSE OF USHER* und *LAST WOMAN ON EARTH* „Cormans dichteste und intensivste" Filme, was sicherlich auf ihre klassische Einheit von Zeit, Ort und Handlung zurückzuführen ist. Tatsächlich ist *LAST WOMAN ON EARTH* enorm dicht erzählt, dabei technisch bereits sehr ausgereift und flüssig inszeniert, immer fokussiert auf die Dreiecks-Konstellation, die - ähnlich wie in *HOUSE OF USHER* - den stark mythologischen Charakter des Films trägt. „Ich habe immer daran geglaubt, dass ein Film auf mehreren Ebenen funktionieren sollte", so Corman. „Dies war ein Science Fiction-Film..., aber gleichzeitig wollte ich ein wenig ein Leitmotiv vermitteln, als Subtext sozusagen." Eingebettet ist dieses Motiv in Cormans große Thematik des Millennarismus. Während *HOUSE OF USHER* die Geschichte vor dem Untergang einer Welt er-

Betsy Jones-Moreland, Antony Carbone und Robert Towne in *LAST WOMAN ON EARTH*

zählt und *DAY THE WORLD ENDED* die der Neugeburt danach, zeigt uns der *post doomsday*-Film *LAST WOMAN ON EARTH* gleich einen ganzen Zyklus des Untergangs, des Neubeginns und des erneuten Untergangs durch heilige und profane Zeiten hindurch. Zunächst führt Corman die drei Charaktere und mit ihnen die ganzen Widersprüche und die Hoffnungslosigkeit des gegenwärtigen Standes der Gesellschaft in den profanen Zeiten *vor* dem Millennium ein. Der Zuschauer lernt die drei während eines Hahnenkampfes kennen, bei dem der Konflikt zwischen Harold und Martin, samt seines Ausgangs in der heiligen Zeit danach, bereits in dieser profanen Welt symbolisch vorgezeichnet wird. Einer der Hähne pickt einem anderen die Augen aus, eine grauenvolle Szenerie, die dem Banker Harold Spaß bereitet. Er steht für das Wettbewerbsdenken, das *survival of the fittest*, während sein Anwalt Martin sich hier bereits als sein Konkurrent erweist, der für einen höheren

Grad der Bewusstheit von der Welt steht, indem er Evelyn zustimmt, als sie sagt: „Ich verstehe nicht, worin da der Sinn liegen soll, wenn sich zwei Tiere in einem Ring zu Tode dreschen." Evelyn selbst ist dabei leicht angetrunken, unzufrieden mit ihrer Ehe mit Harold und fühlt sich gleich von dem sich von diesem so unterscheidenden Martin angezogen. Den drei Protagonisten selbst bleibt der spätere Weltuntergang - der unerklärliche Sauerstoffverlust - rätselhaft, dem Zuschauer deuten sich aber hier bereits die Gründe für diesen an, der Subtext des Films, „ein Konzept", so Corman, „das lose auf der Tatsache beruhen sollte, dass wir uns alle auf unterschiedlichen Stufen von Tieren befinden und dass dies insbesondere ein Teil unserer männlichen DNA, unserer Instinkte zu sein scheint." Der Hahnenkampf ist das Sinnbild des Grundkonflikts von *LAST WOMAN ON EARTH*.

Nach dem Millennium ist es mit Evelyn eine Frau, die nicht zufällig von beiden Männern „Eve" genannt wird, die in dem nun stattfindenden Kampf der Männer die entscheidende Rolle einnimmt. Harold besteht dabei gegenüber Martin und Evelyn auf seiner Ehe und trägt damit nicht nur das *survival of the fittest* der untergegangenen Welt weiter, sondern auch deren puritanische Ethik sowie deren Arbeitsethos, indem er nun ebenso maßlos Fische fängt, wie er zuvor Kapital akkumuliert hat: „Die angeborene Notwendigkeit, zu arbeiten, ist die einzige Sache, die unseren Verstand retten wird." Aber Evelyn entscheidet sich für Martin, indem sie Harold unmissverständlich klar macht: „Harry, in der letzten Welt hast du mir nicht die Chance gegeben, herauszufinden, wo ich hingehöre. Du tust es auch nicht in dieser Welt." Unmittelbar hiernach geben Martin und Evelyn ihrer gegenseitigen sexuellen Anziehungskraft nach, nachdem Martin selbst kurz zuvor eine tot an den Strand angeschwemmte Frau gesehen hat.

Betsy Jones-Moreland und Robert Towne in *LAST WOMAN ON EARTH*

Der instinktiv geleitete Harold kann in dieser neuen Welt nichts entdecken, was ihm Veranlassung geben würde, sein Verhalten zu ändern, die Katastrophe scheint ihm sogar gleichgültig zu sein, während der sich der Situation weit bewusstere Martin die Absurdität und Sinnlosigkeit der Lage erkennt, wie es sich in einigen Dialogen zwischen den beiden zeigt. Harold: „Was ist geschehen?" Martin: „Eine größere oder bessere Bombe, ein Akt Gottes - was macht das schon für einen Unterschied? Das Resultat ist das Gleiche." - Harold: "Was hat Dich denn getroffen?" Martin: "Das Ende der Welt, Mr. Gern." Kurz vor Schluß fragt Evelyn Martin, ob sie nicht ein Kind haben könnten. Dieser weiß dies unmittelbar und ohne überhaupt nur darüber nachzudenken zurück: „Alles, was uns noch bleibt, ist, ohne Schmerzen zu leben."

Der Kampf zwischen dem (tierischen) Instinkt Harolds und der (nihilistischen) Bewusstheit Martins, und damit der Intervall heiliger Handlungen *während* des Neubeginns, endet mit der Jagd Harolds auf Martin, der diesem nun Stück für Stück das Augenlicht (= seine Bewusstheit) nimmt, ihn hierbei vom Meeresspiegel bis zum höchsten Punkt der Insel, der Kirche, verfolgend. Der symbolische Hahnenkampf vom Anfang des Films *vor* dem Millennium wird nun wiederholt und Cormans Zyklus vollendet sich. Martin, der jetzt nichts mehr sieht, ruft noch, kurz bevor er stirbt, in der Kirche aus: "Es gibt keine Banker, keine Kirchen, keinen Gott mehr!" Die symbolische Wiedergeburt einer neuen Zeit ist beendet, es folgt nun eine neue Zeit für Harold und Evelyn, eine erneute des profanen Lebens - ein vollständig neuer Zyklus beginnt.

LAST WOMAN ON EARTH hat die mythologische Kraft einer griechischen Tragödie und bringt daher Roger Cormans Existenzialismus mit am deutlichsten zum Audruck. Zugleich spiegelt er seinen persönlichen Konflikt wider, den zwischen seinen Instinkten als kommerzieller Filmemacher auf der einen, sowie seinem kritischen Bewusstein von der Gesellschaft auf der anderen Seite. Corman entscheidet sich dabei nicht zwischen diesen beiden Polen, wieder legt er „die endgültige Entscheidung über den Untergang oder das Fortbestehen der Welt in die Hände einer Frau"[*], einer Frau, für die es, wie für alle Frauen in Cormans Werk, keine Selbstbestimmung in dieser Welt gibt, die sich vielmehr diese und ihren Platz in der Welt erst suchen und erkämpfen muss. Corman deutet abschließend sogar an, dass hierin auch eine Lösung für die ganze Zerrissenheit des Mannes liegen könnte:

Harold: „Ich habe ihn umgebracht. Werden wir niemals lernen?"

---

[*] *Morris*, Gary: ROGER CORMAN, a. a. O., S. 33.

Evelyn: „Er glaubte nicht daran."
Harold: „Lass uns nach Hause gehen."
Evelyn: „Wo ist das?"
Harold: „Hilf mir, es herauszufinden."

So endet *LAST WOMAN ON EARTH*, keiner von Cormans bekannteren Filmen, aber doch einer seiner beeindruckendsten und mit Sicherheit ein Schlüsselfilm für sein Werk und seine ganz besondere Sichtweise der Welt sowie auf die existenzielle Situation des Menschen darin.

Bei dem unmittelbar im Anschluß auf Puerto Rico gedrehten *CREATURE FROM THE HAUNTED SEA* machten Corman und Charles B. Griffith aus diesem Existenzialismus dann eine überdrehte Horror-Komödie, die in einer grotesken Apokalypse endet: fast die gesamte Besetzung des Films wird hierin am Ende von einem irrwitzigen Monster gefressen (mehr zu dieser Geschichte und dem Monster am Ende dieses Buches). Antony Carbone, Betsy Jones-Moreland und Robert Towne parodieren hierbei gewissermaßen ihre Dreiecks-Geschichte aus *LAST WOMAN ON EARTH*. Interessant dabei ist, und auch bezeichnend für Cormans Team orientierte Arbeitsweise, dass die gelungensten Passagen von *CREATURE FROM THE HAUNTED SEA* noch nicht einmal von Corman selbst stammen. Da Filmgroup keine eigene Fernseh-Abteilung hatte, vertrieb Corman seine Filme für das Fernsehen über Allied Artists und ließ, um auf eine ausreichende Länge zu kommen, Szenen von verschiedenen Regisseuren nachdrehen. Bei *LAST WOMAN ON EARTH*, *CREATURE FROM THE HAUNTED SEA* sowie Cormans Kriegsfilm von 1960 *SKI TROOP ATTACK* übernahm Monte Hellman diese Aufgabe. Dessen Regie-De-

Antony Carbone, Betsy Jones-Moreland und Monster in *CREATURE FROM THE HAUNTED SEA* (1961)

büt für Filmgroup *BEAST FROM HAUNTED CAVE* von 1959, ebenfalls von Charles B. Griffith geschrieben, bildete bereits die Vorlage für *CREATURE FROM THE HAUNTED SEA* und mit seinem späteren *COCKFIGHTER*, 1974 für Cormans New World Pictures gedreht, griff er wiederum Motive aus *LAST WOMAN ON EARTH* auf. 1971 sollte Hellman dann mit dem beeindruckenden *TWO-LANE BLACKTOP* einen der existenzialistischsten Filme *New Hollywoods* in der Nachfolge von *THE WILD ANGELS* und *EASY RIDER* inszenieren.

Zunächst aber machte sich Hellman im März 1963 mit Antony Carbone, Betsy Jones-Moreland, Robert Towne und der versammelten Besetzung von *CREATURE FROM THE HAUNTED SEA* nach Santa Monica auf, um dort für Cormans Puerto Rico-Filme nachzudrehen: „Das war wahrscheinlich der größte Spaß, den ich jemals hatte, weil ich nun der Produzent, Autor und Regisseur war und die absolute Kontrolle über die Crew und auch darüber hatte, wie das Geld ausgegeben wurde. Es war wirklich fantastisch, plus die Tatsache, dass es total verrücktes Zeug war."[*] Hellmans zusätzliche Szenen für *LAST WOMAN ON EARTH* dienten dabei tatsächlich nur der Verlängerung des Films, für *CREATURE FROM THE HAUNTED SEA* allerdings drehte er einen Prolog mit Robert Towne, der ebenso absurd wie komisch wurde, wie eine Szene mit Betsy Jones-Moreland, in der diese den - nun eigens noch geschriebenen - Titelsong „*Creature From The Haunted Sea*" im klassischen Hollywood-Kitsch-Stil singt, während um sie herum eine wilde Schießerei mit kubanischen Revolutionären vonstatten geht. Hellman erfasste dabei Cormans Einflüsse und Tonlage präzise, entwickelte diese sogar weiter, etwa indem er den Prolog als eine Art Parodie auf den Stil Jean-Luc Godards und der *Nouvelle Vague* inszenierte. Die „Corman-Schule", sie entstand eben nicht nur aus Cormans „Guerilla-Taktik", sondern auch aus seiner besonderen Haltung heraus, einer Haltung zum Filmemachen, die von den besten der jungen Regisseure, die bei ihm anfingen - Monte Hellman, Jack Hill, Peter Bogdanovich oder Joe Dante -, geteilt wurde.

---

[*] *Jones*, Kent: „THE CYLINDER WERE WHISPERING MY NAME": THE FILMS OF MONTE HELLMAN, Amsterdam, 2004, S. 170.

4. Kapitel:
Rebellion, zum Ersten oder Von Teenage Angst, Girl-Gangs und dem Beatnik-Phänomen

Zu allen Zeiten ist die Rebellion der Jugend ein Phänomen eines irrationalen, weitestgehend instinktiven Ausbruchsversuchs aus einer als profan und einengend empfundenen Gegenwart. In der modernen Gesellschaft bricht sich diese Rebellion in Zyklen ihre Bahn, reell oftmals durch willkürliche und - scheinbar unnötige - Gewalt, popkulturell immer dann, wenn die nostalgische Sehnsucht nach einem Ort, an dem die Menschen unbelastet von mühsamer Arbeit und gesellschaftlichem Anpassungsdruck ein glückliches Leben führen können, ihren entsprechenden Ausdruck findet - als fortwährender Widerhall der Erzählung vom Goldenen Zeitalter, des Arkadiens aus der griechischen Mythologie. Dieser Mythos verbindet Cormans Teenager-Filme der 50er mit seinen Hippie-Filmen der späten 60er Jahre und mit *THE WILD ANGELS*. Zugleich findet sich die instinktive und gewaltsame Rebellion dieser Filme in seinen Gangster-Filmen wieder, allerdings nicht als eine von Gruppen und Banden, sondern als eine von *outsidern* und Einzelgängern.

Für zwanzig Jahre waren die American International Pictures *die* Produktionsfirma dieses Kinos für ein jugendliches Publikum, die sogar als erste Firma überhaupt mit Zielgruppen-Analysen arbeitete und die amerikanischen Teenager über ihre Titel, Plakate, Stars und Stories befragte, um diese dann umso erfolgreicher in die Auto-Kinos zu locken. Auch die Kino-Betreiber und Subverleiher, die die Filme der AIP mit bis zu 20% mitfinanzierten, wurden eigens befragt. Samuel Z. Arkoff hat später zwar viel Energie darauf verwendet, die popkulturelle Bedeutung der AIP hervorzuheben, doch für ihn wie auch für James H. Nicholson war die AIP in erster Linie eine Firma, die sich einen neuen, lukrativen Markt erschloss - ein Werbe- und Geschäftskonzept. Monster-, Teenager-, Rock'n'Roll-, Gangster-, Biker- und Hippie-Filme entstanden so von nahezu allen Regisseuren, die für die AIP arbeiteten: Gerard Bryants *ROCK AROUND THE WORLD*, Herbert L. Strocks *I WAS A TEENAGE FRANKENSTEIN*, Edward Bernds *REFORM SCHOOL GIRL* oder Edward L. Cahns *MOTORCYCLE GANG* (jeweils von 1957), 1958 William Witneys *THE BONNIE PARKER STORY*, 1967 Richard Rushs *HELL'S ANGELS ON WHEELS* oder 1968 Barry Shears *WILD IN THE STREETS*, usw. Es waren aber nicht die weitestgehend nur handwerklich arbeitenden Regisseure wie Herbert L. Strock, auch nicht altgediente Hollywood-Veteranen wie William Witney oder Edward L. Cahn, die auf ihrem Weg nach Unten nun bei der AIP gelandet waren, die die popkulturelle Bedeutung der Firma noch bis heute prägten, sondern fast ausschließlich Roger Corman, und dies weit über den Kreis der eigentlichen „Corman-Schule" hinaus. Auch das postmoderne Zi-

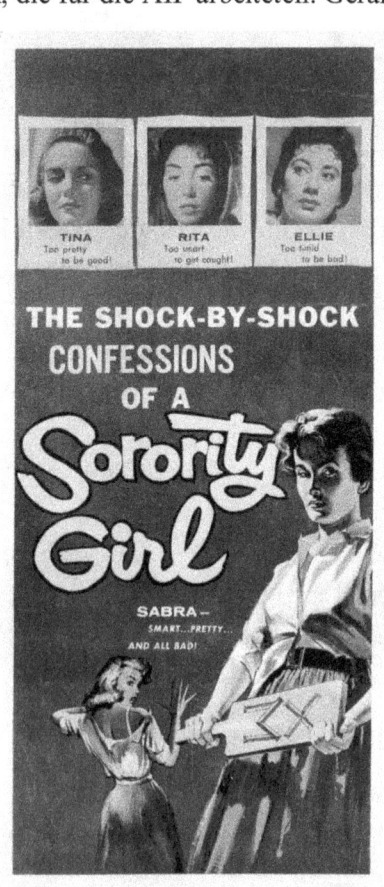

tat- und Verweiskino ab den 90er Jahren wäre ohne Cormans seismografische Widerspiegelung der Umbrüche seiner Zeit, ohne seinen prägenden Einfluss auch noch auf die Generation nach den *baby boomern* (dann bereits über das Fernsehen), undenkbar gewesen, insbesondere das der beiden wohl unverwechselbarsten Regisseure dieses Kinos: Tim Burton und Quentin Tarantino. Burton, dessen noch rebellisches Frühwerk immer auch vom gesellschaftlichen Außenseitertum als der noch einzig möglichen Form einer würdevollen Existenz handelte, sagte einmal: „Es ist schwer, einen Lieblingsfilm herauszuheben. *HOUSE OF USHER* ist eine Versinnbildlichung für ein gewisses Gefühl, das zu erreichen für mich immer am erstrebenswertesten ist." Auch Quentin Tarantino nannte unter Anderem Roger Corman im Drehbuch seines Regie-Debüts *RESERVOIR DOGS* von 1992 eine „Quelle der Inspiration." Insbesondere Tarantino ist es, der den Pop-Charakter von Cormans Kino aufgreift und selbst wieder zu einer - nun postmodernen - Pop-Art erhebt: im „Jack Rabbit Slim's", dem 50er-Jahre-Diner in *PULP FICTION*, in dem Uma Thurman und John Travolta ihren mittlerweile ikonografisch gewordenen Tanz aufführen, hängen zahlreiche Plakate von AIP-Filmen - so das von *MOTORCYCLE GANG* -, vor allem aber die der Filme Roger Cormans: *ATTACK OF THE CRAB MONSTERS, ROCK ALL NIGHT, SORORITY GIRL, MACHINE GUN KELLY* und *THE YOUNG RACERS*.

Während Tim Burton 1990 auch Cormans Kino seine Referenz erwieß, indem er in *EDWARD SCISSORHANDS* Vincent Price besetzte, ließ Quentin Tarantino 1994 in *PULP FICTION* mit Dick Miller den Darsteller im Hintergrund aus dem Bild gehen (als „Monster Joe" auf dem Schrottplatz, auf dem Harvey Keitel die Leiche entsorgt), der für ihn wohl wie kein anderer für das Kino Roger Cormans steht. Dessen über die Jahre aufgebaute *stock company* bestand nicht nur aus einem rein technischen Team, sondern auch aus einer ganzen Reihe weiblicher wie männlicher Darsteller, die für ihn abwechselnd in Haupt- und Nebenrollen arbeiteten: Susan Cabot, Beverly Garland, Leo Gordon, Jonathan Haze, Dick Miller, Barboura Morris, Bruno Ve Sota und Mel Welles, von denen Barboura Morris, Leo Gordon und Dick Miller auch als Autoren für Corman arbeiteten. Andere Darsteller wie Paul Birch, Bob Campbell, Antony Carbone, Touch Connors, Abby Dalton, Richard Denning, Richard Devon, Betsy Jones-Moreland, Ed Nelson, June Kenney und Vincent Price setzte Corman in bestimmten Phasen kurz hintereinander vermehrt ein, so dass seine Filme auch hierdurch einen starken Wiedererkennungswert erlangten. Der 1928 in der New Yorker Bronx geborene Richard „Dick" Miller kam 1952 nach L.A., um dort als Autor zu arbeiten. Er veröffentlichte ein paar Artikel, konnte aber davon nicht leben, so dass

ROCK ALL NIGHT (1957): Dick Miller

ihn sein Freund Jonathan Haze schließlich Corman als Schauspieler vorstellte. Dick Miller wurde schnell, zumeist in kleineren Rollen, *das Gesicht* in den Filmen Cormans (wie später auch in denen Joe Dantes) und über die Jahre eine Kult-Figur, der Elijah Drenner 2014 mit *THAT GUY DICK MILLER* eine sehenswerte Dokumentation widmete. Miller trat erstmals in *APACHE WOMAN* für Corman auf, gemeinsam mit Jonathan Haze im wahrsten Sinne des Wortes als Cowboy *und* Indianer, seine erste Hauptrolle spielte er 1957 in *ROCK ALL NIGHT*.

Der lediglich auf zwei Sets in fünf Tagen gedrehte *ROCK ALL NIGHT* ist einer jener Filme Cormans, mit denen er schnell und direkt auf die Jugendkultur der Zeit reagierte, ihre Musik und den *hipster slang* aufgriff und dies in einer unterhaltsamen, dramatischen Geschichte verpackte: In dem Rock'n'Roll-Club „Cloud Nine" - als Bands treten The Platters und The Blockbusters auf - haben zwei entflohene Killer den Barkeeper und die Gäste als Geiseln genommen. Unter den Stammgästen befinden sich eine Reihe obskurer Gestalten, wie die Sängerin Julie (Abby Dalton), ein Boxer, dessen Frau und erpresserischer Manager, ein Schlägertyp mit seiner Freundin, aber auch Shorty (Dick Miller) als Identifikationsfigur für die Teenager, ein „kleiner Mann", der die Situation im Club furchtlos durchschaut und hinter die Masken der Gäste blicken kann. Als Vorlage für *ROCK ALL NIGHT* diente Corman David P. Harmons Fernsehspiel „The Little Guy", dessen Rechte er kurz zuvor erworben hatte. Er verlegte das Szenario von einer Bar in einen Rock'n'Roll-Club und ließ Drehbuchautor Charles B. Griffith das Original-Script bearbeiten, der dieses mit einer Schere zerschnitt und mit dieser *Cut-up*-Technik (eine Schreibmethode, die von vielen Autoren der *beat generation* wie etwa William S. Burroughs genutzt wurde) die Bands und die neuen Charaktere einfügte. Darsteller Mel Welles schrieb eigens ein Wörterbuch des *hipster slangs* des Films („*The Hiptionary*"), das gemeinsam mit den Filmkopien versandt und an die Kino-Besucher verteilt wurde. Corman befürchtete wohl, dass dieser erste Widerhall seiner Besuche in den Pariser Jazz- und Beatnik-Clubs vom jugendlichen US-Publikum dann doch (noch) nicht so ganz verstanden werden könnte.

Das Drehbuch Leo Liebermans zu *CARNIVAL ROCK*, etwa zur gleichen Zeit von Corman für Howco International (einer Gruppe von Kino-Besitzern) produziert und gedreht, ließ dann allerdings Griffiths Kreativität vermissen. Im Wesentlichen eine Dreiecksgeschichte zwischen einem Nachtclub-Besitzer (David J. Stewart), seiner Sängerin (Susan Cabot) und deren kriminellen Geliebten (Brian Hutton), konzentrierte sich Corman daher vor allem auf die Inszenierung der hierin zahlreich auftretenden Musiker und Bands: The

Susan Cabot in *CARNIVAL ROCK* (1957)

Platters, David Houston, Bob Luman, The Shadows und The Blockbusters. *CARNIVAL ROCK* fehlte so nicht nur der subversive *hipster touch* von *ROCK ALL NIGHT*, Corman geriet nun erstmals auch in erhebliche Schwierigkeiten mit seiner Art der Schauspielerführung, die es bis dahin schlichtweg nicht gab. Susan Cabot, vor allem aber David J. Stewart, der kurz zuvor noch in Tennessee Williams' Stück „Camino Real" auf der Theater-Bühne geglänzt hatte, waren beides *method actors* und benötigten entsprechend Zeit und Vorbereitung, um sich in ihre Rollen hineinversetzen zu können. Während *CARNIVAL ROCK* somit die einzige Rolle von David J. Stewart für Corman bleiben sollte, lernte er in der Folge - neben der Schauspielschule - vor allem durch sein Einfühlungsvermögen und mit Susan Cabot einen etwas aufmerksameren Umgang mit Schauspielern. Cabot spielte in drei

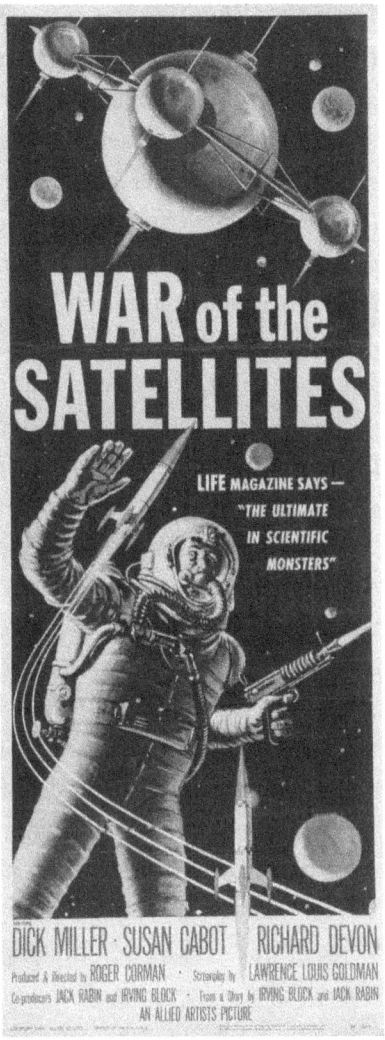

Jahren in sechs Filmen Cormans, wie in dem billigen Weltraum-Abenteuer *WAR OF THE SATELLITES* von 1958 in weniger interessanten Rollen, in *SORORITY GIRL*, *MACHINE GUN KELLY* und *THE WASP WOMAN* aber eben auch einige der komplexesten Frauen-Figuren in dessen Werk.

Susan Cabot war ein schauspielerisches Naturtalent, das ihre emotionalen Quellen als *method actress* aus ihrem bislang mehr als nur schwierigen Leben bezog. 1927 in Boston als Harriet Shapiro geboren, wuchs sie in acht verschiedenen Pflegefamilien auf, nachdem ihre russisch-jüdische Mutter kurz nach ihrer Geburt in eine Anstalt verbracht und anschließend von ihrem Vater verlassen wurde. Sie debütierte 1947 in einer kleinen Rolle in Henry Hathaways Film Noir *KISS OF DEATH*, landete hiernach aber lediglich in zahlreichen B-Western, zumeist als weiße „Indianerin". Cormans *THE WASP WOMAN* von 1959 sollte ihr letzter Kinofilm werden, bevor sich durch eine mehrjährige Affäre mit König Hussein von Jordanien ihr Leben radikal änderte. Sie gebar Hussein, obwohl beide selbst verheiratet waren, 1964 einen Sohn, die Beziehung endete jedoch als Hussein erfuhr, dass Cabot Jüdin war. Das Kind kam vorzeitig zur Welt und eine dysfunktionale Hypophyse ließ ihren Sohn Timothy kleinwüchsig werden. Cabot behandelte ihren Sohn fünfzehn Jahre lang zuhause mit einem ungetesteten Wachstumshormon (einem Mix aus menschlichen Substanzen, Steroiden, Synthroiden, Hydrocortison und Testosteron). Beide entwickelten dabei ein Psychose, Susan Cabots Haus auf einem Hügel in Encino im Norden L.A.'s verwandelte sich in eine Müllhalde und Ratten schwammen in ihrem Swimmingpool. Sie stand bereits Jahrelang unter psychiatrischer Aufsicht, als sie am 10. Dezember 1986 von ihrem Sohn mit einer Gewichtheber-Stange erschlagen wurde. Vor kurzem freigegebene CIA-Akten bestätigten ihr gemeinsames Kind mit König Hussein, brachten aber auch zum Vorschein, dass sie von der CIA eigens auf diesen angesetzt wurde.[*] Kein Autor hätte sich solch ein Leben ausdenken, kein Regisseur, nicht einmal Corman, es verfilmen können.

---

[*] *Doherty*, Rosa: CIA FILES REVEAL JORDAN'S KING HUSSEIN FATHERED A CHILD WITH JEWISH HOLLYWOOD ACTRESS, in: The Jewish Chronicle, 12. 01. 2018.

Ihre Rollen als der warmherzige Gegenpart in Bedrängnis an der Seite der stets ambivalenten und kalt berechnenden Susan Cabot, brachten Barboura Morris den Spitznamen „*the girl with the lovely smile*" ein. Morris, am 22. Oktober 1932 als Barboura O'Neill in Los Angeles geboren, spielte bis zu ihrem viel zu frühen Tod 1975 (ein Tag nach ihrem dreiundvierzigsten Geburtstag) fast ausschließlich in Filmen Roger Cormans. Dieser lernte Morris an der Schauspielschule Jeff Co-

Barboura Morris in *A BUCKET OF BLOOD* (1959)

reys kennen, nachdem sie an der UCLA, der University of California, Los Angeles graduiert und dabei zweimal den Preis als beste Schauspielerin gewonnen hatte. Zu dieser Zeit war sie mit Monte Hellman verheiratet (bis Anfang der 60er Jahre), der später ebenfalls für Corman arbeiten sollte, zunächst als Regisseur (z.B. an *THE TERROR*), dann vor allem 1966 als Cutter bei *THE WILD ANGELS*. Ähnlich wie Dick Miller, so wurde auch Barboura Morris von Corman in der Hauptsache in Charakter- und Nebenrollen eingesetzt, beginnend 1957 in seinen Teenager- und *hipster*-Filmen, bis hin zu *THE TRIP* von 1966, ihre beiden einzigen Hauptrollen für Corman spielte sie 1959 in *A BUCKET OF BLOOD* und 1961 in *ATLAS*. Ihre sympathischen Charaktere in Cormans tendenziell eher defätistischen Filmen gaben ihr nicht nur eine ganz besondere Funktion als eine der wenigen positiven Identifikationsfiguren für die weiblichen Teenager in dessen Werk, vor allem war Morris für ihn auch hinter der Kamera von Bedeutung. Weit mehr als *„just a sweet young girl"*, wie Anthony Eisley, der männliche Hauptdarsteller in *THE WASP WOMAN*, sie nannte, fungierte sie für Corman als vielseitig begabte, intelligente Frau auch für einige Zeit als eine Art rechte Hand, auch als dessen Sekretärin. Für den von Corman für seine eigene Firma Filmgroup produzierten *THE WILD RIDE* von 1960 - einer der ersten Hauptrollen Jack Nicholsons - etwa, vermittelte sie Harvey Berman als Regisseur, 1964 schrieb sie einen ersten Drehbuch-Entwurf für *MASQUE OF THE RED DEATH*. In Cormans *stock company* waren Frauen wie Beverly Garland, Susan Cabot und Barboura Morris von Beginn an eben nicht nur *eye catcher* für das Publikum, sondern ein entscheidender Faktor seiner Arbeit als fester Bestandteil eines beiderseitigen, kreativen Schaffens- und Entwicklungsprozesses.

sorority girl

1957

Wirklich zufrieden war Roger Corman mit dem von AIP entwickelten Drehbuch zu *SORORITY GIRL* (Story: Leo Lieberman, Drehbuch: Ed Waters) nicht. Das Thema der Abbildung der Gesellschaft im Kleinen auf einem Campus hielt er für einen „Allgemeinplatz" und ein „ziemlich inflationär verwendetes Konzept." Tatsächlich waren die an jugendlichen Zielgruppen orientierten Filme der AIP sehr formelhaft. Man konzentrierte sich auf *juvenile delinquency*-Dramen, d.h. Filme über Jugendkriminalität, in denen junge Mädchen typischerweise als „gut" oder „böse" dargestellt, wobei letztere Kleinkriminelle, Bandenmitglieder oder Freundinnen von Bandenmitgliedern waren. Vor allem das Team Alex Gordon (Produktion), Lou Rusoff (Drehbuch) und Edward L. Cahn (Regie) arbeitete nach dieser Formel mit Filmen wie *SHAKE, RATTLE AND ROCK!, RUNAWAY DAUGHTERS* und *GIRLS IN PRISON* von 1956 oder *DRAGSTRIP GIRL* von 1957. Nur selten hatten diese dabei Ansätze, die von der üblichen AIP-Formel abwichen, etwa ein sozialkritisches Element in *RUNAWAY DAUGHTERS* - Arkoffs Schwager Lou Rusoff war zuvor Sozialarbeiter -, oder vorsichtige Andeutungen weiblicher Homosexualität und der *sexploitation*, wie mit *GIRLS IN PRISON*. Wirklich gut inszeniert und gespielt waren sie so gut wie nie. Und genau hierin unterschied sich *SORORITY GIRL* als Cormans Beitrag zu den *juvenile delinquency*-Dramen der AIP: „Es war einer dieser Filme, von denen du nachher sagst, dass er dich eine Lektion gelehrt hat. Ich habe aus diesem Film gelernt, dass, wenn das Drehbuch nicht stimmt, man einen Film auch nicht machen sollte... Aber, trotz einiger klaffender Handlungslöcher, haben wir es geschafft, eine Menge guter Leistungen aus unseren jungen Schauspielerinnen herauszuholen."[*]

Um für die Erbschaft, die ihr Vater ihr hinterlassen hat, in Frage zu kommen, muss Sabra Tanner (Susan Cabot) das College abschließen. Ihren Unmut hierüber lässt sie an zwei anderen Studentinnen in dem Mädchen-Wohnheim aus. Eine davon ist die willensschwache Billie Marshall (Barbara Crane), die von Sabra zu demütigenden Arbeiten gezwungen und zudem noch mit einem Holzpaddel auf den Hintern geprügelt wird, wenn sie dies nicht zu Sabras Zufriedenheit erledigt. Rita Joyce (Barboura Morris als „Barboura O'Neill"), das andere Hauptziel von Sabras Hass, kommt dahinter und droht Sabra, mit der Angelegenheit zum Dekan zu gehen, falls dies nicht aufhören würde. Doch Sabra bricht in Ritas Zimmer ein und findet dort eine Schachtel mit Briefen von Ritas Vater. Es stellt sich heraus, dass dieser im Gefängnis sitzt. Sabra erpresst nun Rita hiermit, die sich gerade für den Vorsitz der Studentenschaft zur Wahl stellt.

Sabra trifft ihre Mutter (Fay Baker), ein eiskaltes *material girl*, und nach einem bizarren Machtspiel wird Sabra von dieser der Geldzu-

---

[*] Zit. n.: *Naha*, Ed: THE FILMS OF ROGER CORMAN - BRILLIANCE ON A BUDGET, New York, 1982, S. 127.

schuss gestrichen. Sabra braucht nun Geld und erfährt kurz darauf, dass die Studentin Tina (June Kenney) ungewollt Schwanger geworden ist. Unter dem Vorwand, Tina zu helfen, überredet Sabra diese, Mort (Dick Miller), dem ehemaligen Sprecher der Studentenschaft und jetzigen Wahlkampfmanager von Rita, die Vaterschaft in die Schuhe zu schieben und ihn hiermit zu erpressen - angeblich, um so an Geld für eine Abtreibung zu gelangen. Aber Mort kommt dahinter und stellt Tina, die ihren Fehler zugibt und sich nun vor Verzweiflung umbringen will, indem sie während einer Strand-Party auf den höchsten Punkt der Klippen steigt. Mort und die anderen Studentinnen können Tina in letzter Sekunde von ihrem Sprung abhalten und Rita stellt Sabra vor versammelter Frauschaft zur Rede, gesteht dabei die Geschichte mit ihrem Vater und den Erpressungsversuch Sabras. Diese wird von den Studentinnen verstoßen, sie läuft alleine über den Strand auf das Meer zu...

SORORITY GIRL: June Kenney und Susan Cabot

Corman gibt sich alle Mühe, dieser formelhaft-moralisierenden Geschichte interessantere Aspekte und mehr Tiefgang abzugewinnen und erreicht dies in der Tat durch ein sehr ernstes Spiel seiner Darstellerinnen (und Dick Millers), vor allem daber durch eine Bildsprache, die die inneren Zustände und die *teenage angst*, der existenziellen Angst der Heranwachsenden auf der Suche nach einem Platz in der Welt, von Susan Cabots Sabra beeindruckend visualisiert. Ein Stilmittel, das Corman immer wieder verwendete, ist hierbei die Titelsequenz, die das Hauptmotiv des Films wiedergibt und seinen Subtext vorzeichnet. Die grob gezeichneten und animierten Bildtafeln, für *SORORITY GIRL* von Bill Martin stammend, unterlegt von der sehr düsteren Titelmusik Ronald Steins, deuten für den Zuschauer die psychischen Zustände Sabras an: isoliert von den anderen, sich selbst als monströs betrachtend, eine Maske tragend, angsterfüllt ins Nichts fallend, sich in einer geradezu apokalyptisch gezeichneten, brennenden und surreal erscheinenden Welt mit der Peitsche wehrend. Diese Bildsprache setzt sich dann im Film fort, hierbei vor allem die ganze Bedrohlichkeit betonend, die die eigene Sexualität für die junge Frau in der Adoleszenz annimmt:

> „*SORORITY GIRL* bezieht, wie auch *SWAMP WOMEN* und *SHE - GODS OF SHARK REEF*, einen Großteil seiner Bildsprache aus dem *underground* der *bondage*- und Fetisch-Kunst-Welt, insbesondere der Bettie Pages und Irving Claws. Gewürzt mit Bildern von Paddeln, Unterwäsche-Zwang, impliziter lesbischer Liebe und verbaler und körperlicher Demütigung, winkt der Film mit seinen sexuellen Reizen, indem er die Geschichte von Sabra Tanner erzählt - einer psychisch gestörten ‚Domina'."[*]

---

[*] *Silver*, Alain/*Ursini*, James: ROGER CORMAN: METAPHYSICS ON A SHOESTRING, a. a. O., S. 80.

Für das Jahr 1957 ist dieser Subtext vollständig ungewöhnlich, ebenso wie Cormans Umgang mit seinen Frauenfiguren. Noch mehr als in *SWAMP WOMEN* lässt er diese sprechen und nicht nur als Schemen, Abzieh- oder Rollenbilder agieren, noch mehr inszeniert er sie über ihre Körperlichkeit: ob nun die Unterwürfigkeit Barbara Cranes, die Verlorenheit June Kenneys, die Kampfeslust Barboura Morris', ja, selbst der kalte *sexus* ihrer Mutter Fay Baker - die emotionalen Zustände Susan Cabots, ihre Suche nach sexueller Dominanz, Befriedigung, Herausforderung oder Macht, spiegelt sich durchgehend in der unterschiedlichen körperlichen Präsenz ihrer jeweiligen weiblichen Gegenparts wider. Dass es dann Barboura Morris' Rita sein wird, die Sabras verzweifelten Machtspielen ein Ende setzt, ist dann nur allzu offensichtlich, so eindeutig inszeniert Corman Morris' große, beeindruckende Erscheinung bereits von Anfang an.

Barboura Morris, Dick Miller und June Kenney (im Vordergrund) in *SORORITY GIRL*

Die Titelsequenz hat es für den Zuschauer bereits angedeutet, das von Susan Cabot aus der Perspektive Sabras erzählte *voiceover* gibt ihm dann einen weiteren Hinweis: *SORORITY GIRL* erzählt gar keine Campus-Geschichte, sondern versetzt den Zuschauer ausschließlich in die innere Welt Sabras mit ihrer ganzen Zerissenheit und ihrer Wahrnehmung von der Welt, in die existenzielle Angst einer sich ihrer eigenen Sexualität bewusst werdenden Lesbierin. Mehr als diesen Subtext unter der Oberfläche einer moralischen Erzählung ließ die Vorlage Liebermans und Waters' sowie der puritanische *production code* (*Hays Code*) der MPPDA für Corman noch nicht zu. Die Geschichte Sabras ist, wie so oft bei Corman, in Wirklichkeit die eines Ausbruchsversuchs eines *underdogs* aus einer oktroyierten Ordnung, allerdings eines zu dieser Zeit noch unmöglich erscheinenden.

Für die *method actress* Susan Cabot war *SORORITY GIRL* entsprechend eine *tour de force*, ebenso wie für Corman, der hiermit einen entscheidenden Lernprozess durchmachte. In einer Schlüssel-Szene, in der Sabra ihre Mutter besucht, ihr ihre Liebe gesteht und von dieser harsch abgewiesen wird, filmte Corman Susan Cabots emotionalen Reaktionen zunächst in der Halbtotalen, doch als er dann zu den üblichen Nahaufnahmen übergehen wollte, hatte sich Cabot quasi schon „leergespielt", eine entscheidende Technik des *method acting*, mit der sich die Darsteller eigene, persönliche Erlebnisse vergegenwärtigen, um diese dann emotional vor der Kamera auszuagieren. Dies wurde, wie bereits erwähnt, ein Schlüsselmoment für Cormans weiteren Werdegang als Regisseur. Sein Anspruch, *mehr* zu erzählen als nur die AIP-Formel, gewissermaßen das psychologisch Unbewusste einer Epoche zum Ausdruck zu bringen, verlangte von ihm von nun an einen weit bewussteren und aufmerksameren Umgang mit seinen Schauspielern.

teenage doll

Außerhalb der deutschen Filmkultur, die doch sehr von der kritiklosen Übernahme des kommerziellen Hollywood-Unterhaltungskinos auf der einen und der Überhöhung des *arthouse*-Kinos auf der anderen Seite, sowie von einer sehr eingeengten Wahrnehmung eines Genre-*fandoms* geprägt ist, ist es nichts Ungewöhnliches, wenn auf der Suche nach Cormans vielleicht bestem Film sehr schnell TEENAGE DOLL genannt wird. John Waters zählt diesen zu seinen Lieblings-Filmen, Jack Hills - von Quentin Tarantino wiederentdeckter - SWITCHBLADE SISTERS von 1975, geradezu ein *underground*-Manifest eines radikalen *female empowerment*, schließt vielfältig daran an und Tarantino selbst widmete 2007 seinen GRINDHOUSE: DEATH PROOF dessen Drehbuchautor Charles B. Griffith. TEENAGE DOLL ist einer jener Filme, die einfach nicht einzuordnen sind, irgendwo angesiedelt zwischen den *juvenile delinquency*-Dramen der AIP, einem *film noir* - tatsächlich ist der Film vollständig bei Nacht gedreht und wird von Arthur Lyons auch zu diesem gezählt[*] -, den *midnight*

---

[*] *Lyons*, Arthur: DEATH ON THE CHEAP: THE LOST B MOVIES OF FILM NOIR!, Boston, 2000, S. 145.

movies John Waters' (und anderer) und dem *underground*-Kino eines Kenneth Anger, ging er seinerzeit in der Flut der Teenager-Filme in den Auto-Kinos unter. Larry Woolner hatte 1956 Elia Kazans Warner-Hit *BABY DOLL* gesehen und Corman den Titel für ein *juvenile delinquency*-Drama vorgeschlagen, der den Film schließlich für $70.000 in zehn Tagen drehte - zuzüglich eines Wochenendes, in dem Griffith das gesamte Drehbuch überarbeiten musste. Die MPPDA („*Motion Picture Producers and Distributors Association of America*") lehnte den ursprünglichen Drehbuch-Entwurf als mit dem *Hays Code* unvereinbar vollständig ab, wie Griffith erzählt:

> "In der Originalversion stahlen die Mädchen Waffen oder machten sich ihre Waffen selbst, um damit das „Good Girl" zu töten. Das waren die interessantesten Szenen. Ich schrieb alles auf Englisch, es sollte dann aber Spanisch gesprochen werden. Roger rief hierfür den einzigen spanischen Agenten, den es gab, an und tatsächlich stellte sich heraus, dass dies die besten Schauspielerinnen in dem Film waren. Aber nun waren diese die ganze Zeit nur im Hintergrund! Eines dieser mexikanischen Mädchen hätte eine Kartoffelgranate gemacht, indem sie an einem Ende einen Kartoffelschäler und um die Kartoffel herum Rasierklingen gesteckt hätte. So konnte sie einfach den Griff umdrehen und mit der Granate auf jemanden werfen. Das wäre ihre Waffe gewesen, um das Mädchen zu töten. Aber das *Hays Office* ließ mich diese Dinge ändern.... Ich meine wirklich abscheulich und dumm. Alles musste quasi über Nacht geändert werden."[*]

---

[*] *Graham*, Aaron W./*Griffith*, Charles B.: LITTLE SHOP OF GENRES: AN INTERVIEW WITH CHARLES B. GRIFFITH, in: Senses of Cinema, 15. April 2005.

TEENAGE DOLL: June Kenney

„Tatsächlich mussten wir die Geschichte so ändern, dass die Gang jemand anderen anheuert, der die schmutzige Arbeit für sie erledigt. Sie haben es wirklich ruiniert. Wir hatten auch ein sehr unbefriedigendes Ende, weil wir nicht herausfinden konnten, was zum Teufel wir damit nun machen sollten"[*], so Griffith weiter. Mehr noch, trotz der bereits erheblichen Abschwächungen, wurde *TEENAGE DOLL* mit einem distanzierenden Prolog - einer Art inhaltlichem Haftungsausschluss - versehen, mit dem sich Woolner Brothers und der Verleih (Allied Artists) absicherten und in den Presseheften wurden Empfehlungen an die Kino-Betreiber ausgegeben, parallel zu dem Film Panels und Interviews mit „erwachsenen Moderatoren" in örtlichen Zeitungen, Fernseh- und

---

[*] Zit. n.: *McGee*, Mark Thomas: ROGER CORMAN: THE BEST OF THE CHEAP ACTS, a. a. O., S. 172.

Radiostationen zu organisieren, „um den Teenagern Zeit und Raum zu geben, über ihre Ängste zu sprechen."

In dem, was das *Hays Office* von Cormans/Griffiths Film noch übrig ließ, sind diese „Erwachsenen" allerdings entweder herrisch, schwach, psychisch gestört, nehmen nichts wahr, oder sind schlicht abwesend. Und der einzige Teenager, der hier Angst hat, ist die Hauptfigur Barbara Bonney (June Kenney), ein Mädchen aus der gutbürgerlichen Mittelschicht. Eddie (John Brinkley), *gang leader* der „Vandals", deckt im Schlüssel-Moment des Films auch den Grund hierfür auf, indem er zu Barbara sagt: „Du hast eine Sache falsch gemacht. Das Schlimmste, was jemand überhaupt tun kann. Du hast deine Klasse verlassen." *TEENAGE DOLL* ist ein Film über die Klassengegensätze Amerikas und tatsächlich geht die „marxistische Perspektive des Films von der impliziten Kritik an einer Gesellschaft aus, die ihre Kinder den Launen der Armut und dysfunktionaler Familien überlässt. Corman griff mit seiner Voraussicht ein Thema auf, das erst im Laufe der Zeit für die amerikanische Gesellschaft wichtiger werden würde."[*] Der MPPDA gelang es dabei lediglich, den Aspekt der Latinos als subalterne Gesellschaftsschicht fast vollständig zu entfernen, die grundlegende Kritik Cormans und Griffiths blieb glücklicherweise erhalten.

Der Film beginnt mit dem Bild der toten Nan Baker, ein Mitglied der *girl gang* „Black Widows", die wie der weggeworfene Müll blutüberströmt auf dem nassen Asphalt eines heruntergekommenen Hinterhofs liegt. Wir sehen die angsterfüllte Barbara Bonney, die für die Tat verantwortlich zu sein scheint, indem sie das Mädchen von eine Treppe

---

[*] *Silver*, Alain/*Ursini*, James: ROGER CORMAN: METAPHYSICS ON A SHOESTRING, a. a. O., S. 63.

stieß und dabei „versehentlich getötet" hat. Barbara läuft davon - den ganzen Film über kehrt Corman immer wieder zu den beiden Ausgangsbildern zurück, zu der tot am Boden liegenden Nan Baker, zu der durch die Nacht rennenden Barbara Bonney. Nan Bakers Latino-*gang* trifft mit ihrer *leaderess* Hel (Fay Spain) auf dem Hinterhof ein und wir erfahren, dass Barbara, obwohl selbst kein *gang*-Mitglied, in einem Konkurrenz-Verhältnis mit der Toten um Eddie, dem *leader* der weißen „Vandals", stand. Die „Vandals" stehen im Kampf mit den „Tarantulas", dem männlichen Gegenstück zu den „Black Widows". Hel entschließt sich, die Sache mit ihrer weiblichen *side gang* selbst in die Hand zu nehmen, denn sie weiß: „Eddie würde für ein Ticket für eine Burlesque-Show die Zähne seiner Großmutter verkaufen und er wird Barbara Bonney für nicht viel mehr verkaufen." Die *gang* soll sich zu Hause Geld oder verkäufliche Gegenstände besorgen, damit jemand an-

TEENAGE DOLL: Colette Jackson und Sandra Smith

geheuert werden kann, um Barbara zu töten. Die gesamte weibliche Besetzung, auch Barbara, besucht ihre Familien und Corman breitet nun ein Panorama sozialer und familiärer Zustände aus.

Lorrie (Sandy Smith) lebt in einer vermüllten Hütte mit ihrer zerlumpten kleinen Schwester, die an einem Karton knabbert und sie um ein „Frühstück" anfleht (Lorrie schreit sie an und wirft ihr eine Schachtel Cracker hin). Auch May (Colette Jackson) trifft zu Hause ihre Schwester Janet (Barboura Morris), eine Sekretärin, die sich gerade für ein Date mit ihrem „widerlichen alten Boss" aufhübscht, um eine Chance zu haben, diesem „Loch" zu entkommen. Corman dreht den Dialog der zynisch gewordenen Schwestern über einen Spiegel, und verdeutlicht so, dass es sich hierbei tatsächlich um zwei gleiche Mädchen derselben Gesellschaftsschicht handelt, nur in verschiedenen Phasen der Verbitterung. Im Gegensatz zu Janet, hat May bereits alle Hoffnungen, hier rauszukommen, aufgegeben. Squirrel (Ziva Rodann) stiehlt im kargen Laden ihrer gleichgültigen Latino-Eltern (die nun tatsächlich Spanisch sprechen) ebenso unbemerkt Geld aus der Kasse, wie Betty (Barbara Wilson) die Pistole ihres Vaters, eines Polizisten, während dieser schläft. Hel erwischt ihren Vater zu Hause mit einer anderen Frau, während ihre Mutter bei der Arbeit ist. Sie stellt ihn, der behauptet er sei zu krank, um zu arbeiten, harsch zur Rede und presst dabei etwas Geld aus ihm heraus.

Barbaras Zuhause erscheint zunächst als Kontrast zu den chaotischen Bildern der Hütten und Slums zuvor, ein gut ausgestattetes, bürgerliches Haus, in dem sie ihrem übermäßig strengen Vater (Damian O'Flynn) begegnet, während sie ihre blutverschmierte Kleidung wechselt. Dieser glaubt ihr sogar, als sie ihm erzählt, ein Stück Fleisch (!) sei von einem Lastwagen auf sie gefallen, derart überzeugt ist er von der höheren Moral der eigenen Klasse und der Unfehlbarkeit seiner Tochter. Mit ihrer Mutter Estelle (Dorothy Neumann) scheint Barbara ein innigeres Verhältnis zu haben, doch die alte Frau trägt Zöpfe und ein Partykleid - einer der „Vandals" wird sie später als Barbaras „Freak-Mutter" bezeichnen - und scheint ob der Herrschsucht ihres Mannes ihren Verstand verloren zu haben. Die Atmosphäre in dieser bürgerlichen Familie erweist sich als nicht weniger klaustrophobisch und entfremdet, als die in den Ghetto-Familien zuvor. Barbara rennt auch hiervon weg, flieht weiter zu dem Clubhaus der „Vandals" auf einem Auto-Friedhof. Dieses ist unterirdisch gelegen, nur durch ein von Seilen und Rollen gesteuerten, käfigartigen Aufzug zu erreichen. Barbara fährt mit dem Käfig hinab in die Tiefe, damit in ihr Unbewusstes - der Wahrheit. Dort offenbart ihr Eddie dann ihren

Fay Spain, Colette Jackson, Sandra Smith, Barbara Wilson und Latino-Mädchen in *TEENAGE DOLL*

Fehler der Überschreitung der Klassen-Grenzen und dass er sie nur zur sexuellen Befriedigung gebraucht habe. Eddie will mit seiner *gang* nun mit den „Tarantulas" abrechnen und lässt Barbara mit einer Wache in dem Clubhaus zurück. Barbara gelingt es, sich von diesem zu befreien und sie rennt erneut durch die Nacht, während auf dem Auto-Friedhof bereits die Schlacht zwischen den beiden *gangs* stattfindet. Die Polizei um Detective Dunston (Richard Devon) trifft ein, seit dem Anfangsbild des Hinterhofs stets anwesend, doch - wie alle familiären und staatlichen Autoritäten des Films - zugleich merkwürdig abwesend erscheinend, während sich Barbara und Eddie in einer Lagerhalle verstecken, die von den „Black Widows" belagert wird. Eddie offeriert Barbara nun drei „Alternativen": ihr Leben in die Hände der „Black Widows" zu geben, sich der Polizei zu stellen und so eventuell „in der Gaskammer zu sterben", oder ihm zu helfen, nach Phoenix zu fliehen, wofür sie allerdings ihre Identität ändern müsse. „Alternativen, die für sie keine wirklichen sind, denn sie bedeuten für sie entweder den tatsächlichen (die erste und die zweite) oder den symbolischen Tod (die dritte)."[*] Barbara entschließt sich, die „Gaskammer" zu riskieren, um nicht mehr rennen zu müssen. Zwei der „Black Widows" folgen ihrem Beispiel, Betty gibt die gestohlene Pistole ihrem Vater zurück und May folgt ihr, während Hel und die anderen weitermachen...

So gelang es Corman und Griffith am Ende von *TEENAGE DOLL* mit der ganzen Absurdität dieser rein „moralischen" Entscheidungen schließlich doch noch, die Unüberbrückbarkeit der Klassengegensätze sowie die Gebundenheit der bürgerlichen Ordnung an die Autorität zumindest anzudeuten. Zurück bleiben mit die intensivsten Bilder sozialer und familiärer Desintegration des gesamten US-Kinos der 50er Jahre.

---

[*] *Morris*, Gary: ROGER CORMAN, a. a. O., S. 42f.

a bucket of blood

Klassengegensätze sind ökonomische Interessengegensätze und lassen sich daher auch nicht moralisch auflösen (*TEENAGE DOLL*), ebensowenig, wie die oktroyierte Erfahrung der eigenen sexuellen Identität als eine abnorme (*SORORITY GIRL*). Roger Cormans Kino der *Rebellion des Unmittelbaren* bringt die entstehenden Risse in der bürgerlichen Ordnung für die Generation der *baby boomer* zum Ausdruck, bietet ihnen aber bewusst keine bürgerlichen Auswege an. Die Rebellion des *Bohemien* hingegen ist eine andere, eine der (Möchtegern-)Künstler, -Poeten, -Maler und -Musiker *innerhalb* des Bürgertums. Für „Walter Paisley", den etwas schlichten Kellner aus der Unterschicht in dem Beatnik-Schuppen in *A BUCKET OF BLOOD*, erweist sich diese Rebellion dann auch als eine Farce, die konsequenterweise zu seiner Ausbeutung führt und in seinen Selbstmord mündet. Cormans von Charles B. Griffith geschriebene Horror-Komödien - *A BUCKET OF BLOOD* und *CREATURE FROM THE HAUNTED SEA* - mögen ebenso billig, wie leicht und irrwitzig skizziert sein, in Wirklichkeit sind sie von dem beißenden Nihilismus von *THE WILD ANGELS* nicht mehr allzu weit entfernt.

A BUCKET OF BLOOD entstand, wie die meisten Filme der AIP zu dieser Zeit, in den angemieteten Kling Studios, den ehemaligen Charlie Chaplin Studios, unterhalb der südöstlichen Ecke der North La Brea Avenue und des Sunset Boulevard in Hollywood gelegen, die Chaplin 1953 an die Fernseh-Gesellschaft verkauft hatte. Corman drehte den Film in einer Woche (fünf Tage) für höchstens $50.000, da er der AIP auf der Basis seiner Film-zu-Film-Verträge noch einen Film schuldete. Er schickte Griffith in die Kling Studios, um sich für die dort noch stehenden Sets von Burt Toppers *DIARY OF A HIGH SCHOOL BRIDE* eine Geschichte auszudenken. Griffith kam nach einigen Tagen mit einem etwa 30-seitigen Entwurf zurück, der sich lose an Michael Curtiz' Horrorfilm *MYSTERY OF THE WAX MUSEUM* von 1933 sowie dessen Remake mit Vincent Price *HOUSE OF WAX*, 1953 von Andre de Toth gedreht, orientierte. Doch nach *A BUCKET OF BLOOD* standen die Sets *immer noch*, vor allen Dingen das eines Laden-Lokals, und so drehten Corman und Griffith hierin den Film für $30.000 einfach *noch einmal*, diesmal für Filmgroup und mit einer leicht abgewandelten Story. Griffith: „Roger drehte zwei Tage im Studio, ich drehte die Außenaufnahmen in zwei Tagen und vier Nächten. Ich habe für meine Crew einige Gammler aus den Armenvierteln angeheuert."[*] *THE LITTLE SHOP OF HORRORS* wurde einer von Cormans berühmtesten Filmen. Immer, wenn Corman derartige Guerilla-Projekte in kürzester Zeit in die Kinos brachte, fragte er für die Film-Musik bei dem Jazz-Cellisten Fred Katz an. Dieser schrieb für *A BUCKET OF BLOOD* noch eine Original-Jazz-Partitur im Stil des *Bebop*, doch hiernach verkaufte er Corman - unter Anderem für *THE WASP WOMAN, THE LITTLE SHOP OF HORRORS* und *CREATURE FROM THE HAUNTED SEA* -

---

[*] Zit. n.: *McGee*, Mark Thomas: ROGER CORMAN: THE BEST OF THE CHEAP ACTS, a. a. O., S. 124.

immer *dieselbe* Musik, indem er die Ursprungs-Partitur von jemand anderem um- und neu zusammenstellen ließ.*

A BUCKET OF BLOOD: Walter Paisley (Dick Miller) und "Kunstwerk"

---

* *Larson*, Randall D./*Katz*, Fred: A TALK WITH FRED KATZ, in: Cinema-Score, #11/12, 1983.

Corman erinnerte sich an seinen Aufenthalt in Paris während der Hochzeit des Existenzialismus und streifte mit Griffith durch die *coffee houses* und Beat-Schuppen L.A.'s, um sich weitere Inspiration zu holen, und gewissermaßen erinnert *A BUCKET OF BLOOD* im Endergebnis tatsächlich an die *cut-up*-Technik der Beat-Literaten: eine traditionelle Horrorgeschichte um den tragischen Helden Walter Paisley (Dick Miller), verwoben mit dem modernen existenzialistischen Mode-*slang* der Künstler-*Bohème* und der Beatnik-Gegenkultur in den Jazz- und *coffee houses* der Zeit. Walter arbeitet als Kellner in solch einem Beatnik-Schuppen, etwas tollpatschig und einfach gestrickt, bewundert er die dort auflaufende Künstler-*Bohème*, den Beat-Poeten Maxwell (Julian Burton), der zum improvisierten Saxophon-Solo (gespielt von Paul Horn) die Kunst und deren Helden als einzigen Zweck des Menschseins anpreist („Nur der Künstler lebt, alle anderen vegitieren"), vor allem aber Carla (Barboura Morris), die Muse der Szene, der er hoffnungslos verfallen ist. In dem Schuppen treiben sich einige schräge Gestalten und Möchtegern-Künstler herum, so Ed Nelson als „Art Lacroix" und Judy Bamber als „Alice the awful", die den Eingebungen Maxwells im Geiste Jack Kerouacs lauschen, während der Besitzer des Ladens Leonard De Santis (Antony Carbone) doch eher ein persönliches Interesse an den geschäftlichen Potenzialen der Bewegung zu haben scheint. Der Schuppen ist zudem eine „Bullen-Rennbahn", wie einmal jemand anmerkt, denn natürlich sind bei dem Ganzen auch Drogen im Spiel.

Walter wünscht sich nichts mehr, als selbst Künstler zu sein, doch seine Versuche mit Ton in seiner heruntergekommenen Ein-Zimmer-Wohnung bei Mrs. Surchart (Myrtle Vail) wollen ihm nicht so recht gelingen. Erst als er unabsichtlich eine Katze tötet - vollkommen absurd, befindet die sich in einer Wand, in die er ein Messer sticht - und mit Ton überzieht, schafft Walter seinen „künstlerischen Durchbruch" bei der *community* und den Frauen, doch leider nur bei Naolia (Jhean Burton) - die ihm sogleich ein Päckchen Heroin zur „weiteren Inspiration" unterschiebt - und nicht bei Clara. Maxwell widmet Walter eine Ballade und De Santis stellt die „Tote Katze", so der Name des Exponats, im Laden für den Verkauf aus. Einer der Polizisten sucht Walter hiernach zu Hause auf und entdeckt das Heroin - Walter erschlägt diesen in Panik mit einer Bratpfanne und packt auch diesen in Ton. Maxwell und die Szene sind außer sich vor Begeisterung, nur De Santis wird kreidebleich, denn längst ist er hinter das Geheimnis von Walter gekommen, als er die „Tote Katze" zufällig auf den Boden fallen ließ. Doch die überteuerten Offerten eines Kunstsammlers (Bruno Ve Sota) für Walters Werke sind für ihn nur allzu verlockend. Sein nächstes Opfer, das Nacktmodel Alice, verwandelt Walter dann bereits recht kaltblütig in ein „Kunstwerk", nachdem Clara ihn unmissverständlich und endgültig abgewiesen hat. Walters Karriere fordert weitere Opfer, sein „Stil" wird dabei immer robuster: für ein Kopf-Exponat bedient er sich bereits einer Kreisssäge. Bei einer großen Werk- und Verkaufsausstellung von Walters Exponaten in dem Beat-Schuppen kommen schließlich die Leichen unter dem Ton zum Vorschein und der Schwindel fliegt auf. Walter rennt davon - Mrs. Surchart, Clara, De Santis und die anderen finden ihn erhängt in seiner Wohnung.

Dick Millers Walter Paisley in *A BUCKET OF BLOOD* ist auf seine Art der männliche Gegenpart unter umgekehrten Vorzeichen von June Kenneys Barbara Bonney in *TEENAGE DOLL*, jemand, der „seine Klasse verlassen hat" und der für die prinzipielle Unmöglichkeit dieser Überschreitung mit seiner Ausbeutung und schließlich seinem Leben - symbolisch oder real - bezahlen muss. Mit solch einer „Komödie" jedenfalls, deren Schlußbild die Nahaufnahme

Dick Miller und Barboura Morris in *A BUCKET OF BLOOD*

des Gesichts der sympathischen Hauptfigur zeigt, die sich gerade erhängt hat, konnte seinerzeit weder das Publikum noch die Kritik etwas anfangen. Ebensowenig, wie mit Cormans Vorstellung von Modernität - in diesem Fall seiner Sichtweise auf die Beatnik-Bewegung -, die stets eine bereits ironisch gebrochene gewesen ist. Die Rebellion der Künstler-*Bohème* erweist sich als reine *L'art pour l'art* eines Bürgertums mit einem ebenso elitären wie verlogenen Kunstbegriff, das sein wahres Gesicht zeigt, sobald jemand die Klassengrenzen verbotenerweise überschreitet: denn natürlich ist Walter Paisley kein „Künstler", er ist nur jemand, dessen „Kunstwerke" erst auf einem Markt zu solchen erklärt werden. Im Grunde genommen verkauft Walter Paisley somit der *Bohème* die Leichen aus ihrem eigenen Keller. Walter ist das Monster, das sie selbst riefen. Genau so, wie Corman und Griffith später in *CREATURE FROM THE HAUNTED SEA* ein erfundenes Monster zu einem realen werden lassen - mehr dazu, wie bereits angedeutet, ganz am Ende dieses Buches.

Dick Miller wollte den tragischen Einfaltspinsel nicht noch einmal spielen und so übernahm schießlich Jonathan Haze seine erste und einzige Hauptrolle für Corman in *THE LITTLE SHOP OF HORRORS*, „Seymor Krelboing", der in einem „heruntergekommenen Blumengeschäft" bekanntermaßen eine Venusfliegenfalle mit einer Butterblume kreuzt und so die menschenfressende Pflanze „Audrey, Jr." in die Welt setzt, natürlich benannt nach seiner Angebeteten Audrey (Jackie Joseph). Aus Julian Burtons Beat-Poeten wurde nun Mel Welles' jüdischer Blumenhändler „Mushnik" (Welles, selbst Jude, musste fünfzig Seiten Dialog pro Drehtag im jiddischen Dialekt einspielen), Dick Miller spielte den Blumen verspeisenden „Fouch", Jack Nicholson hatte seinen Kurzauftritt als masochistischer Patient beim Zahnarzt und Charles B. Griffith selbst - „FEEEEED MEEEEE!" - sprach die Stimme der immer monströser werdenden „Audrey, Jr." und wird von dieser im Film auch noch als Dieb gefressen.

THE LITTLE SHOP OF HORRORS ist die leichtere, gewissermaßen die verdaulichere Variante von *A BUCKET OF BLOOD*, ohne existenzialistische Schwere oder irgendeinen Zeitbezug, und wurde vielleicht gerade deshalb zu einem Phänomen der Unterhaltungs-Popkultur, deren populärster Ausdruck sicherlich das Musical ist. Cormans Film lief 1960 als einer der beiden amerikanischen Beiträge auf dem Cannes Film Festival, wurde dann von Alan Menken und Howard Ashman 1982 in ein Broadway-Musical umgeschrieben, das - von der Kritik verrissen und vom Publikum geliebt - anschließend zu einem Welterfolg wurde, der 1986 wiederum von Frank Oz als *LITTLE SHOP OF*

Jonathan Haze und Myrtle Vail in *THE LITTLE SHOP OF HORRORS* (1960)

HORRORS von der Geffen Company für den Verleih der Warner (mit einem Budget von $25 Millionen) verfilmt wurde. Wieviel Corman, der sowohl die Rechte für das Musical als auch für die Neuverfilmung verkaufte, hieran verdient hat, ist nicht bekannt. Griffith allerdings, „der 1960 gerade einmal $800 erhalten hatte, war nicht Teil von Cormans Vereinbarungen. Griffith verklagte die Macher des Musicals und erhielt schließlich ‚ein Viertel von einem Prozent' der Einnahmen als Lizenzgebühr: ‚Das hielt mich seit 1983 am Ball.'"[*] Begonnen hatte dies alles unter Anderem mit einer Film-Crew aus Gammlern, wiederverwendeter Musik und einer im Studio stehengebliebenen Kulisse eines Ladens, an die Corman und Griffith einfach nur ein Schild angebracht hatten: VIELE PFLANZEN BILLIG. So sollte der spätere *hype* um *THE LITTLE*

---

[*] *Gray*, Beverly: ROGER CORMAN: AN UNAUTHORIZED BIOGRAPHY OF THE GODFATHER OF INDIE FILMMAKING, a. a. O., S. 68.

SHOP HORRORS Cormans (und Griffiths) Meinung über den *mainstream* des Kultur- und Filmbetriebes schließlich noch auf seine ganz eigene Art und Weise bestätigen.

Und es war auch dieser *mainstream*-Filmbetrieb Hollywoods, der Corman und die AIP Ende der 50er Jahre mit ihrem Geschäfts- und Vertriebsmodell in eine ernsthafte Krise stürzte. Die AIP wurde zum Opfer ihres eigenen Erfolges, als größere Studios damit anfingen, ebenfalls *double features* in die Auto-Kinos zu bringen. Entsprechend stiegen für die *independent*-Firmen nun die Kosten und zugleich sanken ihre Einnahmen an den Kinokassen. Cormans *A BUCKET OF BLOOD* wurde so der letzte Film, der - gemeinsam mit Bernard L. Kowalskis *THE GIANT LEECHES* - von der AIP als *double feature* vertrieben wurde. Nicholson und Arkoff reagierten zunächst auf die Krise, indem sie die Eigenproduktionen der AIP auf ein Minimum reduzierten und sich stattdessen auf den Vertrieb von Filmen aus Italien konzentrierten, während sie sich entschieden, was als nächstes zu tun sei. Es sollte Roger Corman sein, der die Firma rettete - ausgerechnet mit Verfilmungen eines amerikanischen Literaten der erste Hälfte des 19. Jahrhunderts, der dem jugendlichen Zielpublikum der AIP zu dieser Zeit noch so gut wie unbekannt war.

5. Kapitel:
Der Untergang oder Zeitenenden und Endzeiten

„F ilmgenres sind ungeschriebene Verträge zwischen Produzenten und Publikum bezüglich des zu erwartenden Kinoerlebnisses" (Clemens G. Williges). Der Horrorfilm-Vertrag, einer der rigidesten aller Filmgenres, wird dabei abgeschlossen über ein Problem, das der *Natur*, sein zentraler Inhalt ist der Mythos vom *Halbwesen*.[*] In Roger Cormans berühmt gewordenen Horrorfilm-Zyklus für die AIP zwischen 1960 und 1964 nach Edgar Allan Poe sind das Problem und der Mythos des Genres allgegenwärtig: die Natur als die „sich aufdrängende, überwältigende Angst vor dem Tod, die Absurdität der menschlichen Existenz im Angesicht dieses ‚natürlichsten' aller Phänomene", so Gary Morris, der hierin gar das „übergeordnete Thema" in Cormans Werk sieht. Auch der Mythos vom Halbwesen spiegelt sich in Cormans Poe-Filmen wider, insofern, als dass seine Protagonisten nicht selten tatsächlich halb lebendig, halb tot sind. Aber die abschließende Einlösung dieses Vertrages gegenüber dem Publikum, die Katharsis und die Rückkehr in eine heile Welt als unabdingbares Element des in dieser Hinsicht weitestgehend konservativen Horrorgenres, dies interessierte Corman nicht. Mit seinen Bildern vollständiger Auflösung und des Verfalls, sowie den sich in seinen acht Poe-Verfilmungen - *THE HAUNTED PALACE* entstand allerdings nach einer Vorlage von H. P. Lovecraft - refrainartig wiederholenden Feuersbrünsten und einstürzenden Gemäuern, schloß Corman mit seinem jugendlichen Publikum einen anderen Pakt: „Die beste Methode, muffige alte Einflüsse zu be-

---

[*] *Seeßlen*, Georg/*Weil*, Claudius: KINO DES PHANTASTISCHEN. GESCHICHTE UND MYTHOLOGIE DES HORROR-FILMS, Reinbek, 1980, S. 9-10.

seitigen, ist die, sie zu verbrennen und das Stammhaus zu zerstören."*
Auch Cormans Poe-Filme, heißt das, sind Filme der Rebellion, für ihn
selbst solche des Verfalls und Untergangs, jene „symbolischen Proben

Dreharbeiten zu *THE PIT AND THE PENDULUM* (1961)

---

* *Daniels*, Les: LIVING IN FEAR, New York, 1975, S. 207.

der endgültigen, totalen Zerstörung der Welt" (Paul Willemen), den Kinogängern dieser Generation signalisierten diese Endzeiten auf der Leinwand ein Zeitenende:

> „In der Revolte gegen tradierte Systeme und verhärtete gesellschaftliche Ordnungen erweisen sich die Protagonisten der Poe-Filme Cormans als Identifikationsfiguren für das zeitgenössische Publikum der *beat generation*. Die Sozialkritik, die der Regisseur auf dem Hintergund der Poe-Folie entwickelt, greift so den Grundtenor der mit der Jugendkultur verbundenen Protesthaltung auf, wobei das Thema der Zerstörung einer überalterten und dekadenten Welt sowie die Geburt einer neuen Ära im Mittelpunkt stehen."[*]

Vincent Price, der seine dunklen Schatten als ein Vorbote Peter Fondas vorauswarf, die ineinander zerfließenden Farben und psychedelisch anmutenden Bilder von *HOUSE OF USHER* und *MASQUE OF THE RED DEATH* als Vorwegnahmen des LSD-Rausches in *THE TRIP*? Tatsächlich gab Corman dem Horrorgenre wieder einen aktuellen Bezugspunkt zurück - ebenso wie dem Gangster-Film, wie wir noch sehen werden - und revitalisierte es, indem er ein systemkritisches Moment einführte, mit dem er selbst auch den enormen Erfolg seiner Poe-Filme erklärte, der für ihn „direkt auf das Vergnügen zurückzuführen gewesen ist, das das junge Publikum bei dem Zusammenbruch eines korrupten Establishments empfunden hat." Das Horrorgenre mit seinen Buhmännern, seinen alten Gemäuern und seiner *gothic*-Ästhetik, es hatte Ende der 50er Jahre keinerlei Bedeutung mehr, die das jugendliche Publikum Amerikas auf sich selbst hätte beziehen können, es bestand für dieses nur noch aus sich ständig wiederholenden Klischees. Doch Corman

---

[*] *Warth*, Eva-Maria: THE HAUNTED PALACE. EDGAR ALLAN POE UND DER AMERIKANISCHE HORROR-FILM (1909-1969), Trier, 1990, S. 143.

wusste, dass Klischees nie bedeutungslos sind und daher „verwandelte er Klischees in Hyperbeln", so David Will, „und deckte dabei ihre universelle Bedeutung auf." Das Hyperbolische, das Übertreibende, seiner Poe-Verfilmungen - in ihrer *gothic*-Ästhetik, in ihren Farbräuschen, in ihrer Ausstattung und schwelgerischen Dekors, in ihren gestelzten Dialogen - entfernte die *beat generation* nicht von ihrer Zeit, im Gegenteil, es spiegelte ihr diese wider und konfrontierte sie gerade in diesen Übertreibungen mit universellen Fragen ihrer Existenz: „Corman muss in erster Linie als ein modernistischer Filmemacher betrachtet werden, der extrem standardisierte Hollywood-Genres (Gangster, Science Fiction, Horror) benutzt und neue erschafft (schwarze Komödie, Jugendkriminalität), um mit ihnen eine sehr stark antiromantische, existenzielle Sicht auf das Leben zum Ausdruck zu bringen."* Mit dem Untergang des Hauses Usher fiel so 1960 erstmals nicht allein ein altes Geschlecht oder nur ein Gebäude auf den Leinwänden in den Auto-Kinos in sich zusammen, sondern damit auch die ganze

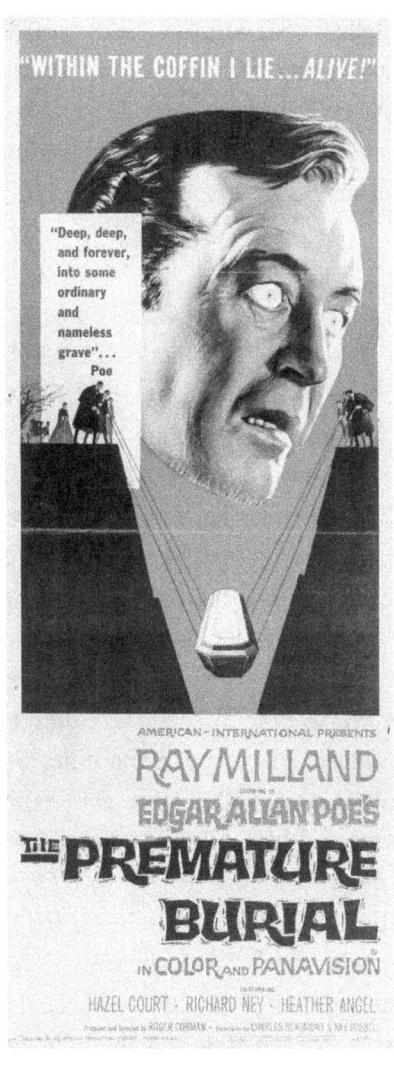

---

* *Morris*, Gary: ROGER CORMAN, a. a. O., S. 14.

Selbstverständlichkeit einer alten Ordnung vor diesen Leinwänden, die an ihrem Ende angekommen war. Mit dem oberflächlichen Umgang der Amerikaner mit ihrer Geschichte war es nun für die *beat generation* ebenso vorbei, wie mit dem überbordenden Optimismus des allseits propagierten *american way of life*.

Sich sicher sein könnend, dass Roger Corman das jugendliche Publikum der AIP selbst noch mit Edgar Allan Poe erreichen würde und um eine Antwort auf die Krise der Firma Ende der 50er zu finden, gingen Nicholson und Arkoff das höhere finanzielle Risiko bewusst ein. *HOUSE OF USHER* wurde mit einem Budget von $270.000 der bis dahin mit Abstand teuerste Film der Firma und Corman hatte nun drei Wochen Drehzeit zur Verfügung, statt der bisher üblichen fünf bis zehn Tage. Mit Boris Karloff, Basil Rathbone, Peter Lorre und Lon Chaney, jr. besetzte Corman nun abwechselnd altgediente Stars des Genres, oder mit Hazel Court und Barbara Steele neue. Für Corman wie für den zu dieser Zeit bereits neunundvierzigjährigen Vincent Price, den Sohn eines Süßwarenfabrikanten aus St. Louis, der ab Ende der 30er Jahre als Kontraktschauspieler abwechselnd für Universal, 20th Century Fox und RKO gearbeitet hatte, wurde der Kritiker- und Publikumserfolg von *HOUSE OF USHER* Segen und Fluch zugleich. Dessen Nachfolger *THE PIT AND THE PENDULUM* von 1961 spielte der AIP nun bereits $2 Millionen ein (gegenüber $1,45 Millionen von *HOUSE OF USHER*), doch Richard Mathesons Übersetzungen von Poes Kurzgeschichten in den jugendlichen Zeitgeist der frühen 60er wiesen bereits jetzt eine starke Formelhaftigkeit auf, der Corman nun zu entkommen versuchte, indem er entweder komödiantische Elemente einführte (Episode „The Black Cat" in *TALES OF TERROR* von 1962, *THE RAVEN* von 1963), auf andere Vorlagen zurückgriff (*THE HAUNTED PALACE* von 1963), oder aber Richard Matheson durch andere Drehbuchautoren, auch aus seiner *stock company*, ersetzte (Ray Russell, Charles Beaumont, R. Wright Campbell, Robert Towne). Für Nicholson und Arkoff waren die Poe-Filme Cormans, ebenso wie dessen Teenager-, Monster- und Rock'n'Roll-Filme zuvor, in erster Linie ein erfolgreiches Geschäftsmodell und als solches eine gewaltige Chance zur Expansion der Firma. Als Corman 1962 mit *THE PREMATURE BURIAL* einen Poe-Film unabhängig von der AIP produzieren wollte, musste er für die Hauptrolle Ray Milland engagieren, da es Nicholson und Arkoff gelungen war, einen Passus in Prices Vertrag zu schreiben, der festschrieb, dass dieser Horrorfilme nur für die AIP drehen durfte. Price war hiermit nicht nur endgültig auf das Horrorgenre festgelegt, was kein Schauspieler gerne ist, er war an die AIP fest gebunden, auch noch, nachdem Corman längst keine Horrorfilme mehr drehte. Später, im März 1970, schrieb Price in einem bitteren Brief an seinen Agenten darüber, „was für ernsthafte Konsequenzen solch eine Exklusiv-Klausel

THE HAUNTED PALACE (1963): Vincent Price und Debra Paget

nach sich ziehen kann" und beschwerte sich darin „über den nächsten lausigen AIP-Film, den sie mir aufzwingen." Auch Corman konnte der AIP vorerst nicht entkommen. Das Pathé-Labor, über das er *THE PREMATURE BURIAL* finanzierte, zog seine Finanzierung zurück, nachdem Nicholson und Arkoff damit gedroht hatten, Aufträge für Laborarbeiten zukünftig an eine andere Firma zu vergeben. Unerschütterlich hielten die beiden an dem *branding* „Poe-Verfilmungen mit Vincent Price" fest. Cormans nach H. P. Lovecrafts Roman „The Case of Charles Dexter Ward" entstandener *THE HAUNTED PALACE* wurde von der AIP ebenso als Poe-Verfilmung vermarktet, wie später Michael Reeves' *WITCHFINDER GENERAL* von 1968 (als *THE CONQUEROR WORM*) oder Gordon Hesslers *CRY OF THE BANSHEE* von 1970 - Filme, die nicht das Geringste mit Poe zu tun hatten.

Tatsächlich zeigten sich nun bereits, im Augenblick des bisher größten gemeinsamen Erfolges, die ersten Risse zwischen Corman und der AIP. Er produzierte und drehte nun verstärkt für seine eigene Firma Filmgroup, strebte mehr künstlerische Freiheit und Unabhängigkeit an, nachdem er sehr aufmerksam registriert hatte, dass er seit *MACHINE GUN KELLY* und *HOUSE OF USHER* von der Kritik - vor allem in Europa - als *auteur* gefeiert wurde. Für Nicholson und Arkoff war dann die Entscheidung, die letzten beiden Poe-Verfilmungen Cormans *MASQUE OF THE RED DEATH* und *THE TOMB OF LIGEIA* 1964 in England zu drehen, vor allem eine Frage der Kostenminimierung, für Corman war es eine des künstlerischen Ausbruchs. Bis auf seinen Ausstatter und künstlerischen Leiter Daniel Haller, ersetzte er nun seine Crew aus den bisherigen Poe-Filmen (Drehbuch: Richard Matheson, Kamera: Floyd Crosby, Schnitt: Anthony Carras/Ronald Sinclair, Musik: Les Baxter/Ronald Stein) vollständig. Poes Erzählung

Hazel Court in *MASQUE OF THE RED DEATH* (1964)

„The Masque of the Red Death" war von Beginn an diejenige, die Corman nach dem Erfolg von *HOUSE OF USHER* unbedingt verfilmen wollte und an dem Drehbuch hatte er bereits früh abwechselnd mit John Carter, Robert Towne, Barboura Morris, Charles Beaumont und R. Wright Campbell gearbeit. Das Ergebnis geriet vor allem visuell beeindruckend (Kamera: Nicolas Roeg), Arkoff allerdings behagten die künstlerischen Ambitionen Cormans, bei steigenden Budgets und sinkenden Einnahmen, überhaupt nicht. Corman entschloß sich daher, mit *THE TOMB OF LIGEIA* seine nunmehr letzte Poe-Verfilmung in England zu drehen. Dieser wurde neben *HOUSE OF USHER* zum Schlüsselfilm von Cormans Poe-Zyklus, mit dem er und Drehbuchautor Robert Towne abschließend die Essenz aller bisherigen Poe-Filme enorm verdichteten und dabei auch Motive einarbeiteten, die weit über den Poe-Zyklus und das Genre hinausgingen.

Anfang bis Mitte der 60er Jahre arbeitete Corman nicht allein für die AIP, sondern verstärkt für andere Firmen, vor allem aber für seine eigene Firma Filmgroup, für die er selbst entweder als ausführender Produzent fungierte, so für the *THE WILD RIDE* und *BATTLE OF BLOOD ISLAND* von 1960, oder Filme drehte, die sein Bruder Gene produzierte, wie *THE INTRUDER* von 1962. Anders als dieser, zählten die ebenfalls von Gene Corman für die United Artists produzierten *TOWER OF LONDON* von 1962, mit Vincent Price und lose auf Shakespeares „Richard III." basierend, sowie *THE SECRET INVASION* von 1964, ein für $590.000 in Jugoslawien gedrehter Kriegsfilm, nicht zu Roger Cormans herausragenden Regie-Arbeiten. Dafür begann Corman mit Filmgroup und bei der AIP nun allmählich seine „Corman-Schule" herauszubilden. So produzierte er 1963 mit *DEMENTIA 13* das Regie-Debüt Francis Ford Coppolas in Europa mit Filmgroup für den Vertrieb der AIP. Dabei erfuhr Coppola nun selber die Auswirkungen von Cormans sehr eigenwilliger Arbeitsweise als Produzent. Coppola hatte 1962 bei Corman angefangen, indem er den russischen Science Fiction-Film *NEBO ZOVYOT* von 1959, den Corman für den US-Verleih der Filmgroup gekauft hatte, im Schneideraum und mit *overdubs* in den *amerikanischen* Science Fiction-Film *BATTLE BEYOND THE SUN* verwandelt hatte, nun aber schickte Corman Jack Hill los, um diesen noch zusätzliche Szenen für *DEMENTIA 13* drehen zu lassen. Hill wiederum hatte 1962 bei der Filmgroup für Corman zu arbeiten begonnen und für dessen *THE WASP WOMAN* zwanzig zusätzliche Minuten für die Fernsehfassung des Films gedreht. Was Hill bei *DEMENTIA 13* für Coppola gewesen ist, wurde dann Stephanie Rothman für Hill selbst bei dessen *BLOOD BATH*. 1963 hatte Corman in Jugoslawien den Spionage-Thriller *OPERACIJA TICIJAN* von Rados Novakovic koproduziert, hielt das Ergebnis jedoch in den USA für unveröffentlichbar. Corman beauftragte daraufhin Hill, den Film umzuschreiben und neue Szenen mit William Campbell - dem Hauptdarsteller aus *DEMENTIA 13* - zu drehen. Hill machte daraus *PORTRAIT IN TERROR*, einen Horrorfilm über einen psychopathischen Frauenkiller. Doch Corman zeigte sich immer noch nicht zufrieden und setzte Stephanie Rothman an den Film, die daraus *BLOOD BATH* machte, jetzt ein Film - der 1966 tatsächlich auch in die Kinos kam -, in dem der psychopathische Killer nun auch noch ein Vampir ist. Für die Fernsehfassung *TRACK OF THE VAMPIRE* ließ Corman Rothman schließlich noch weitere Szenen drehen.

Cormans Arbeitsweise als Produzent ist in der Filmgemeinde Hollywoods legendär geworden und diesbezüglich am berühmtesten wurde sicherlich die Produktionsgeschichte von *THE TERROR*. Nachdem die Studio-Sets von *THE RAVEN* noch nicht abgebaut waren, entschied sich Corman, dies für Filmgroup zu nutzen und vereinbarte mit Boris Karloff zwei zusätzliche Drehtage gegen einen kleinen Vorschuss und 10 Prozent des Gewinns, falls der geplante Filme mehr als $150.000 einspielen würde. Leo Gordon aus Cormans *stock company* schrieb für $1.600 die

129

Szenen mit Karloff unter dem Titel *THE LADY IN THE SHADOWS*, die Corman dann mit Karloff, Jack Nicholson, Dick Miller und Sandra Knight im Studio drehte. Hiernach schickte er Francis Ford Coppola an die bergigen Küstenstreifen von Big Shure, der dort elf Tage mit Dorothy Neumann und Jonathan Haze ohne Drehbuch weiterarbeitete. Die Aufgabe, das filmische Puzzle zusammenzufügen, übernahm dann Jack Hill, der jetzt erst das Drehbuch für eine Art Story entwickelte, das nun von Monte Hellman mit den verbliebenen Darstellern umgesetzt wurde (unter Anderem auch in den stehengebliebenen Studio-Sets von *THE HAUNTED PALACE*). Das Finale von *THE TERROR*, in dem Karloffs Schloß überflutet wird, drehte schließlich Dennis Jacob - später Coppolas kreativer Berater bei *APOCALYPSE NOW* -, am Hoover Dam in Nevada.[*] Corman vermutete, dass Jacob dies ausgenutzt hat, um dort seinen Studienabschluss-Film fertigzustellen und sagte später auch: „Jack Nicholson hat schließlich selbst Regie geführt, als uns die Regisseure ausgingen."

THE TERROR und *BLOOD BATH*, man könnte diese Filme als "Trainings-Filme" der "Corman-Schule" begreifen, so wie Corman seine ersten Filme für die ARC noch selbst bezeichnet hatte, und bei genauerer Betrachtung ergeben ihre Geschichten auch keinen erkennbaren Sinn, doch diese Gemeinschaftsarbeiten Roger Cormans mit Francis Ford Coppola, Monte Hellman, Jack Hill, Stephanie Rothman, Dennis Jacob und Jack Nicholson spielten Corman und der AIP nicht allein nur Geld ein. Sie wurden zu zwei Paradebeispielen dafür, welch gewaltige Lücke oftmals zwischen Produktions- und Rezeptionsästhetik klaffen kann, wie auch für Cormans Gespür für

---

[*] *Stevens*, Brad: MONTE HELLMAN: HIS LIFE AND FILMS, Jefferson (North Carolina)/London, 2010, S. 177.

junge Talente und für das, was die Essenz eines Genre-Films wie auch des Kinos überhaupt sein könnte. THE TERROR und BLOOD BATH wurden tatsächlich zwei herausragende Horrorfilme. Was sich auf der Produktionsseite ohne feststehende Geschichte, Autor oder künstlerisches Zentrum als improvisiertes *teamwork in progress* über längere Zeit entwickelt hat, verdichtet sich auf der Rezeptionsseite plötzlich zu etwas sehr Geheimnisvollem, ästhetisch Beeindruckendem, zu einer Art *pure cinema* des Horrorkinos, bei dem die durchgängige *Grundlosigkeit des Geschehens* beim Betrachter etwas Irritierendes hervorruft. Corman brachte als Produzent seinen Schülern stets bei, auch unter den ungewöhnlichsten und schwierigsten Umständen immer das bestmögliche Ergebnis anzustreben und es dabei zu vermeiden, nach einer Botschaft, einem künstlerischen Ausdruck zu suchen, der den Zuschauer nur bevormunden würde, sondern stattdessen nach einer Art des filmischen

Sandra Knight und Jack Nicholson in *THE TERROR* (1963)

Erzählens, die den Zuschauer zunächst einmal erreichen sollte, damit dieser die Welt durch die Augen der Charaktere zu sehen und sich somit die Geschichte auf der Leinwand selbst zu erzählen beginnt. Es ist daher alles andere als ein Zufall, dass aus der „Corman-Schule" nicht nur einige der eigenständigsten, sondern auch der erfolgreichsten Regisseure des neueren Hollywood hervorgegangen sind.

house of usher

Vincent Price wusste exakt, was Corman wollte - und nicht nur das: er wusste auch, *wie* und *warum* er die Rolle des Roderick Usher - und fast alle Poe-Charaktere für Corman hiernach - *genau so* zu spielen hatte, denn er hatte diesen Charakter im *Old Hollywood* als Kontraktschauspieler bei der 20th Century Fox bereits vollständig entwickelt. 1946 war es Regisseur Joseph L. Mankiewicz, der Price für seine erst zweite Hauptrolle in dem *gothic*-Melodram *DRAGONWYCK* empfahl, Edgar Allan Poes Gedicht „Alone" zu lesen und diese ganz daran auszurichten: „Als Roger Corman vierzehn Jahre später Price zum Helden seiner Poe-Verfilmungen machte, konnte der Mime ohne Mühe auf das von ihm in *DRAGONWYCK* entwickelte Repertoire zurückgreifen. Im Grunde ist es Poes Gedicht ‚Alone', das Price hier und später für Corman immer wieder gespielt hat - jene Einsamkeit, die der amerikanische Einzelgänger - zurückgezogen in seine abgeschlossene, zerbrechliche und introspektive Welt aus überspannter Feinsinnigkeit und morbider Lust am Untergang - dem ‚*american way*

of life' vorzieht - und schließlich unwiderruflich daran zugrunde geht."[*]
Nicholas Van Ryn in *DRAGONWYCK* war bereits die Verkörperung einer untergehenden Welt, eines „Hauses" oder „Geschlechts", ja, einer ganzen Gesellschaft und Zivilisation, die so mit dem Bösen, mit dem Unbewussten, dem Gewicht angehäufter Sünden überladen gewesen ist, dass sie nur noch zusammenbrechen konnte und wiederbelebt werden musste. Dies ist auch die Geschichte der hypersensiblen, an ihrer Zeit unendlich leidenden, morbiden und todessehnsüchtigen Figuren in Cormans Poe-Verfilmungen, die Roderick Ushers in *HOUSE OF USHER*, die Nicholas Medinas in *THE PIT AND THE PENDULUM*, die Guy Carrells in *THE PREMATURE BURIAL*, die Lockes und Valdemars in *TALES OF TERROR*, die Charles Dexter Wards in *THE HAUNTED*

Gene Tierney und Vincent Price in Joseph L. Mankiewicz' *DRAGONWYCK* (20th Century Fox, 1946)

---

[*] Zion, Robert: DIE KONTINUITÄT DES BÖSEN - VINCENT PRICE IN SEINEN FILMEN, München, 2000, S. 85.

PALACE, die Prinz Prosperos in *MASQUE OF THE RED DEATH* und die Verden Fells in *THE TOMB OF LIGEIA*:

„Sie sind so überempfindlich geworden, dass ihnen die geringste Störung ein unerträgliches Leiden verursacht. Ihre Nerven sind buchstäblich verschlissen. Sie leben die letzten Momente einer irreversiblen, profanen Zeit. Die Ankunft eines Fremden in dieser äußerst fragilen Welt führt normalerweise in die Katastrophe, nach der nur ein oder zwei Menschen überleben. Die letzte Sequenz dieser Filme zeigt immer die Überlebenden, die nun den Ort verlassen, an dem sie von einer Existenzstufe zur anderen übergegangen sind, um nun ein neues Leben zu beginnen, aber niemals ohne die Gefahr, dass sich derselbe Prozess in der Zukunft wiederholen könnte. Diese Notwendigkeit der Wiederbelebung ist in den Poe-Filmen das Allerdrängendste, es ist die Kraft, die die vielen Fragen, die diese Filme aufwerfen, zusammenführt."[*]

Cormans Poe-Filme beziehen ihre einmalige Atmosphäre und archaische Kraft immer aus ihrem Charakter einer Endzeit, genauer aus einem Moment, dem *Moment kurz vor dem Untergang* (= dem Tod), zu dem Corman nun seine Zeitenenden vor dem Millennium enorm verdichtet. Seine Männerfiguren sind dabei zwar noch lebendig, aber im Grunde doch schon halb tot; ihr Drang nach Wiederbelebung kann sich nur noch Bahn brechen, indem sie ihre Obsessionen oft auf Frauenfiguren lenken, die ihrerseits schon tot, aber eben doch noch nicht tot, die halb lebendig sind: Madeline Usher in *HOUSE OF USHER*, Elizabeth Medina in *THE PIT AND THE PENDULUM*, Morella in *TALES OF TERROR*, Hester in *THE HAUNTED PALACE* oder Ligeia in *THE TOMB OF LIGEIA*. Diese morbide Welt des halb Toten, halb Lebendi-

---

[*] *Willemen*, Paul: THE MILLENNIC VISION, a. a. O., S. 13.

gen ist jedoch unabwendbar ihrem Untergang geweiht, ihr Verfall oder ihre vollständige Auflösung wird jeweils von Figuren ausgelöst, die von Außen in diese Welt eindringen und sie somit ihrer Bestimmung zuführen: Philip Winthrop in *HOUSE OF USHER*, Francis Barnard in *THE PIT AND THE PENDULUM*, Emily Gault in *THE PREMATURE BURIAL*, Lenora und Carmichael in *TALES OF TERROR*, Joseph Curwen in *THE HAUNTED PALACE*, Francesca in *MASQUE OF THE RED DEATH* und Lady Rowena in *THE TOMB OF LIGEIA*. Dies ist die Formel Cormans, die er innerhalb von vier Jahren immer wieder wiederholte, dabei die einzelnen Elemente nur leicht variierend, manchmal auch rekombinierend. Visuell und erzählerisch spiegelt sich dieses Formelhafte zudem in einer refrainartigen, hierin geradezu musikalischen Form stets wiederkehrender Bilder und Sequenzen wider: die Ankunft des Protagonisten in einer Welt fortgeschrittenen Verfalls; das *Matte Painting* des Hauses (oder Schloßes); bizarre Gemälde als Repräsentanten der sündhaften Last der Vergangenheit; die Wanderung durch diese Häuser (= die Psyche) als eine in das Unbewusste dieser Vergangenheit; psychedelisch verfremdete Alptraum-, Foltersequenzen oder Rückblenden; sich öffnende oder schließende Grüfte, Gräber und Särge; apokalyptische Bilder des totalen Zusammenbruchs oder der endgültigen Auflösung gegen Ende (oft eine Feuersbrunst); das Verlassen der Orte des Untergangs der nun gebrochen erscheinenden Protagonisten.

Roger Corman entwickelte hiermit ein hermetisch vollkommen in sich abgeschlossenes und allein auf sich selbst bezogenes Universum, das es im Horrorgenre in dieser Geschlossenheit und Wiedererkennbarkeit bisher nur einmal gegeben hatte: in den neun Horrorfilmen, die Val Lewton von 1942 bis 1946 für die RKO produ-

HOUSE OF USHER: Vincent Price

ziert hatte. Und ähnlich wie Jacques Tourneur 1942 mit *CAT PEOPLE*, so definierte auch Corman dieses Universum bereits vollständig im ersten Film der Reihe, in *HOUSE OF USHER*: Durch das tote, nebelverhangene Unterholz eines verfaulenden Waldes reitet Philip Winthrop (Mark Damon) zum Hause Usher, um dort seine Verlobte Madeline Usher (Myrna Fahey) zu besuchen. Er will diese endgültig heiraten und nach Boston mitnehmen. Der Diener des Hauses Bristol (Harry Ellerbe) empfängt ihn ebenso abweisend, wie das Haus selbst, dessen Gemäuer bereits erste Risse zeigen: aus einem Kamin sprühen ihm Funken entgegen, ein Kronleuchter fällt auf ihn herunter. Auch der Herr des Hauses Roderick Usher (Vincent Price) empfängt Winthrop nur widerwillig. Er erklärt dem Besucher, dass er seine Schwester Madeline nicht mitnehmen könne, dass sie krank und wie die ganze Blutlinie der Ushers dem Untergang geweiht sei. Tatsächlich wirkt Madeline sehr niedergedrückt und schwach.

Als Winthrop dennoch hartnäckig bleibt, offenbart ihm Roderick Usher, der an einer weit fortgeschrittenen Überempfindlichkeit seiner gesamten Wahrnehmung leidet, die Geschichte der Familie. Er zeigt Winthrop Gemälde der Ushers (von Burt Schoenberg erstellt), eine Ansammlung finsterer Männer und Frauen, die sämtlich zu Mördern und Verbrechern oder schlicht wahnsinnig wurden. Es sei gut, so Roderick Usher, dass die Ushers aussterben und dass das Böse des Geschlechts so nicht durch eine Heirat in zukünftige Generationen weitergetragen werden würde. Doch dann geschieht die Katastrophe: bei einem Streit mit Roderick stirbt Madeline. Die beiden setzen sie in der Familiengruft bei - wir sehen kurz, wie sich die scheinbar Tote im Sarg noch rührt und Roderick diesen schnell schließt.

Winthrop wird nun von einem entsetzlichen Alptraum geplagt, in dem sich alles aufzulösen scheint, während er von den Ushers heimgesucht wird. Doch dann gesteht ihm Bristol in einem Moment der Unachtsamkeit, dass Madeline wahrscheinlich garnicht tot sei, da sie an kataleptischen Scheintotzuständen leide. In der Tat ist Madelines Sarg leer. Winthrop stellt Roderick Usher wütend zur Rede und sucht verzweifelt nach der Untoten, doch diese nimmt nun - offensichtlich wahnsinnig geworden - an ihrem Bruder Rache. Bei dem Kampf der beiden Letzten der Ushers fängt das Haus Feuer und bricht über ihnen endgültig zusammen. Gebeugten Hauptes verlässt Philip Winthrop die in Flammen stehende Ruine, die in der sumpfigen Landschaft zu versinken beginnt.

Corman entschied sich ebenso bewusst für Vincent Price, wie für den reinen Horror- und Science Fiction-Schriftsteller Richard Matheson - und gegen den weit vielseitigeren Charles B. Griffith -, die seine Erzählung des „Zusammenbruchs eines korrupten Establishments" mit ihrer Professionalität und ganzen Erfahrung im Genre quasi autonom in die Erwartungshaltung des Publikums, in jenen Horrorfilm-Vertrag mit diesem übersetzten. Er selbst konnte nun seinen Schwerpunkt auf die Zusammenarbeit mit zwei Mitarbeitern aus seiner *stock company* legen, die somit für einige Jahre zu seinen wichtigsten

HOUSE OF USHER

wurden, auf die mit seinem Kameramann Floyd Crosby sowie seinem künstlerischen Leiter und Ausstatter Daniel Haller. Hallers Studiobauten und Set-Dekorationen nebeldurchzogener, wie tot wirkender Landschaften sowie tiefengestaffelter, von den Insignien des Verfalls heimgesuchter Räume, Gänge, Gewölbe und Hallen bilden eine Art inneren Raum der Protagonisten ab, durch den sich Crosbys Kamera wie ein Sucher bewegt, dabei immer diesen einen Moment kurz vor dem Untergang dokumentierend. Dieser Moment der Endzeit, spiegelt nicht allein die Funktion der Zeit im Horrorfilm schlechthin wider, die hierin stets „ein Medium zyklisch sich wiederholender Ereignisse" (Georg Seeßlen) ist, er presst diese Zeit zudem noch in einer einzigen Frage zusammen: „Was geschieht im Augenblick des Todes?" - der Eingangsfrage aus der Episode „The Case of M. Valdemar" in *TALES OF TERROR*. Was sich nun dabei visuell regelmäßig ereignet, hat Norbert Stresau sehr genau beschrieben:

> „Diese Neuordnung der Zeit kann natürlich nicht ohne Konsequenzen bleiben... Wo sich die Zeit nicht mehr linear bewegt, kann auch der Raum nicht mehr existieren, muss sich auflösen, in Fragmente zerfallen... Die Auflösung des Raums ist der kategorische Imperativ des Horrorfilms... *HOUSE OF USHER* etwa ist auf den ersten Blick ein ungeheuer statischer Film. In den Dialogsequenzen wirken die Schauspieler wie chloroformierte und aufgespießte Schmetterlinge, steif die schwülstigen Reden Richard Mathesons deklarierend. Doch dann bricht immer häufiger schwindelerregende Bewegung in die Starrheit ein. Mit dem Helden irrt die Kamera durch das Haus der Ushers, gleitet von ihm zurück, umkreist ihn, schwebt vom Balkon seines Zimmers horizontal in die zerfallende Landschaft hinaus und klettert in einem großen vertikalen Zirkel über den fauligen Sumpf an der zerfallenden Außenwand wieder zu ihm empor. Bis schließlich der Punkt erreicht ist, an dem das Kontinuum die ihm aufgezwungenen Veränderungen nicht mehr ertragen kann. Dieser spezielle Augenblick stellt in mehrfacher Hinsicht die Schlüsselstelle jedes Horrorfilms dar; wie in einem schwarzen Loch kollabieren Raum und Zeit."[*]

---

[*] *Stresau*, Norbert: DER HORROR-FILM. VON DRACULA ZUM ZOMBIE-SCHOCKER, München, 1987, S. 22-26.

HOUSE OF USHER ist der visuelle Ausdruck eines bestimmten Moments der Wahrnehmung der Welt, in dem die gewohnte Ordnung und Sicherheit kollabieren und so der Blick auf etwas Ungeheuerliches freigegeben wird, auf eine Art hypersensiblen Rausch, dabei bereits *THE TRIP* vorwegnehmend (in dem Corman dann tatsächlich wieder auf seine Poe-Filme verweisen wird). Seine stark rhythmisierten, wie in Strophen, Refrains und Brücken angeordneten Bilder und Sequenzen zerfließender Farben, der Auflösung oder Verzerrung des Raums, der Abstraktion oder Reduktion der Formen und Farben, sie sind reinste Musikalität. *HOUSE OF USHER* ist hiermit eines der allerersten psychedelischen Werke der Pop-Geschichte - wie auch des Kinos - überhaupt, und als solches ein früher Übergang der Rebellion der *beat generation* in die Hippie-Kultur, Cormans Beginn, „Botschaften aus dem ‚Untergrund' zu empfangen, Andeutungen aus einem noch unerforschten *inner space*"[*] - wie Stuart Hall dann 1968 die psychedelische Seite des Hippie-Phänomens umschreiben wird.

---

[*] *Hall*, Stuart: THE HIPPIES - AN AMERICAN „MOMENT", Birmingham, 1968, S. 7.

the tomb of ligeia

1964

Roger Corman hatte sich nach jahrelanger Suche nach einer geeigneten Idee zur Umsetzung der Poe'schen Vorlage für *MASQUE OF THE RED DEATH* am Ende für das Drehbuch Charles Beaumonts entschieden (in das R. Wright Campbell dann noch Poes Kurzgeschichte „Hop Frog" einarbeitete), das aus dem Prinzen Prospero einen Satanisten machte, der am Ende nicht seinem „Herrn der Fliegen", sondern dem ganz banalen (roten) Tod gegenübersteht. Der Film - mit einem englischen Film-Team in fünf Wochen, unter Anderem in den Kulissen von Peter Glenvilles *BECKET* von 1964 gedreht - wurde so zwar eine künstlerische Explosion für Corman und Daniel Haller, eine Art rein visuell erzählter psychedelischer *Essay,* hierin noch bis Heute durchaus hoch beeindruckend, doch das eher philosophische als Genre-typische Konzept Beaumonts krankte an der zu eindeutigen Zeichnung des „Bösen", einer allzu schlichten Umkehr christlicher Moral- und Gottesvorstellungen. Diese Einfachheit, sie ist Robert Townes Drehbuch zu *THE TOMB OF LIGEIA* nun wahrlich nicht vorzuwerfen. Corman erklärte die - im Vergleich zu den bisherigen Poe-Verfilmungen - nur schwachen Einspielergebnisse des Films später damit, dass das Drehbuch „zu kompliziert" gewesen sei und tatsächlich „verwirrte Townes Script Corman so sehr, dass er eine Karte bei sich trug, aus der hervorging, wo sich Ligeias Geist zu einem jeweiligen Zeitpunkt gerade befinden sollte."[*]

Dabei hatte Towne das Wesen von Poes Erzählungen - nicht allein das von „Ligeia" (1838), sondern auch das von „Morella" (1835) und „Eleonora" (1842) - erfasst, wie kein anderer Autor für Corman zuvor. THE TOMB OF LIGEIA ist die Geschichte der bedingungslosen Liebe zur Frau, die gleichsam immer nur eine einzige Frau ist, deren immergleiche Seele sich in verschiedenen Körpern reinkarniert. „Ligeia" ist zugleich eine Projektion der Überwindung des Todes, denn Poe war von der Idee, dass alles Leben Wille sei und dass das Sterben nur auf einem Mangel an Willenskraft beruhe, derart besessen, dass er in seiner Erzählung mehrfach eine Passage des englischen Philosophen und Theologen Joseph Glanvill zitierte, die jedoch wahrscheinlich garnicht von diesem stammte: „*Man doth not yield himself to the angels nor unto death utterly, save only through the weakness of his feeble will*" - „Der Mensch gibt sich nicht den Engeln oder dem Tod völlig hin, nur durch die Ohnmacht seines schwachen Willens." Towne zitiert diese Passage mehrmals, greift zudem Poes komplexes Bezugssystem kultureller Artefakte aus „Ligeia" auf und übersetzt dies in eine Geschichte, in der kein Gegenstand, kein Handlungselement, kein Bild nicht eine symbolische Bedeutung annehmen. Buchstäblich alles im Film verweist auf die Anwesenheit des Geistes (= des Willens) Ligeias, die der - namenlose - Erzähler in Poes Geschichte nicht nur zu seiner Muse, sondern auch zu seiner Lehrerin über die Geheimnisse des Lebens und des Todes und damit auch über die Absurdität der menschlichen Existenz gemacht hat.

---

[*] *Whitehead*, Mark: ROGER CORMAN, Harpenden, 2003, S. 72.

P rolog: in der geweihten Erde eines Friedhofes in der Ruinenlandschaft einer verfallenen Kathedrale begräbt Verden Fell (Vincent Price) seine verstorbene Frau Ligeia (Elizabeth Shepherd). Als eine schwarze Katze auf den Sarg springt, öffnen sich kurz Ligeias Augen und Fell triumphiert über die entsetzten Anwesenden - der Wille Ligeias, so Fell, er würde ewig leben.

Lady Rowena Trevanion (Elizabeth Shepherd) findet hiernach bei einer Fuchsjagd das Grab Ligeias und stürzt von ihrem Pferd als die schwarze Katze plötzlich auftaucht. Sie wird von Fell, der aufgrund der Überempfindlichkeit seiner Augen eine Sonnenbrille tragen muss, in seiner an der Ruine gelegenen Abtei verarztet. Rowena ist von der sonderbaren Art Fells fasziniert, deutet gegenüber dem Anwalt ihres Vaters Christopher Gough (John Westbrook) gar etwas von Heirat an. Als Lady Rowena Fell in seiner Abtei unter einem Vorwand erneut aufsucht,

THE TOMB OF LIGEIA: Elizabeth Shepherd

scheint dieser wie von Sinnen und sie mit der toten Ligeia zu verwechseln. Fell zeigt Christopher nun das Grab Ligeias - ihr Todesdatum wurde dort sorgfältig vom Grabstein entfernt und Fell deutet an, dass er es vielleicht selbst getan haben könnte, noch unter dem Bann des unbändigen Lebenswillens Ligeias stehend. Währenddessen folgt Rowena der schwarzen Katze in den Glockenturm der Abtei, bis hinauf zur Glocke. Als diese zu schlagen beginnt, wird sie von Fell gerettet. Die beiden heiraten schließlich, verbringen glückliche Flitterwochen (unter Anderem besuchen sie Stonehenge).

Zurückgekehrt in die Abtei, will Fell mit Rowena ein neues Leben beginnen, doch als er sie im Anschluß an ein Abendessen mit ihrem Vater Lord Trevanion (Derek Francis) hypnotisiert, beginnt Rowena plötzlich mit Ligeias Stimme zu sprechen: „Ich werde ewig leben." Rowena wird in der Nacht von Visionen geplagt, das Lächeln ihres Dienstmädchens (Penelope Lee) erscheint ihr als groteske Fratze, sie findet in ihrer Haarbürste die schwarzen Haare Ligeias, sieht diese in einem Spiegel, statt sich selbst, wird von der schwarzen Katze heimgesucht. Auch Fell verschwindet in den Nächten an einen geheimen Ort. Der um Rowena besorgte Christopher verhört derweil Fells Diener Kenrick (Oliver Johnston). Nach dessen vagen Andeutungen, beschließt Christopher, Ligeias Grab zu öffnen - dort findet er nur eine Wachspuppe vor.

Rowena erlebt die Bilder ihrer Vision nun noch einmal im Realen, durch einen zerbrochenen Spiegel, an dem sie sich verletzt (sie beginnt sich nun auszubluten), verfolgt sie die schwarze Katze durch geheime Gänge in den Turm der Abtei. Dort findet sie Fell, der vollständig im Bann Ligeias steht. Rowena fällt in die ausgestreckten Arme der tot aufgebahrten Ligeia. Kenrick taucht nun mit Christopher in dem Turmzimmer auf und erklärt, dass Ligeia Fell vor ihrem Tod hypnotisiert habe. Rowena versucht Fells Bann zu brechen und verblutet dabei in seinen Armen. Er wirft die tote Ligeia ins Feuer und legt Rowena an ihre Stelle. Doch Rowena steht wieder auf, Fell hält sie für Ligeia und erwürgt sie. Fell erkennt seinen Irrtum und will nun mit der schwarzen Katze den Geist Ligeias töten, die ihm im Kampf die Augen auskratzt. Bei dem Kampf geht die Abtei in Flammen auf und Rowena wird von Christopher nach draußen gebracht. Dort öffnen sich ihre Augen, während in der zusammenstürzenden Abtei der tote Verden Fell in den Armen der toten Ligeia liegt.

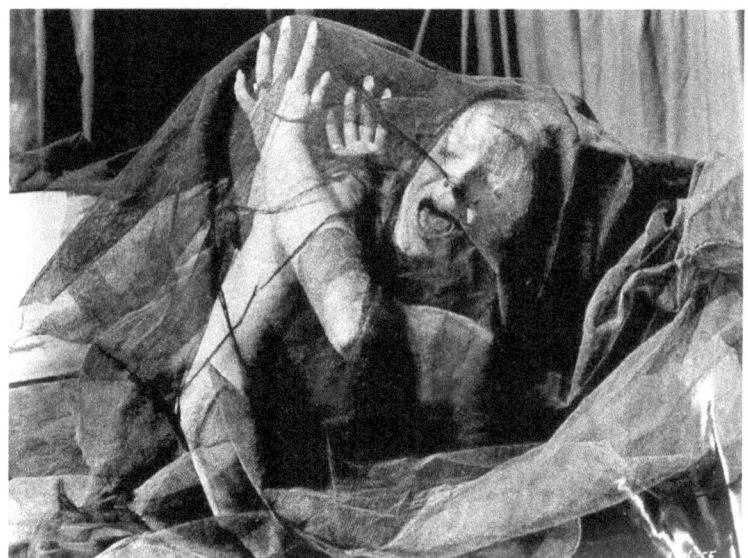

THE TOMB OF LIGEIA

Roger Corman drehte THE TOMB OF LIGEIA in der Ruine der Abtei von Castle Acre, in der ostenglischen Grafschaft Norfolk gelegen, die Innenaufnahmen entstanden in den Shepperton Studios. Er brach hiermit nicht nur mit der Künstlichkeit seiner vorherigen Poe-Verfilmungen, er rückte nun auch erstmals - und abschließend - die weibliche Titelfigur Poes in Mittelpunkt. Die 1936 geborene englische Charakter-Darstellerin Elizabeth Shepherd zeigt in ihrer Rolle als Lady Rowena/Ligeia in der Tat eine überwältigende Präsenz, sie ist die einzige Frauen-Figur in Cormans Poe-Verfilmungen, die - hergeleitet aus Poes Erzählung - überhaupt einen eigenen Willen zeigt, die entsprechend spricht und handelt und den Film so nahezu vollständig trägt. Während in allen Poe-Verfilmungen Cormans zuvor die weiblichen Figuren stets lebendige Repräsentationen des fortgesetzten Verfalls gewesen sind, ist es hier nun genau umgekehrt. Hier ist es Vincent Prices Verden Fell, der diese Rolle einnimmt, während Rowena diesen ewigen Kreislauf des Todes (und der Reinkarnationen) und seinen zersetzenden Einfluß auf die menschliche Existenz abschliessend tatsächlich durchbricht. Der einzige Moment, in dem Fell wirklich aktiv handelt und sich der Absurdität seiner Obsession und damit der Hoffnungslosigkeit seiner Situation bewusst wird, ist dann auch der, als Rowena in Ligeias Totenzimmer vordringt - in einem kurzen Moment der Erkenntnis stürzt nun Fells (Toten-)Welt zusammen, bevor ihm die schwarze Katze unmittelbar danach mit seinem Augenlicht wieder diese Bewusstheit nimmt. Das Millennium tritt ein. Es ist daher keine Schwäche des Drehbuchs, dass Lady Rowena am Ende noch lebt, obwohl sie bereits verblutet ist, hiernach sogar noch von Fell erwürgt wurde, obwohl dieser den Lebenswillen Ligeias mit der schwarzen Katze bereits getötet hat, denn *alles* in THE TOMB OF LIGEIA ist - wie gesagt - Symbol, Verweis, Allegorie.

Die Totenwelt Fells steht für die fortlaufende, irreversible Zeit, die zum Verfall der Zivilisation und des Lebens führt, in deren Bann auch Lady Rowena für eine bestimmte Zeit gerät (um diesen dann zu brechen). Corman und Towne haben für diese in THE TOMB OF LIGEIA

THE TOMB OF LIGEIA: Vincent Price, John Westbrook und Elizabeth Shepherd

ein durchgängiges, symbolisches System von Verweisen erschaffen. Zunächst steht die gewaltige Ruinenlandschaft an der Abtei sowie der darin angelegte Friedhof gewissermaßen für die materielle Zeugenschaft des Zerstörungs-Werks der Zeit. Aber auch die Abtei selbst ist von Fell mit Kunstwerken als Überbleibsel früherer kultureller Aktivitäten angefüllt, insbesondere mit alt-ägyptischen, einer Kultur des Todes. Sie werden zu einem Symbol für die erreichte materielle Zivilisation sowie deren Vergänglichkeit. Diese Kulturgüter stellen zugleich eine Verbindung zwischen verschiedenen Zeiten, Personen und Orten dar, durch die sich das Heilige jederzeit manifestieren kann. Am offensichtlichsten sind die Verweise auf die aktive Präsenz des Lebenswillens Ligeias: ihre schwarzen Haare in der Bürste Rowenas, ihre Anwesenheit im Spiegelbild Rowenas und natürlich die schwarze Katze selbst, die Rowena ganz hinauf in den Glockenturm lockt, wo das Schlagen der Glocke die Vergänglichkeit der Zeit signalisiert. Die Kette der Zeit wird erst durchbrochen, als Verden Fell die schwarze Katze tötet, nachdem sie ihm die Augen herausgekratzt hat. Der erblindete Fell, der sich zuvor mit seiner dunklen Sonnenbrille vor dem Einfall der heiligen Zeit in sein Bewusstsein geschützt hat, beendet nun den ewigen Kreislauf der Reinkarnationen - Lady Rowena schlägt ihre Augen auf.

Mit diesem Aufschlagen der Augen Elizabeth Shepherds am Ende schließt Corman nicht nur seine Poe-Reihe ab, es ist zugleich sein letzter Horrorfilm als Regisseur. Mehr noch: es ist Cormans letzter Film der drei Reihen von Filmen, die sich mit den heiligen Zeiten vor und nach dem Millennium oder mit einem ganzen Zeit-Zyklus befassen, ausgenommen des hierin misslungenen *GAS-S-S-S!* von 1970 (hierzu später mehr). Mit bewundernswerter Konsequenz hat Corman sein großes Thema in *THE TOMB OF LIGEIA* abschließend noch einmal in reine (schwarze) Poesie verwandelt, in einen vielleicht zu komplizierten und zu voraussetzungsvollen, aber darin dann doch faszinierendsten und zugleich verstörendsten Horrorfilme, der jemals gedreht wurde - in einen Film über Nekrophilie.

Bilder vollständiger Auflösung und des Verfalls: *TALES OF TERROR, MASQUE OF THE RED DEATH, THE TOMB OF LIGEIA.*

Psychedelia: *HOUSE OF USHER,
THE TOMB OF LIGEIA, THE TRIP.*

Farbreduktion: *MASQUE OF THE RED DEATH, THE TRIP, VON RICHTHOFEN AND BROWN.*

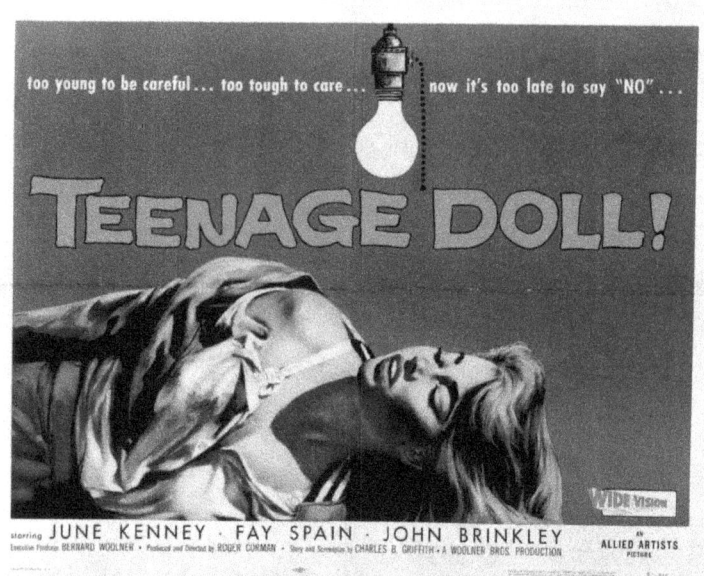

Abstraktion: *HOUSE OF USHER, MASQUE OF THE RED DEATH, "X" - THE MAN WITH THE X-RAY EYES.*

Augen: *THE PIT AND THE PENDULUM, "X" - THE MAN WITH THE X-RAY EYES, THE TOMB OF LIGEIA.*

Gegenkultur: *BLOODY MAMA, THE WILD ANGELS, GAS-S-S-S!*

6. Kapitel:
Das Auge des Regisseurs oder Science Fiction, zum Zweiten

Beverly Garland und Roger Corman hatten schon lange ein Auge aufeinander geworfen. Ende 1956, während der Dreharbeiten zu *NAKED PARADISE* auf der Garten-Insel Kaua'i auf Hawaii, trafen sie sich endlich zu heimlichen Dates. AIP-Chronist Mark Thomas McGee schreibt, der Junggeselle Corman hätte mehrfach sexuelle Beziehungen mit seinen Schauspielerinnen gehabt, jeweils bestätigt sind jedoch nur Beziehungen mit Dorothy Malone (*FIVE GUNS WEST*), Talia Shire (*THE WILD RACERS*) und Gayle Hunnicutt (*THE WILD ANGELS*), sowie eine etwa einjährige mit Abby Dalton, seiner Hauptdarstellerin aus *ROCK ALL NIGHT* und *VIKING WOMEN*. Dalton bezeichnete Corman als „extrem energiegeladen und willensstark, der erste Yuppie", den sie jemals getroffen hätte. Sobald Corman einen Film begonnen hatte, arbeitete er wie besessen, zum Teil noch nach dem Dreh bis spät in die Nacht hinein. Daran mag es auch gelegen haben, dass sich aus seinen Datings mit Beverly Garland nicht mehr entwickelte. Garland:

> „Roger war - ist - sehr schüchtern, intensiv, mit einem faszinierenden, fast computerisierten Verstand. Das habe ich an ihm bewundert. Du musst schon eine sehr aufgeweckte Lady sein, um mit Roger zusammen zu sein. Er fühlte sich unter vielen Menschen immer unwohl. Ich aber war fasziniert von ihm. Er bewunderte wiederum an mir, dass ich mit ihm mithalten konnte, dass ich schlagfertig und witzig war. Daraus ist jedoch nie etwas entstanden. Wir sind gemeinsam zum Abendessen gegangen, mit dem Fahrrad gefahren. Ich half ihm auch bei der Wohnungssuche. Der Grund, dass daraus nie eine Romanze wurde, war der,

dass ich auch noch etwas anderes brauchte. Es gab da auch eine puritanische Seite an ihm, fast wie ein Pfadfinder."*

"Beulah" (Paul Blaisdell) und Beverly Garland: *IT CONQUERED THE WORLD* (1956)

---

* Zit. n.: *Corman*, Roger/*Jerome*, Jim: HOW I MADE A HUNDRED MOVIES IN HOLLYWOOD AND NEVER LOST A DIME, a. a. O., S. 41.

Der immer sehr sanftmütig und schüchtern wirkende Regisseur hasste Hahnenkämpfe mit seinen Schauspielern. Mit Paul Birch, dessen Alkoholproblem allgemein bekannt war, geriet er während der Dreharbeiten zu *NOT OF THIS EARTH* körperlich aneinander und Birch verließ sogar vorzeitig das Set, so dass er durch ein Double ersetzt werden musste. Corman bevorzugte daher stets die Zusammenarbeit mit Schauspielerinnen, vor allem mit starken, klugen Frauen, mit denen er dann über Jahre sehr intensive und vertrauensvolle Arbeitsbeziehungen pflegte. Neben Beverly Garland waren dies vor allem Barboura Morris und Susan Cabot. Professionalität, harte Arbeit, aber auch eine gewisse Leidensfähigkeit und Humor waren dabei Grundvoraussetzungen, um Cormans „Guerilla-Taktik" des Filmemachens auf Dauer durchhalten zu können. Berühmt geworden sind so einige witzige Äußerungen seiner Schauspielerinnen, etwa die von Allison Hayes während der katastrophalen Dreharbeiten zu *GUNSLINGER* („Roger, who do I have to fuck to get *off* this picture?"), oder die von Beverly Garland, als sie bei *IT CONQUERED THE WORLD* zum ersten Mal „Beulah" zu Gesicht bekam, eines der verrücktesten Monster der Filmgeschichte, das wie eine umgedrehte Eistüte aussah: „*That* conquered the world?" Garland kickte kurz dagegen und Paul Blaisdells mühsam gebasteltes Monster fiel einfach um.

Doch Cormans Monster- und Science Fiction-Filme der 50er Jahre waren eben nicht nur „Trash". Noch vor seinen extrem künstlichen und stilisierten Poe-Verfilmungen erzählte er vielmehr einer ganzen Teenager-Generation mit in der Gegenwart angesiedelten Filmen wie *IT CONQUERED THE WORLD* und *NOT OF THIS EARTH*, dass die Welt ihrer Eltern untergehen wird, oder er präsentierte ihnen mit *THE WASP WOMAN, LAST WOMAN ON EARTH* und - nun bereits in den 60ern - „*X*" - *THE MAN WITH THE X-RAY*

EYES gleich einen vollständigen Zyklus des Untergangs und Neubeginns. In *IT CONQUERED THE WORLD* von 1956 sind es Invasoren von der Venus, die die Menschen in ein Zeitalter der Vernunft führen wollen, vorgeblich um sie vor sich selbst zu schützen, in Wirklichkeit jedoch, um sie zu entmündigen und zu beherschen. Es war dies das Lebensgefühl der *baby boomer* der Entfremdung von der als bevormundend empfundenen Welt ihrer Eltern, die ihnen mittlerweile derart bedrohlich und vor allem fremd erschien, dass Corman diese Bevormundung sogar auf anderen Planeten verorten und seinem jungen Publikum dabei immer noch etwas von ihrem ganz realen Leben erzählen konnte, solange er diese fremde Welt am Ende nur untergehen ließ. In *IT CONQUERED THE WORLD* ist es schließlich Lee Van Cleef, der zu der Einsicht gelangt, dass das von der Venus versprochene Zeitalter der Vernunft nur eines der Unterdrückung sein würde und er tötet das Monster, indem er dem Allsehenden mit einem Bajonett die Augen aussticht. Für seinen Irrtum, hieran geglaubt zu haben, muss er allerdings mit seinem Leben bezahlen.

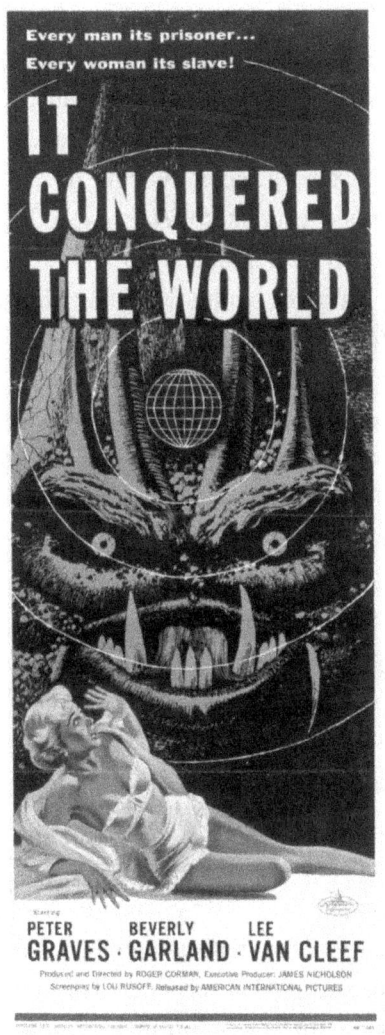

Dass es Corman dabei so gut wie überhaupt nicht um Kommunisten-Angst ging, ein feststehender Topos der Science Fiction-Filme Hollywoods in den 50ern, dafür aber umso mehr um die alltäglichen Lebenswirklichkeiten seines vorwiegend jugendlichen Publikums, wurde dann mit dem in einer Woche für nur $50.000 für seine eigene Firma Filmgroup gedrehten *THE WASP WOMAN* besonders deutlich. Der Film - der natürlich auch von Kurt Neumanns Kassenhit *THE FLY* von 1958 profitieren sollte - handelt von der Besitzerin einer Kosmetik-Firma (gespielt von Susan Cabot), mit deren jugendlicher Schönheit (sie ist zugleich Haupt-Werbeträgerin der Firma) auch der geschäftliche Erfolg schwindet. Die verjüngend wirkenden Enzyme einer Wespenkönigin bringen ihr schließlich ihre Schönheit und den Erfolg zurück, aber auch die Verwandlung in ein humanoides Wespen-Wesen, als sie sich schließlich immer höhere Dosen des Serums injiziert. Susan Cabot durchlebt hierin einen ganzen Zyklus des Verfalls und der Wiederherstellung (ihrer Schönheit), des Untergangs und Neubeginns. Das Heilige offenbart sich hier im Mythos der ewigen Jugend und für Cormans Publikum spiegeln sich mit der nur auf den äußeren Schein bedachten, bigotten Welt der Schönheits-Industrie zugleich eigene Erfahrungen wider, der ständige Zwang, einem oktroyiertem Ideal entsprechen zu müssen und dabei auch noch dem ökonomischen Leistungsdenken unterworfen zu sein. *THE WASP WOMAN* ist, wie alle Science Fiction- und Monster-Filme Cormans, keine *Reds-under-my-bed-paranoia*, sondern, ganz im Gegenteil, ein Film über die sich in dieser Epoche allmählich bahnbrechende Angst einer Generation vor den Folgen des Kapitalismus, der Entfremdung von diesem und der Rebellion gegen dessen Zwänge, die von den *baby boomern* zunehmend nur noch als äußerlich empfunden wurden. Und es ist typisch für Corman, dass er seinem Publikum dessen Erfahrungswelt mit einer Art feministischen *exploitation*-Version, über die Tragödie einer Frau widerspiegelte.

THE WASP WOMAN (1959): Susan Cabot

In *IT CONQUERED THE WORLD* und *THE WASP WOMAN* geht es auch um das alles beherrschende Sehen, entweder als einer invasorischen äußeren Macht, oder als gesellschaftlicher und internalisierter Zwang zum Idealbild einer Schönheits-Industrie - das Sehen, die Augen und der Angriff auf diese, die Erblindung und auffallend häufig diese Augen schützende Sonnenbrillen, es sind dies die mit am häufigsten wiederkehrenden Motive im Werk Roger Cormans. Er selbst deutete an, dass diese auch mit seiner ganz persönlichen Situation als Außenseiter im Filmbetrieb Hollywoods zu tun haben könnten:

> „Die Charaktere in vielen meiner Filme tragen Sonnenbrillen - Paul Birch in *NOT OF THIS EARTH* und Xavier in „*X*", Peter Fonda und Bruce Dern in *THE WILD ANGELS* sind nur einige von ihnen. Sehen, Augen, Visionen. Ist das das Thema, das diese

Filme zusammenführt, oder nur Zufall?... Diese Geschichten könnten aber auch alle dadurch verbunden sein, indem sie auf mich selbst verweisen. Ich hatte zahlreiche Gelegenheiten in das Establishment überzuwechseln - und von Zeit zu Zeit tat ich es auch. Aber ich bin immer wieder weggegangen. Vielleicht hat man ja deshalb in manchen Kreisen „X" ein ernsten Corman-Film genannt - wegen meiner Identifikation mit einem Wissenschaftler, der von seinen Visionen geplagt und deshalb von seiner Gemeinde ausgestoßen wird."[*]

Immer wieder hat Corman später als Produzent seinen jungen Regisseuren vermittelt, dass das Kino vor allem ein *visuelles* Medium ist und ihnen nahezubringen versucht, dass „die Art und Weise, mit der ein Charakter die Welt sieht", auch die Art und Weise sei, „in der der Zuschauer die Welt sieht", wie Jonathan Kaplan einmal von Cormans Einführungen erzählte. In Cormans Filmen sehen die Charaktere - und damit auch der Zuschauer - ihre untergehenden oder gerade auferstehenden Welten, oder eben ganze Zeit-Zyklen, in einer sehr einmaligen, eigenartigen Art und Weise. Das Auge ist dabei eine durchlässige Grenze zwischen der inneren Welt der Charaktere und der äußeren Welt und zugleich eine „Metapher für das Bewusstsein, so dass die Sehkraft eines Charakters normalerweise den Schlüssel zu seinem Bewusstseinszustand liefert" (Paul Willemen). Eine starke Sehkraft, bis hin zu der übermenschlichen Paul Birchs in NOT OF THIS EARTH oder Xaviers in „X", bedeutet dabei eine hochgradige Bewusstheit der Charaktere von der Welt, eine schwindende Sehkraft oder das Tragen von Sonnenbrillen, deren zunehmenden Verlust, beziehungsweise den Wunsch der Protagonisten, sich vor dieser Welt zu schützen oder abzuschotten. Dies

---

[*] *Corman*, Roger/*Jerome*, Jim: HOW I MADE A HUNDRED MOVIES IN HOLLYWOOD AND NEVER LOST A DIME, a. a. O., S. 118f.

Jason Robards in *THE ST. VALENTINE'S DAY MASSACRE* (1967)

ist nicht nur bei Vincent Prices Verden Fell in *THE TOMB OF LIGEIA* der Fall, wie wir bereits gesehen haben. Auch Susan Cabots Sabra in *SORORITY GIRL*, William Shatners Adam Cramer in *THE INTRUDER* oder Jason Robards' Al Capone in *THE ST. VALENTINE'S DAY MASSACRE* tragen solche Sonnenbrillen immer dann, wenn sie der äußeren Welt einen Einblick in ihr Inneres verwehren und ihre Macht absichern wollen. Ein Angriff auf die Augen bedeutet dann in den Filmen Cormans, der sich hierbei bewusst an der Psychoanalyse Sigmund Freuds orientierte, immer einen symbolischen Akt der Kastration als Zerstörung dieser Macht, die bis zum vollständigen Verlust der Sehkraft als Bewusstsein von der Welt, bis zur Erblindung führen kann - von Corman bereits eindringlich an der Figur Robert Townes in *LAST WOMAN ON EARTH* vorgeführt. Die Filme, in denen dieses Motiv am deutlichsten, bzw. am komplexesten ausgearbeitet ist, sind *NOT OF THIS EARTH* und „*X*" - *THE MAN WITH THE X-RAY EYES*.

not of this earth

Eine finstere Gestalt tötet ein Teenager-Mädchen, indem er ihr mit seinen weißen, pupillenlosen Augen das Gehirn auszubrennen scheint. Der Mann trägt einen Attaché-Koffer aus Alluminium bei sich, in dem sich ein System von Transfusions-Schläuchen und Behältern befindet, mit dem er dem toten Mädchen nun ihr Blut entnimmt. Bei dem ganz in schwarz gekleideten Mann handelt es sich um „Mr. Johnson" (Paul Birch), der stets eine dunkle Sonnenbrille trägt, eine Überempfindlichkeit bei hohen Geräuschen zu haben scheint und mittels Telepathie kommunizieren und Menschen kontrollieren kann. „Mr. Johnson" kommt von dem Planeten „Davanna", dessen Bewohner nach einem atomaren Krieg an einer Zersetzung ihres Blutes zugrunde gehen. In seinem Haus im Griffith Park in L.A. ist hinter einer Wand ein Gerät verborgen, mit dem er mit „Davanna" Kontakt herstellen und zudem Materie zwischen den Planeten transmittieren kann. Sein menschlicher *bodyguard* und Chauffeur Jeremy (Jonathan Haze) ahnt von alledem allerdings noch nichts.

„Mr. Johnson" stellt die Krankenschwester Nadine (Beverly Garland) ein, die sich in seinem Haus um seine Blutkrankheit kümmern soll. Über deren Chef, den Arzt der Stadt Dr. Rochelle (William Roerick), übernimmt „Mr. Johnson" telepathische Kontrolle, nachdem dieser die höchst eigenartige Blutzellenstruktur des Patienten herausgefunden hat. Bei einem telepathischen Gespräch „Mr. Johnsons" über den Kommunikator mit seinem Heimatplaneten erfahren wir nun die Pläne „Davannas", die Menschheit in mehreren Stufen zu unterjochen, um sie dann als Blutresevoir ausbeuten zu können. „Mr. Johnson" tötet derweil weitere Menschen - einen Chinesen, einen windigen Staubsauger-Vertreter (Dick Miller) sowie drei Stadtstreicher -, doch dann trifft er eine Frau aus „Davanna" (Anna Lee Carroll), ebenfalls eine dunkle Sonnenbrille tragend, die durch den Materie-Transmitter zur Erde gekommen ist und um eine sofortige Transfusion bittet, da sie sonst sterben würde. Irrtümlich stiehlt „Mr. Johnson" ihr von Dr. Rochelle mit Tollwut verseuchtes Blut und sie stirbt in einem Krankenhaus im Beisein des Doktors und des Polizeibeamten Harry Sherbourne (Morgan Jones), des Freundes von Nadine, der jetzt erst an den weißen Augen der Toten die Gefahr erkennt.

„Mr. Johnson" beseitigt nun Dr. Rochelle mittels einer bizarren, schirmartigen fliegenden Kreatur, die er durch den Sauerstoff der Erde aktiviert und will hiermit auch seinen Chauffeur Jeremy töten, da dieser inzwischen gemeinsam mit Nadine hinter das Geheimnis seiner Identität gekommen ist. Er versucht Nadine zu kidnappen, verfolgt die zu Fuß Fliehende in seinem Auto. Diese schafft es jedoch, die Polizei zu rufen. Sherbourne verfolgt „Mr. Johnson" mit seinem Polizei-Motorrad, schaltet dabei die Sirene ein - der geräuschüberempfindliche Außerirdische verliert daraufhin die Kontrolle über seinen Wagen und stirbt bei einem Unfall. Nach „Mr. Johnsons" Beerdigung stehen Sherbourne und Nadine an dessen Grab, das die Inschrift *„HERE LIES A MAN WHO WAS*

NOT OF THIS EARTH" trägt. Im Hintergrund zwischen den beiden sehen wir langsam einen anderen Mann im schwarzen Anzug auf uns zukommen - er trägt eine dunkle Sonnenbrille und einen Attaché-Koffer...

NOT OF THIS EARTH: Beverly Garland und Paul Birch

Nach dem "Lexikon des Science Fiction Films" von Ronald M. Hahn und Volker Jansen gehört *NOT OF THIS EARTH*, „gemessen an seinem kleinen Budget, zu den besten Science Fiction-Filmen der fünfziger Jahre"; für Gary Morris ist er "Cormans verstörendster und einfallsreichster seiner frühen Filme." Tatsächlich bezieht Corman seine Bildsprache eher aus dem Horrorfilm. *NOT OF THIS EARTH* ist der allerletzte Kino-Film des 1962 verstorbenen Kameramanns John J. Mescall, der bereits 1934 mit Edgar G. Ulmers *THE BLACK CAT* und 1935 mit James Whales *THE BRIDE OF FRAN-*

KENSTEIN zwei der visuell beeindruckendsten klassischen Horrorfilme der Universal fotografiert hatte. Auch hier sehen wir dessen stark vom deutschen Expressionismus beeinflussten Bilder, harte Schattenwürfe und extreme Unter- und Draufsichten, die Corman zudem noch mit der Ikonografie des Horrorfilms auflädt; etwa, wenn Jonathan Haze - wie Shakespeares Hamlet - einen Totenschädel hochhält, den er aus einem Ofen in „Mr. Johnsons" Keller herausholt, in dem dieser seine Opfer verbrannt hat. Weist Cormans Film an der Oberfläche mit dieser Ikonografie und seiner Thematik der Invasion Außerirdischer, die sich unbemerkt „mitten unter uns" befinden, auch Parallelen mit dem Paranoia- und *Reds-under-my-bed*-Science Fiction-Thriller *INVASION OF THE BODY SNATCHERS* Don Siegels aus dem Jahr zuvor auf, so erzählt er unterhalb dieser doch eine ganz andere Geschichte, die einer an ihrem „verdorbenen Blut" zugrundegehenden Zivilisation, die ihr ganzes Denken und Handeln der Notwendigkeit der Wiederbelebung unterordnet. Es ist dies die Erzählung sowie die Klammer der Poe-Filme Cormans, auf die sich *NOT OF THIS EARTH* bereits ausschließlich konzentriert, auf „das Allerdrängendste..., die Kraft, die die vielen Fragen, die diese Filme aufwerfen, zusammenführt" (Paul Willemen).

So, wie Verden Fell in *THE TOMB OF LIGEIA* Kunstwerke aus allen Epochen und Kulturkreisen in seiner Abtei zusammentragen wird, um mit ihnen hinter die „Geheimnisse des Todes" - und hiermit des ersehnten Lebens hiernach - zu kommen, so absorbiert bereits „Mr. Johnson" in *NOT OF THIS EARTH* mit seinen geistigen Fähigkeiten das gesamte Wissen der Menschheit in kürzester Zeit. Nadine hält ihn darum für zwar „brillant", doch für ihn ist dieses rein objektive Wissen nutzlos; selbst, wenn er irgendwann zu Nadine sagt: „Der Tod ist keine bemerkenswerte Sache", so bleibt er dennoch ein Gefangener seiner verzweifelten Versuche, sich selbst und seine Zivilisation zu retten. „Davanna" ist eine dem Tode geweihte Welt, die selbst nur den Tod bringen kann, sobald sie sich offenbart, denn ohne den Schutz von „Mr. Johnsons" Sonnenbrille, wären dessen Blicke auch für Nadine tödlich. Diese Brille, sie ist darum eine unüberwindbare Schranke, die das Leben vom Tod, die zwei Welten voneinander trennt, eine Schranke, die die übermenschliche Erkenntnis für „Mr. Johnson" sinnlos macht, indem sie diese für den Menschen Nadine unmöglich macht. Im Schlußbild deutet Corman einen neuen Zyklus an, einen neuen „Mr. Johnson", der auf das Grab seines Vorgängers zuläuft - doch auch dieser wird nur eines erfahren: dass der Tod nur den Tod und dass unsere prinzipielle Unwissenheit über diesen „die Absurdität der menschlichen Existenz im Angesicht dieses ‚natürlichsten' aller Phänomene" (Gary Morris) zum Vorschein bringt.

Morgan Jones und Beverly Garland: *NOT OF THIS EARTH*

In jener Gruppe von Filmen Cormans, die sich mit dem Zeitraum vor dem Millennium befassen, ist *NOT OF THIS EARTH* derjenige, der „all das zum Ausdruck" bringt, so Georg Seeßlen über Corman, „was dem amerikanischen - und in geringerem Maße auch unserem – Selbstbewusstsein widerspricht und daher gemeinhin zugunsten eines grenzenlosen, letztendlich gewaltsamen Optimismus verdrängt wird: der Tod, die Geschichte, die Macht des Vaters, der Stillstand."[*] Zugleich ist *NOT OF THIS EARTH* ein Schlüsselfilm im Werk Cormans, denn er wird bei der reinen Feststellung dieses Stillstands nicht bleiben, sondern nun das Verdrängte entweder mit seinen Poe-Filmen - wie auch mit *THE TRIP* - aus dem *inner space* seiner Figuren hervorzuholen, es mit Filmen wie *LAST WOMAN ON EARTH* und „X" - *THE MAN WITH THE X-RAY EYES* in ganzen Zyklen des Untergangs und der Wiederbelebung auszuformulieren, oder aber mit Filmen wie *MACHINE GUN KELLY* und *THE WILD ANGELS* gleich ganz daraus auszubrechen versuchen.

---

[*] *Seeßlen*, Georg/*Weil*, Claudius: KINO DES PHANTASTISCHEN, a. a. O., S. 82.

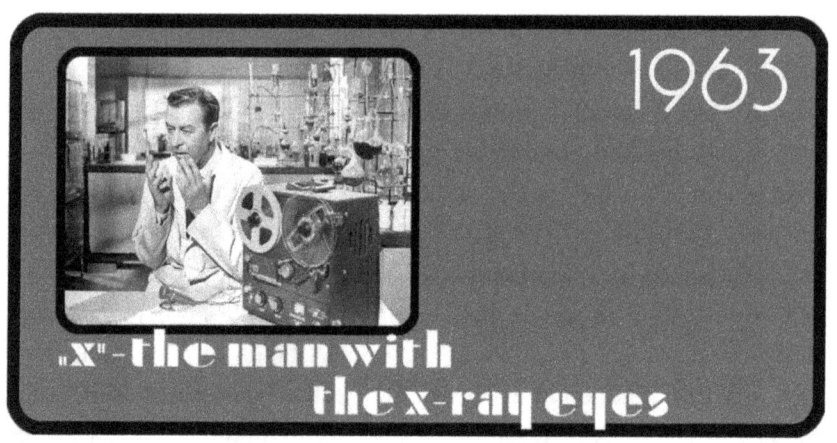

1963
„X" - the man with the x-ray eyes

Dr. James Xavier (Ray Milland) hält den Menschen für „praktisch blind", da dieser nur ein Zehntel des Wellenspektrums sieht. Er entwickelt daher Augentropfen, die das menschliche Sehvermögen über das sichtbare Spektrum hinaus in den Ultraviolett- und Röntgenwellen-Bereich - und darüber hinaus - erweitern sollen. Seine Experimente mit Tieren verlaufen allerdings nicht zu seiner Zufriedenheit, so dass sich Xavier die Tropfen selbst eingibt. Anders als seine Kollegin Dr. Diane Fairfax (Diana Van der Vlis), ist sein Kollege Dr. Sam Brant (Harold J. Stone) skeptisch: „Nur die Götter sehen alles", so Brant, worauf Xavier antwortet: „Mein lieber Arzt, ich komme den Göttern näher." Tatsächlich erweitert sich Xaviers Sehvermögen, er kann nun durch Materie hindurchsehen und als der Chefarzt Dr. Willard Benson (John Hoyt) eine Operation bei einem kleinen Mädchen durchführen will, stellt Xavier eine Fehldiagnose fest und schneidet Benson während der Operation in die Hand, um diese selbst durchzuführen.

Dr. Xavier verlässt jetzt die profane Welt und tritt in heilige Zeiten ein, symbolisiert durch eine Studentenparty, auf die ihn Dr. Fairfax eingeladen hat und auf der er in einer Art umgekehrten Maskerade seine Kollegin und die tanzenden Studenten nackt sieht. Es folgt ein symbolischer Opfer-Ritus: bei einem Streit mit Xavier stürzt Dr. Brant aus dem Fenster der Klinik. Xavier ist nun ein Ausgestoßener. Wir sehen eine Montage-Sequenz, die seinen nun stattfindenden Abstieg verdeutlicht. Dieser erfolgt in vier Stufen, in denen er sich nicht nur von den anderen Menschen, sondern auch zunehmend räumlich isoliert. Auf der ersten Stufe arbeitet er auf einem Rummelplatz als „Mentalo", als Gedankenleser, dabei ein helles, priesterliches Gewand und ein Stirnband tragend, auf dem ein „alles sehendes" Auge aufgemalt ist. Als Xavier auf dem Rummelplatz einem abgestürzten Mädchen hilft, macht ihn sein geldgieriger Budenbesitzer Crane (Don Rickles) nun zu einem „Heiler". In einem Kellerloch - die zweite Stufe seines Abstiegs - empfängt er todkranke Menschen gegen „freiwillige" Spenden. Bei fortwährender Verwendung der Tropfen steigt Xaviers visuelle Kapazität ständig und seine Fähigkeit, diese zu kontrollieren, nimmt zugleich ab. Er sieht nur noch Lichteffekte und Texturen, die sein Gehirn nicht vollständig erfassen kann. Selbst das Schließen seiner Augen bringt keine Erleichterung - er sieht mittlerweile durch seine Augenlider, trägt daher eine schwere, dunkle Sonnenbrille.

Dr. Fairfax findet Xavier in dem Kellerloch und die beiden beschließen, die Spielhöllen von Las Vegas aufzusuchen, um dort mit Xaviers Fähigkeiten Geld für eine eventuelle Gegenbehandlung zu erspielen - die dritte Stufe von Xaviers Abstieg. Nachdem Xavier in Las Vegas tatsächlich sehr viel Geld gewonnen hat, gerät er unter Verdacht und entblößt erstmals für uns sichtbar seine Augen: sie sind vollständig schwarz, mit weißen Pupillen - eine genaue Umkehrung des Normalen, Profanen. Xavier flieht in der letzten Stufe seines Abstiegs wie seiner Isolation mit einem Auto in die Wüste. Ein Hubschrauber taucht gottgleich über ihm schwebend auf, aus dessen Lautsprecher hören wir:

„Sie können nicht entkommen... Es gibt keine Hoffnung... Alle Straßen sind blockiert!" Xavier überschlägt sich mit dem Wagen und schwankt in ein Zelt in der Wüste, in dem gerade ein Gottesdienst stattfindet. Dort fragt ihn der Prediger, ob er gerettet werden möchte, und Xavier antwortet: „Gerettet? Nein. Ich bin gekommen, um euch zu sagen, was ich sehe. Es gibt große Dunkelheit... weiter als die Zeit selbst... und jenseits der Dunkelheit... ein Licht, das leuchtet und sich verändert... und im Zentrum des Universums... das Auge, das uns alle sieht!"

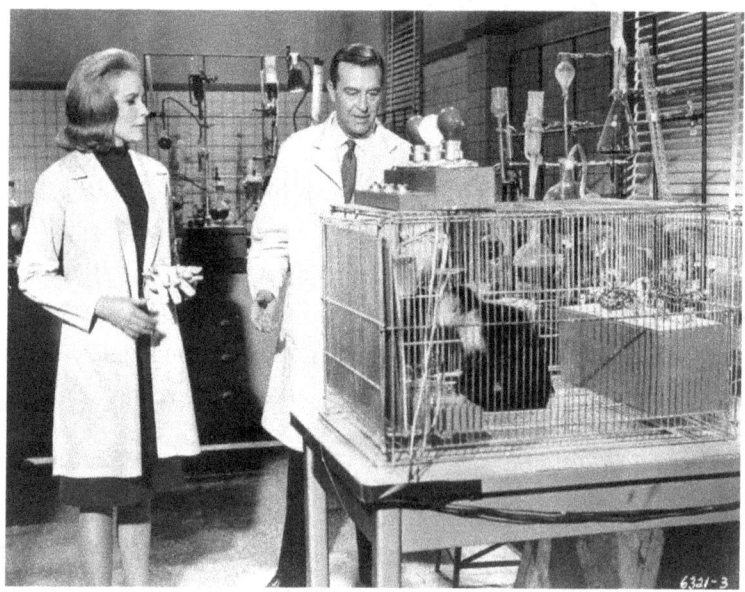

Diana Van der Vlis und Ray Milland: *"X" - THE MAN WITH THE X-RAY EYES*

Der Prediger antwortet: „Du siehst die Sünde und den Teufel. Aber der Herr hat uns gesagt, was wir dagegen tun sollen. Sagte Matthäus in Kapitel 5: ‚Wenn dich dein Auge beleidigt ... reiß es aus!'" Während die Gemeinde „Reiß es aus!" ruft, reißt sich Xavier beide Augen heraus. Seine Rückkehr ins Profane ist wieder ein Ritual - diesmal in einem Gottesdienst durchgeführt -, sein symbolischer Tod eine Selbstverstümmelung.

Mit „X" schließt Corman mit der Reihe seiner Science Fiction-Filme ab, wie er mit THE TOMB OF LIGEIA mit der Reihe seiner Horrorfilme abschließen wird. Während Letzterer die „treueste Adaption im Geiste" Edgar Allan Poes werden sollte, so Corman, ist „X" nun „der klarste Ausdruck von Cormans üblicher Umkehrung des liberalen humanistischen Klischees: ‚Wissen ist Macht'. Verstehen, Begreifen - symbolisiert durch die Fähigkeit zu ‚sehen' - löst nur individuelle Zerstörung aus; seit dem Zeitalter der ‚Entdeckung', der Aufklärung, erkennen unzufriedene Charaktere wie Dr. Xavier nur Krankheit und Elend und die rätselhafte, unvermeidliche Bewegung hin zum Grab."[*] In keinem anderen Film bis hierher hat Corman sein nihilistisches Welt- und Menschenbild so weit vorangetrieben wie in „X", diesem religiösen Gleichnis, das den „Aufstieg" Xaviers zu einer alles sehenden Figur für diesen ebenso quälend zeichnet, wie es diese Gottwerdung zugleich als einen „Abstieg" in der profanen Welt darstellt, die für deren Vertreter zwar weniger schmerzhaft ist, die jedoch von Unwissenheit und Gleichgültigkeit beherrscht wird. In der letzten Szene wird dies besonders deutlich: in dem Zelt inmitten der Wüste kontrastiert Corman Xaviers heilige Qualen mit einer christlichen Gemeinde, die für die profane Versklavung der ignoranten Menschheit durch einen gefühllosen Gott steht, indem sie die Aufforderung des Predigers zur Selbstverstümmelung empathielos und marionettenhaft wiederholt. Wir sind hier an einem Kern von Cormans Werk und den darin angelegten Spannungen, seiner ultimativen Erkenntnis

---

[*] *Morris*, Gary: ROGER CORMAN, a. a. O., S. 86.

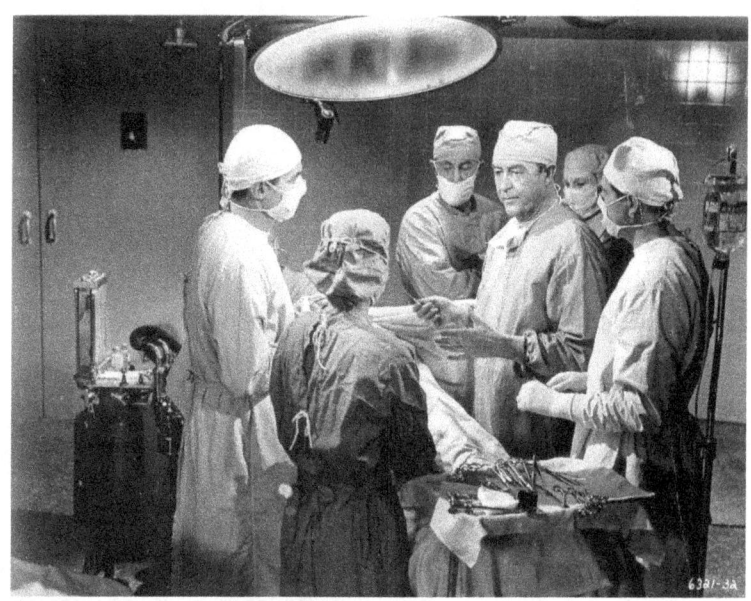

"X" - THE MAN WITH THE X-RAY EYES

über den Zustand des Menschen. Es lohnt sich daher, Paul Willemen etwas ausführlicher zu zitieren. Für ihn hat Xavier in Cormans Film

> „einen ganzen Zyklus der Zeit durchlaufen, vom Goldenen Zeitalter der Unschuld, durch eine stetig anwachsende Erkenntnis und wieder zurück zur Unschuld. Die tiefe Verzweiflung der letzten Szene, in der die zentralen Kräfte des Universums mit ‚Sünde und Teufel'... gleichgesetzt werden, weist auf Cormans Glauben an den Mythos der ewigen Wiederkunft hin, in dem der Tod eines Dings mit der Geburt eines anderen in Verbindung gebracht wird. So können wir uns der Zeit nicht entziehen, und ein Zustand der mehr oder weniger ‚gesegneten' Unwissenheit ist folglich der angenehmste Zustand, den die Menschheit annehmen kann. Es ist Cormans Unwillen, die Endgültigkeit des Todes anzuerkennen, verbunden mit dem Bewusstsein des andau-

ernden Verfalls, der ihn dazu veranlasst, diese besondere Weltsicht einzunehmen. In diesem Licht kann das Millennium nur dann eine zufriedenstellende Lösung bieten, wenn es zu einer vollständigen und endgültigen Zerstörung führt. Eine Schlussfolgerung, die Corman nur ungern zu ziehen scheint, der daher für das Leben immer die Möglichkeit offen lässt, noch einmal von vorn zu beginnen. Auf der anderen Seite erweist es sich für ihn als unattraktiv, ein Leben in Unwissenheit einfach so hinzunehmen, das nur aus sinnlosen und trivialen Beschäftigungen besteht. Die daraus resultierende Spannung zwischen diesen Haltungen, macht die treibende Kraft der Filme in der Gruppe D aus."[*]

Die Filme der Gruppe D, der innerhalb seines Werks auch zeitlich zuletzt angesiedelten „Corman-Gruppe", sind in ihrem Bemühen, in einer profanen Welt dem ewigen Kreislauf zu entkommen, daher Filme einer rein instinktiven Reaktion auf die Situation des Menschen in der modernen Gesellschaft. Sie werden hierin wieder Cormans Teenager-Filme der 50er Jahre aufgreifen, aber nun auch psychologischer und dabei introspektiver werden, sich mehr auf jenen *inner space* der Gegenkulturen in ihrer Rebellion fokussieren: „*Turn on, Tune in, Drop out!*" - gewissermaßen wird Corman nun das filmisch umsetzen, wozu Timothy Leary, der „Guru" der Hippie-Bewegung, die Jugend Amerikas aufgerufen hatte.

Da Corman nie ein Genre-Regisseur gewesen ist, ist das Besondere seiner Science Fiction- und Horrorfilme auch nicht darin zu finden, welche Bedeutung diese für die Geschichte und Entwicklung dieser Genres eventuell gehabt haben könnten, sondern vielmehr in ihrem

---

[*] *Willemen*, Paul: THE MILLENNIC VISION, a. a. O., S. 18.

zeitgeschichtlichen Bezug, der zum einen formal das Psychedelische der Hippie-Kultur vorwegnahm, zum anderen einer ganzen Generation jugendlicher Kinogänger ihr eigenes Lebensgefühl widerspiegelte. Auch „X" ist solch ein psychedelischer Film, hierin eher Cormans Poe-Verfilmungen als seinen anderen Science Fiction-Filmen verwandt. Er beginnt mit dem Bild einer sich drehenden Spirale, mit Op Art, noch

"X" - THE MAN WITH THE X-RAY EYES: Ray Milland

bevor Jon Borgzinner im Oktober 1964 im Time-Magazine dieser Kunstrichtung überhaupt ihren Namen gegeben und diese als „Bilder, die das Auge angreifen"* bezeichnet hat. Auch in „X" sind Daniel Haller und Floyd Crosby daher Cormans wichtigste Mitarbeiter, die Xaviers gesellschaftlichen Abstieg sowie dessen sich parallel hierzu stetig erweiternde Sehfähigkeiten in ein vollkommen künstliches Wahrnehmungs-Universum übersetzen. Corman verwendet zudem verzerrende Linsen, Farbfilter, Prismen und Film-Negative und erreicht so stellenweise einen Grad der bildlichen Abstraktion und Verfremdung, der bereits an *THE TRIP* und *GAS-S-S-S!* erinnert.

Das „Sehen" als eine religiös aufgeladene Metapher für die Erkenntnis der Welt in der Moderne, dieses ist für Corman in „X" - wie auch in seinen Poe-Verfilmungen - noch der Ausdruck der quälenden Wahrnehmung des hoffnungslosen Zustandes der amerikanischen Gesellschaft; es wird hiernach zu einer Metapher für einen vollständigen Ausstieg („*Drop out!*") aus dieser werden, zu einem Rückzug aus ihrer hierarchischen und patriarchalen Ordnung, aus ihren religiösen und moralischen Vorstellungen und nicht zuletzt aus den sich aus einem Gefühl ihrer moralischen und zivilisatorischen Überlegenheit ergebenden Feindbildern (Vietnam-Krieg).

---

* *Borgzinner*, Jon: OP ART. PICTURES THAT ATTACK THE EYE, in: Time-Magazine, Nr. 17, 23. Oktober 1964.

7. Kapitel:
Familienbande oder Von der Gewalt nach Innen und nach Außen

Auch wenn Roger Cormans Filme zumeist sehr direkt, oft pseudo-dokumentarisch wirken, so hatte er allgemein an dem, was „Realismus im Kino" genannt wird, ebensowenig Interesse, wie an der Erzeugung einer quasi-naturalistischen, perfekten Illusion. Sein Inszenierungsstil folgte fast immer der Frage, im Kopf welchen Charakters sich der Zuschauer gerade befindet, mit welchen Augen er die Welt sehen sollte. Und konnten Cormans Filme dabei sowohl einen beinahe schon semi-dokumentarischen Charakter annehmen (*THE INTRUDER, THE WILD ANGELS*), oder aber einen extrem künstlichen (*THE UNDEAD, HOUSE OF USHER*), so erzählten diese doch immer vom Untergang einer Welt, von deren Neubeginn, oder vom Ausbruch aus diesem ewigen Kreislauf. War er einmal gezwungen mit festgefügten Genre-Klischees zu arbeiten, so wie mit seinen bis dato jeweils teuersten Filmen *I, MOBSTER* von 1959 und *THE ST. VALENTINE'S DAY MASSACRE* von 1967, dann trieb er diese Klischees so weit, bis er in ihnen seinen Grundmythos und Themen wiederfand, mit denen er sein Publikum erreichte. Ende der 50er und in den frühen 60er Jahren war der klassische Gangster-Film für dieses vorwiegend jugendliche Publikum kaum noch von Interesse, doch, so Georg Seeßlen, „in den Filmen von Arthur Penn, Roger Corman und Robert Aldrich fand der amerikanische Gangster-Film wieder einen Bezugspunkt: die Liebe, die Gewalt und die Familie."[*] Cormans Anteil an dieser Wiederbelebung des Genres ist sicher darauf zurückzuführen, dass er Filmemachen nicht als

---

[*] *Seeßlen*, Georg: DER ASPHALT-DSCHUNGEL. GESCHICHTE UND MYTHOLOGIE DES GANGSTER-FILMS, Reinbek, 1980, S. 196.

„Kunst", sondern als Dienstleistung am Zuschauer begriff. Seine Filme waren - und sind - Pop-Kultur, vollständig darauf ausgerichtet, einer Generation ihre Zeit widerzuspiegeln.

Die gewaltsame, oft instinktgetriebene Rebellion des Gangsters gegen die gesellschaftliche Ordnung hat im amerikanischen Gangster-Genre eine sehr feststehende Ikonografie hervorgebracht. Anders als die Rebellion der Teenager-*gangs* (*TEENAGE DOLL*) oder die der Biker (*THE WILD ANGELS*), ist die Rebellion der Gangster in Cormans Filmen entsprechend immer eine individuelle, auf den persönlichen Vorteil bedachte. Denn die Ikonografie des Gangster-Films Hollywoods handelt immer, nach Georg Seeßlen, von einem modernen Volkshelden, beziehungsweise von der Frage, „ob es im Zeitalter der Massenkultur überhaupt noch *echte* Volkshelden geben kann." Dabei geht es um eine „Kultur der Gewalttätigkeit und der schnellen Befriedigung von Bedürfnissen", in der das „Lustprinzip bedingungslos anerkannt wird." Zumal diesen Volkshelden ein Leben nach dem Realitätsprinzip sinnlos erscheint, da „die Herrschaftsverhältnisse einen ge-

planten geregelten Aufstieg, etwa durch Sparsamkeit, Fleiß und Selbstdisziplin unmöglich machen."*

Der von den Corman-Brüdern für $500.000 produzierte *I, MOBSTER* ist Cormans erster kurzer Ausflug zur 20th Century Fox, dahin, wo für ihn das „Establishment" war. Steve Fishers Drehbuch, nach einer Erzählung von Joseph Hilton Smyth entstanden, orientierte sich dabei an den „Kevauver Hearings" von 1950/51, den ersten Senats-Anhörungen überhaupt, die im US-Fernsehen übertragen wurden und die entsprechend populär waren. In diesen ging es darum, Informationen über das organisierte Verbrechen einzuholen und Vorschläge zu dessen Bekämpfung zu unterbreiten. Erzählt wird die Geschichte des Mobsters Joe Sante (Steve Cochran), der vor den Senats-Ausschuss geladen wird (er wird schweigen und sich auf den fünften Verfassungszusatz berufen), klassisch in Rückblenden: eine von Armut geprägte Kindheit in *Little Italy*, die Suche Joes nach einer Frau (Lita Milan), die an die Stelle der geliebten Mutter treten soll. Corman ließ dabei keines der Klischees des Genres aus, spitzte diese aber derart zu, indem er aus *I, MOBSTER* „eine vor Gewalt berstende Studie" (Georg Seeßlen) machte, dass er dem Gangster-Film hiermit tatsächlich seine zukünftige Ikonografie vorzeichnete. Francis Ford Coppola, Martin Scorsese und Robert De Niro zählen nicht nur wegen ihrer Anfänge bei Corman zur „Corman-Schule", die Ikonografien wie die Figuren ihrer Gangster-Filme der 70er bis 90er Jahre, wie in *THE GODFATHER: PART II* von 1974 oder *GOODFELLAS* von 1990, haben ihre Wurzeln auch in Cormans Filmen selbst.

---

* *Seeßlen*, Georg: DER ASPHALT-DSCHUNGEL, a. a. O., S. 23-25.

Robert Strauss, Steve Cochran und Lita Milan in *I, MOBSTER* (1959)

Mit *THE ST. VALENTINE'S DAY MASSACRE*, diesmal bereits für $1,1 Millionen für die Fox entstanden, trieb Corman diese Ikonografie der Gewalt noch weiter. Eine Szene, in der Al Capone (Jason Robards) zwei seiner abtrünnigen Gang-Mitgliedern vor der versammelten „Familie" mit einem Baseball-Schläger die Köpfe einschlägt, hätte genau so bereits aus Scorseses *GOODFELLAS* stammen können. Capones Gegenspieler Bugs Moran (Ralph Meeker) ist nicht weniger zimperlich. Die historisch verbürgte Geschichte des Massakers von Capones an Morans Leuten in einer Chicagoer Garage am 14. Februar 1929, einem St. Valentinstag, erzählt Corman, sich dabei an Polizeiakten orientierend, protokollarisch, fast schon pseudo-dokumentarisch. Nicht nur das die Ereignisse die ganze Zeit über erklärende *voiceover* hält dabei den Zuschauer auf Distanz zum Geschehen. Corman gibt sich nicht eine Sekunde die Mühe, zu verbergen, dass dies ein Studio-Film ist, im Gegenteil sogar, er übertreibt die Künstlichkeit der Studio-Atmosphäre - bei

Innen- wie Außenaufnahmen der *studio lots* und *sound stages*, im Dekor und der Ausstattung wie auch mit den Kostümen - derart, dass sich die Distanz des Zuschauers noch ins Extreme steigert. Folglich gibt es auch keine Identifikationsfiguren. Corman vermittelte hiermit vor allem eines: hier geht es um einen amerikanischen Mythos, um reine Ikonografie, um den Gangster als *den* Volkshelden der amerikanischen Massen- und Pop-Kultur *per se*, der, wie diese Kultur selbst, nur eine Sprache kennt: die der Gewalt. Immer dann, wenn Al Capone diese Gewalt

THE ST. VALENTINE'S DAY MASSACRE (1967)

selbst anwendet, geht die Distanz verloren, wird die extreme Künstlichkeit des Films auf einmal ganz real, und Cormans junges Publikum wurde gezwungen, in dessen Kopf Platz zu nehmen und aus einem Volkshelden und einer Pop-Ikone wurde für dieses plötzlich ein ganz gewöhnlicher, von seinen Instinkten getriebener Mörder. *I, MOBSTER* und *THE ST. VALENTINE'S DAY MASSACRE* waren daher nicht nur Cormans beiden Gangster-Filme, die für ein großes Studio entstanden sind, es waren zugleich seine Kommentare auf das Hollywood-Studiosystem und auf die Überholtheit seiner Pop-Mythen und Figuren, die er hermit nun radikal entromantisierte und damit bereits für seine Generation - und im Grunde noch bis heute - neu definierte.

1958

machine gun kelly

Während Cormans *I, MOBSTER* und *THE ST. VALENTINE'S DAY MASSACRE* als Filme noch *innerhalb* des Systems angesiedelt waren, vor allem innerhalb des Hollywood-Studiosystems, dessen Mythen er mit diesen quasi von Innen aufzubrechen versuchte, befanden sich seine beiden für die AIP gedrehten Gangster-Filme *MACHINE GUN KELLY* und *BLOODY MAMA* bereits vollständig *außerhalb* des Systems, was sich nicht nur in einer deutlich freieren und direkteren Inszenierung, sondern vor allem in ihren Figuren widerspiegelte. George „Machine Gun" Kelly Barnes und Kate „Ma" Barker waren keine Figuren des organisierten, großstädtischen Verbrechens, sondern zwei *outlaws*, deren Raubzüge im mittleren Westen der USA während der *great depression* Corman zum Vorbild nahm, um den Wurzeln der Gewalt in den psychologischen und familiären Konstellationen Amerikas, bis hin zu den Geschlechterbeziehungen, nachzuspüren. *MACHINE GUN KELLY*, in dem Charles Bronson für $5.000 mit dem titelgebenden „*Public Enemy Number One*" seine erste Hauptrolle spielte, wurde dabei für Bronson wie auch für Corman zu einem entscheidenden Durchbruch:

„Der Film erhielt äußerst positive Kritiken in Europa, wurde dort auf mehreren Festivals gezeigt und in Frankreich ein Kassenerfolg. Plötzlich wurde meine Arbeit von Kritikern und Filmwissenschaftlern in Zeitschriften wie *Cahiers du cinéma* und *Positif* besprochen und gelobt. Ich wurde als bedeutender Filmemacher behandelt und *KELLY* wurde als ein ernsthafter amerikanischer Film betrachtet. Für die französischen Kritiker drückte der Film bestimmte *Themen* aus, ich traf eine *Aussage*, gab bestimmten Momenten eine *Bedeutung*, und durch die Kamera-Arbeit kam ein *visueller Stil* des Films zum Ausdruck."[*]

Cormans in zehn Tagen für $60.000 gedrehter Film wurde nicht allein in Frankreich aufmerksam registriert, auch Geoffrey Warren von der Los Angeles Times nannte im Juli 1958 die Titelfigur George „Machine Gun" Kelly ein „vollständig ausgearbeitetes, dreidimensionales menschliches Wesen." In Deutschland allerdings kam der Film im darauffolgenden Jahr derart gekürzt und inhaltlich verfälscht in die Kinos, dass das, was im Kern „eine bahnbrechende Darstellung eines Gangsters als komplexe Anhäufung von Neurosen sowie eine Untersuchung der Kriminalität als Antwort auf sexuelle und existenzielle Angstzustände" (Gary Morris) ist, noch bis heute nicht entsprechend gewürdigt wurde.

Mit einem Instrumenten-Koffer in der Hand, in dem sich seine Tommy-Gun befindet, wartet George „Machine Gun" Kelly (Charles Bronson) auf das Auto seiner beiden Banden-Mitglieder Maize (Wally Campo) und Howard (Jack Lambert), um mit ihnen die örtliche Bank auszurauben. Das Schaufenster eines Beer-

---

[*] *Corman*, Roger/*Jerome*, Jim: HOW I MADE A HUNDRED MOVIES IN HOLLYWOOD AND NEVER LOST A DIME, a. a. O., S. 55.

digungsinstitutes scheint ihm dabei allerdings panische Angst zu bereiten. Nach dem dann doch erfolgreichen Bankraub flieht die Bande von der Polizei verfolgt, Kelly übergibt dabei das geraubte Geld unterwegs an Michael „Fanny" Fandango (Morey Amsterdam). Kelly verlässt nun seinen Fluchtwagen und trifft auf seine in ihrem Auto wartende Freundin Florence „Flo" Becker (Susan Cabot). An einer Straßensperre der Polizei versucht Flo diese mit ihren sexuellen Reizen zu umgarnen, dem großspurig auftretenden Kelly gefällt dies aber ganz und garnicht. Die beiden halten an einer Tankstelle und treffen dort einen weiteren Komplizen, Harry (Frank DeKova), einen Alkoholiker, der in einem Käfig einen gefangenen Berglöwen hält. Kelly treibt ein kindlich anmutendes Machtspiel mit Harry und dem eingesperrten Tier.

MACHINE GUN KELLY: Charles Bronson

Im Versteck der Bande entfalten sich nun die Figuren: Kelly ist gleichermaßen getrieben von sexueller Paranoia wie von einer obsessiven Angst vor allem, was mit dem Tod verbunden ist; Flo, die im Laufe des Films tatsächlich mit *jedem* Mann flirtet, benutzt offensichtlich ihren Sex, um Kelly zu beherrschen und zugleich seine Paranoia zu verstärken; die Bande besteht aus Männern, die auf ihre Art allesamt symbolisch kastriert erscheinen, darunter Harry, der nur einen gesunden Arm hat, Fanny, einer der beiden schwulen Charaktere des Films, sowie dem „Ästheten" Howard, der eine Todesfigur aus Jade liebt (die Kelly wiederum zum Wahnsinn treibt). Während die Polizei um Detective Clinton (Michael Fox) die Ermittlungen aufnimmt, kommt es zu Unstimmigkeiten in der Bande und Kelly presst auf Harrys Tankstelle Fanny an den Käfig des Berglöwen, so dass dieser später einen Arm verlieren wird.

Ein weiterer Coup misslingt, da Kelly beim Anblick eines Sarges in Panik gerät und versagt. Maize kommt dabei ums Leben, Howard entkommt verwundet, Kelly und Flo verstecken sich in dem Bordell von Flos Mutter (Connie Gilchrist), die aber für Kelly, der mit den Prostituierten wie ein kleines Kind spielt, nur Verachtung übrig hat. Flo erfährt nun, dass Howard eine eigene Bande gegründet hat und Kelly umlegen will. Doch Flo arrangiert es, dass Kelly ihm mit seiner Tommy-Gun zuvorkommen kann. Gemeinsam planen sie nun mit Flos Mutter die Entführung der Tocher eines Industrie-Magnaten. Mit dem neuen Banden-Mitglied Apple (Richard Devon) gelingt die Entführung der kleinen Sheryl Vito (Lori Martin) tatsächlich, dabei sind sie allerdings gezwungen, deren Kindermädchen Lynn Grayson (Barboura Morris) mitzunehmen. Sie verstecken sich in einem Landhaus, Sheryl Vitos Vater (Robert Griffin) ist gewillt, das geforderte Lösegeld zu zahlen. Doch die Polizei schöpft durch eine Unachtsamkeit Flos bei einem Telefonat in einer Tankstelle Verdacht. Die Bande wird dann endgültig von Fanny verraten, den Kelly zuvor wieder angeheuert hat, der hiemit für den Verlust seines Armes Rache nehmen will. Kelly misstraut Fanny zurecht: er teilt Flo mit, dass er beabsichtigt, die beiden Geiseln zu töten und das Land mit dem Geld zu verlassen. Als die Polizei an dem Versteck auftaucht und dieses mit Scharfschützen umstellt, gibt Kelly in Todesangst sofort auf, während Flo weiterkämpfen will. Kelly schlägt Flo nieder. Er und die Bande werden festgenommen.

MACHINE GUN KELLY: Lori Martin, Barboura Morris, Charles Bronson, Susan Cabot und Richard Devon

Das, was bereits auf Cormans Teenager-, Monster- und Science Fiction-Filme der 50er Jahre zutraf, dies wird nun bei *MACHINE GUN KELLY* besonders offensichtlich: der Film wurde von der AIP zusammen mit William Witneys *THE BONNIE PARKER STORY* als *double feature* in den Verleih gebracht, doch dieser wirkt, obwohl thematisch ähnlich gelagert, gegenüber der Dynamik und Klarheit der Inszenierung, der Mobilität der Kamera, der vielschichtigen Motive und Subtexte und der lebendig und präzise gespielten Figuren von Cormans Film geradezu noch wie *Old Hollywood*. *MACHINE GUN KELLY* hingegen ist tatsächlich bereits *New Hollywood*, vor allem in seinem Umgang mit der Ikonografie und dem Mythos des Gangster-Genres, die Corman nur aufgreift und vorführt, um sie vollständig zu entromantisieren und zu dekonstruieren. Aus dem großen Mythos des amerikanischen Gangsters als Volkshelden, des *outsiders* als *outlaw*, der individuell, gewaltsam und rücksichtslos dem eigenen Lustprinzip folgt, macht Corman eine psychologisch scharfe, gleichermaßen zuspitzende wie entlarvende Studie des Waffen- und Männlichkeitskultes popkultureller Mythen, wie der Kultur der Gewalttätigkeit Amerikas überhaupt.

Die Geschichte von George „Machine Gun" Kelly ist die Geschichte eines Mannes, der aus dem ewigen Zyklus des Lebens (wie des Todes) auszubrechen versucht, indem er ein Kind bleibt. Corman und Drehbuchautor R. Wright Campbell verorten genau hierin die Wurzeln der Gewaltförmigkeit der amerikanischen Gesellschaft, einer inneren wie äußeren Gewalt, die aus nichts anderem entspringt, als aus männlicher Kastrationsangst. Corman orientiert sich hierbei sehr genau an Sigmund Freud, dessen Psychoanalyse in der Symbolik wie in der Psychologie seiner Figuren ohnehin stets gegenwärtig ist. Nicht nur, dass Charles Bronsons Kelly ausschließlich von Frauen und in ihrer Männlichkeit als defizitär dargestellten Männer-Figuren umgeben ist, während des gesamten Films weigert er sich den symbolischen Tod als Kind zu sterben und Handlungen auszuführen, die seine Männlichkeit beweisen könnten und damit einen Initiationsritus zu durchlaufen, der ihm allein seine pathologischen Ängste vor dem Sex und dem Tod nehmen könnte. In

„*MACHINE GUN KELLY* hat Kelly vor ‚nichts' Angst, außer dem Tod, den Corman durch das Beerdigungsinstitut, den Sarg und den eingesperrten Berglöwen symbolisiert, so dass Kelly letztendlich nur seine Inhaftierung wählen kann, einen lebendigen Tod, um diesen Widerspruch aufzulösen... Mircea Eliade beschreibt den Zweck des Initiationsritus wie folgt: ‚Er wird nicht mehr das Kind sein, das er war. Er wird eine Reihe von Initiationshandlungen hinter sich lassen müssen, die ihn dazu zwingen, sich der Angst, dem Leiden und der Folter zu stellen, vor allem aber dazu, ein neues Leben anzunehmen, das dem Erwachsenen eigen ist, eines, was den Menschen zum Menschen macht, indem sich ihm fast gleichzeitig das Heilige des Todes und der Sexualität offenbart'."*

Charles Bronson, Susan Cabot und Richard Devon in *MACHINE GUN KELLY*

---

* *Willemen*, Paul: THE MILLENNIC VISION, a. a. O., S. 18f.

Was am Verhalten Kellys im Kontext eines Gangster-Films zunächst noch irritierend und befremdlich erscheint, erweist sich im Laufe des Films immer mehr als reine Sexualpathologie: Kellys verdrängte Kastrationsangst kehrt zu ihm ständig als ein ganzes Bündel von Neurosen zurück, seine Tommy-Gun, die im Gangster-Film ikonografisch gewordene „Widow Maker" der Depressionszeit - die er ständig bei sich führt, mit der er weit souveräner umzugehen versteht, als mit Flo, ja, mit der er sogar schläft -, dient ihm dabei als Kompensation und als Männlichkeits-Ersatz. Corman verwendet hierbei diese phallische Symbolik als Insignie der „Männlichkeit" ebenso eindeutig und konsequent, wie in umgekehrter Weise in seinen Frauen-Filmen *GUNSLINGER* oder *SWAMP WOMEN*.

Und es sind auch die Frauen in *MACHINE GUN KELLY*, die die Sexualneurosen und Ängste Kellys vollständig durchschauen. Obwohl Flo und Kelly eigentlich ein Liebespaar sind, haben die beiden eher eine Mutter-Sohn-Beziehung. Flo, von Susan Cabot enorm präsent gespielt, behandelt ihn wie ein kleines Kind, spielt ständig mit ihm, macht ihn lächerlich, verstößt und verführt ihn dann wieder nach Belieben, nennt ihn auch entsprechend „mein Baby-Boss". Auch Flos Mutter kann Kelly mit seiner Tommy-Gun nicht täuschen, die ihn nur „es", „das da" und ein „großes Baby" nennt. Sogar Kelly selbst scheint sich dem zeitweise bewusst zu sein: nachdem er sich dazu entschlossen hat, die Geißeln zu töten, merkt er an, dass dann dem Kind zumindest das Erwachsenwerden erspart bliebe. Solch eine ebenso radikale wie nüchterne Dekonstruktion männlicher Gewalt jedenfalls, hatte bis dahin im US-Kino, das diese Gewalt in der Regel verklärt und propagiert, noch niemand gewagt. Am Ende des Films sehen wir die Tommy-Gun - den Fetisch, die Ikone, den todbringenden Phallus-Ersatz - auf dem Tisch liegen und die Polizei führt „Machine Gun Kelly" ab, nennt ihn dabei abschätzig „Pop Gun Kelly".

"Father?/Yes, son?/I wanna kill you
Mother.../I want to.../Fuck you, mama..."

The Doors: The End, 1967

„Im Frühjahr 1969 sagte ich einen weiteren AIP-Film zu. Aber ich hatte keine Idee. Ich war schlicht am Beginn eines *burnouts*. Sie schickten mir ein halbes Dutzend Drehbücher in der Entwicklungs-Phase. Die meisten waren wirklich schlecht und hätten es nicht verdient gehabt, verfilmt zu werden."[*] Corman wählte schließlich ein Drehbuch Robert Thoms aus und ließ dieses von Donald A. Peters überarbeiten. Vor allem aber reizte ihn die Zusammenarbeit mit der *method actress* und zweifachen Oscar-Preisträgerin (für THE DIARY OF ANNE FRANK von 1959 und *A PATCH OF BLUE* von 1965) Shelley Winters, die er und James H. Nicholson von Anfang an für die Rolle der Kate „Ma" Barker im Kopf hatten. Corman besetzte *BLOODY MAMA* dann gemeinsam mit Winters, die ihm unter Anderem Brian De

---

[*] *Corman*, Roger/*Jerome*, Jim: HOW I MADE A HUNDRED MOVIES IN HOLLYWOOD AND NEVER LOST A DIME, a. a. O., S. 158.

Palmas für $39.000 entstandenen *underground*-Film *GREETINGS* von 1968 mit einem jungen und noch gänzlich unbekannten Robert De Niro zeigte. Trotz seines *burnouts* hatte er sein Gespür für Talente noch nicht verloren, er engagierte neben Robert De Niro auch John A. Alonzo als Kameramann, der zuvor nur Dokumentarfilme gedreht hatte und der bald hiernach, unter Anderem mit *VANISHING POINT* (1971), *HAROLD AND MAUDE* (1971) und *CHINATOWN* (1973), zu einem der besten Kameramänner *New Hollywoods* werden sollte. Gedreht wurde in vier Wochen (für etwas unter $1 Million) von *location* zu *location* in Arkansas, auf dem Ozark-Plateau sowie in der Umgebung von Little Rock. Das, was nach Georg Seeßlen dann „eine ironische Paraphrase auf den Mutter- und Familienkult", der „die Alternative zwischen der Familie auf der einen und dem Bösen auf der anderen Seite... endgültig als Illusion entlarvt"[*], wurde, behagte James H. Nicholson dann doch nicht so ganz. Corman befreite den amerikanischen Gangster-Mythos nun derart radikal von seinen Idealisierungen und moralischen Auswegen, dass *BLOODY MAMA* zu einem der nihilistischsten Filme *New Hollywoods* wurde, den die AIP dann auch gleich um drei Minuten kürzte - hierin vielleicht nur noch mit Sydney Pollacks *THEY SHOOT HORSES, DON'T THEY?* von 1969 vergleichbar.

P rolog: die kleine Kate Barker (Lisa Jill) wird vergewaltigt. Auch ihr Vater und ihr älterer Bruder sind mit dabei. „Blut ist dicker als Wasser", so Kates Vater zu seiner Tochter. Diese wünscht sich jetzt selber „ein paar Jungs", die für sie „töten werden..., eine richtige Familie."

---

[*] *Seeßlen*, Georg: DER ASPHALT-DSCHUNGEL, a. a. O., S. 204-208.

Kate "Ma" Barker (Shelley Winters) ist jetzt 35 und lebt mit ihren vier Söhnen in Arkansas: Herman (Don Stroud), Arthur (Clint Kimbrough), Fred (Robert Walden) und Lloyd (Robert De Niro). „Du bist ein guter Mann. Du hast gute Söhne gemacht. Du hast die ganze Ausrüstung. Aber du weißt, du konntest nie einen anständigen Lebensunter-

Roger Corman, Robert De Niro und Shelley Winters am Set von *BLOODY MAMA*

halt verdienen. Du hast mich nie richtig bestiegen. Ich glaube, Du warst nicht mit dem Herzen bei der Sache" - dies sind "Ma" Barkers Abschiedsworte an ihren Mann George (Alex Nicol), als sie mit ihren Söhnen - und Liebhabern - von zu Hause weggeht, um ein Leben als Kriminelle zu beginnen. George könne sie dann „in einem Palast" besuchen.

Herman und Fred werden bald darauf verhaftet, der bisexuelle Fred begegnet in seiner Zelle Kevin (Bruce Dern) und wird von diesem sadistisch misshandelt. „Ma" übernimmt die Führung und überfällt mit Arthur und Lloyd eine Bank, um genug Geld zu verdienen, damit sie ihre Söhne aus dem Gefängnis holen kann. Kevin und dessen Freundin, die Prostituierte Mona Gibson (Diane Varsi), schließen sich nun der Familie an. „Ma" singt mit ihren Söhnen (unter Anderem „*I Didn't Raise My Boy to Be a Soldier*"), schläft abwechselnd mit allen, inklusive Kevin, den sie mit Fred teilt, der wiederum masochistische Züge entwickelt; Lloyd schnüffelt zunächst Klebstoff, beginnt sich schon bald Heroin zu spritzen. In einer Hütte an einem See in Kentucky, in der sich die Familie versteckt, schleppt der Impotente Lloyd das Mädchen Rembrandt (Pamela Dunlap) an. „Ma" befiehlt ihren Jungs, Rembrandt in einer Badewanne zu ertränken.

Immer wieder erinnern sich die Jungs während ihrer Raubzüge an die blauen Augen ihres Vaters. In Tennessee entführt „Ma" Barker mit ihrer Bande dann den wohlhabenden Geschäftsmann Sam Pendlebury (Pat Hingle). Ihre Söhne entwickeln eine Vater-Sohn-Beziehung zu dem Gefangenen, mit dem „Ma" wiederum schläft. Als sie seine blauen Augen sehen, lassen sie ihn nach der Lösegeld-Übergabe laufen, anstatt der Anweisung „Mas", ihn zu töten, zu folgen. Herman ist nun mit Mona zusammen, die von ihm ein Kind erwartet. Gegenüber „Ma" macht er klar, dass er nun die Bande anführen würde.

Sie verstecken sich in Florida in den Everglades. Lloyd stirbt dort an einer Überdosis Heroin und Mona verlässt Herman mit dem ungeborenen Kind. Herman und Kevin verraten bald das Versteck, als sie mit dem Ferkel des Hausverwalters Moses (Scatman Crothers) einen Alligator ködern und mit der Tommy-Gun erschießen. Das FBI taucht mit mehreren Wagen auf und umstellt das Haus. Bei einem blutigen, von Schaulustigen beobachteten Schusswechsel, werden Kevin von „Ma", die Jungs und zuletzt auch „Ma" Barker selbst vom FBI getötet. Herman schießt sich mit der Tommy-Gun selbst den Kopf weg.

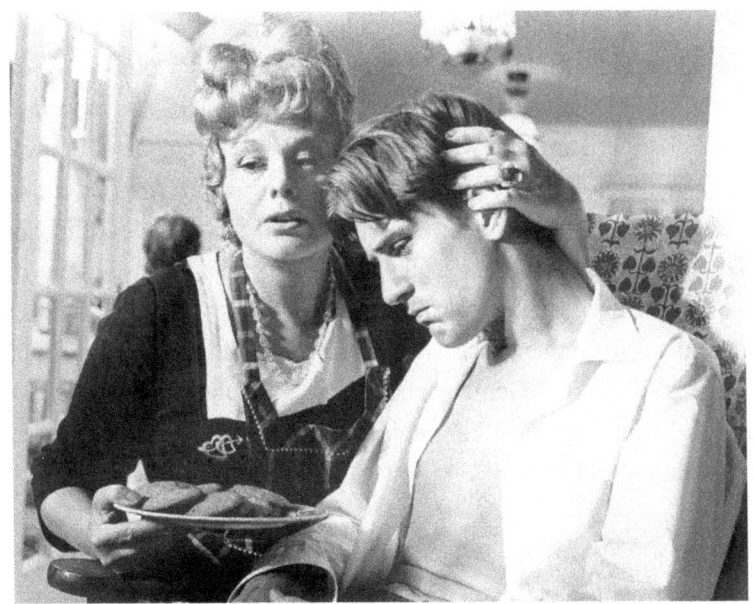

BLOODY MAMA: Shelley Winters und Robert De Niro

„Ich habe dich gemacht", so Susan Cabot als Flo, die alles beherrschende Über-Mutter-Figur in *MACHINE GUN KELLY*, zu der impotenten Titel-Figur Charles Bronsons. Hier führt das, was eigentlich eine Liebesbeziehung sein sollte, im Kern jedoch eine Mutter-Sohn-Beziehung ist, zu den Angst- und Sexualneurosen Kellys; in *BLOODY MAMA* sind nun das, was eigentlich Mutter-Sohn-Beziehungen sein sollten, in Wirklichkeit Liebesbeziehungen - mit weit schwerwiegenderen psycho-pathologischen Folgen. Es ist dabei nicht ganz unbedeutend, dass Cormans Film *nach* dem wohl berühmtesten Gangster-Film *New Hollywoods*, Arthur Penns *BONNIE AND CLYDE* von 1967, erschienen ist: „Meine Entscheidung war, nicht zu romantisieren oder zu glorifizieren, sondern näher an dem zu bleiben, was ich für die Realität hielt"[*], so Corman, der die Glorifizierung seiner Figuren nun ebenso bewusst vermeidet, wie den moralischen Unterton Penns; in *BLOODY MAMA* geht es Corman vielmehr sowohl um die „Liebe, mit der wir unsere Kinder wirklich zerstören", wie der Psychiater (und Vater der Anti-Psychiatrie) R. D. Laing einmal schrieb, als auch darum, gleich vier amerikanische Mythen zu dekonstruieren: den Mutterkult, den der „heiligen Familie", den des *american way of life* (der Behauptung einer jederzeit möglichen Aufstiegsmöglichkeit jedes Einzelnen), sowie den des Gangsters als Volkshelden. Corman kehrt diese „amerikanischen Erfolgsgeschichten" um und erzählt diese stattdessen als Geschichte des Zusammenbruchs einer Familie als einer selbstbezogenen, in sich geschlossenen Gemeinschaft, deren psycho-pathologische Entwicklung in den Inzest, in Sado-Masochismus, in Drogensucht, Gewalt und rituellen Mord führt.

Corman gibt „Ma" Barkers Suche nach „einem Palast" für ihre Söhne - einem mythischen Vater-Ersatz, da sie selbst nie einen „richtigen" hatte und den Vater ihrer Söhne symbolisch getötet hat - ein semi-dokumentarisches Zeitkolorit, indem er historische Wochenschauen zeigt, die unter Anderem vom Ku Klux Klan, dem „Schwarzen Freitag" oder

---

[*] *Strick*, Philip/*Corman*, Roger: MA BARKER TO VON RICHTHOFEN: AN INTERVIEW WITH ROGER CORMAN, in: Sight and Sound, #39, Herbst 1970.

Lindberghs Flug über den Atlantik berichten; im Abspann zeigt er eine 3-Cent-Briefmarke mit der Abbildung von *Whistler's Mother* und widmet den Film „*In memory and honor of the mothers of America*". „Ma" Barker kommentiert diese Einspielungen im *voiceover*, mit ihrer vulgären *hillbilly*-Sprache zwar, aber doch patriotisch und zustimmend - sie

BLOODY MAMA: Clint Kimbrough und Shelley Winters

glaubt an den amerikanischen Traum. Corman verstärkt damit den beabsichtigten Effekt, seinem Publikum „die puritanischen moralischen *standards* als monströse Symbolgestalten zurückzuspiegeln" (Georg Seeßlen). Doch in dieser Monstrosität liegt eine Wahrheit, auf die es Corman ankam. *BLOODY MAMA* erzählt die generationenübergreifende Pathogenese einer nach Innen gerichteten, familiären Gewalt, die sich rücksichtslos nach Außen ausagiert und dabei „Ma" Barker, ihre Söhne und die Familie psychisch wie physisch zerstört, als die Geschichte einer gescheiterten ödipalen Konstellation:

> „Kates Söhne haben ihre Ödipus-Komplexe gelebt. Ihre Mutter schläft mit ihnen und sie lieben sie dafür. Dieses Privileg wurde jedoch nicht durch Kämpfe errungen, da ihr Vater keinen nennenswerten Widerstand leistete.... Ironischerweise führt diese Pseudo-Lösung des Barker-Ödipus-Komplexes zum endgültigen Untergang der Bande. Die Jungen haben sich nie der Macht ihres Vaters entzogen, weil sie vollständig vor ihr geschützt wurden."[*]

Corman zeigt aus seiner freudianischen Perspektive, wohin der popkulturelle Mythos des amerikanischen Gangsters mit seiner bedingungslosen Anerkennung des Lustprinzips *tatsächlich* führt und er zeigt vor allem, dass dieser Mythos in der amerikanischen Gesellschaft selbst angelegt ist, „dass eine kranke Gesellschaft auch kranke Menschen hervorbringen muss", so Georg Seeßlen über *BLOODY MAMA*. Seine Haltung zu den popkulturellen Mythen des Genres entspricht dabei etwa der, die die Pop-Art-Künstler zur traditionellen Kunst einnehmen; sein „Respekt für sein Material führt ihn dabei, wie

---

[*] *Will*, David: 3 GANGSTER FILMS: AN INTRODUCTION, in: *Will*, David/*Willemen*, Paul (Editors): ROGER CORMAN: THE MILLENNIC VISION, a. a. O., S. 79.

jeden richtigen Pop-Art-Künstler, von den traditionellen bürgerlichen Haltungen weg. So, wie die Gemälde Lichtensteins oder Rosenquists unsere Beziehung zur Ästhetik der Werbung oder Verpackung neu definieren, so definieren Cormans Filme den Aussagegehalt der niedersten Formen des kommerziellen Kinos um."[*] Niemand glaubte so sehr an Amerika, wie die mythologische Figur des Gangsters im kommerziellen US-Kino - nach Cormans Filmen war es hiermit allerdings endgültig vorbei.

---

[*] *Will*, David: 3 GANGSTER FILMS: AN INTRODUCTION, a. a. O., S. 74.

8. Kapitel:
Rebellion, zum Zweiten oder Von der Rassentrennung, Höllenengeln und dem Hippie-Phänomen

Nahezu alle Filme Roger Cormans haben auf ihre je eigene Art den Charakter des Unfertigen, Unvollständigen. Den einen „großen Film", das „Meisterwerk" von ihm, das gibt es nicht. Cormans Bezugnahmen auf seine Zeit, sie hinterlassen nicht selten den Eindruck des (Semi-)Dokumentarischen oder Kommentarhaften. Doch statt dabei einen Mangel anzunehmen, sollte der Zuschauer hierin vielmehr den Grund dafür suchen, warum man mit seinen Filmen „niemals ganz fertig wird". Cormans Filme sind tatsächlich jene von Paul Willemen festgestellten „symbolische Proben" einer auf das endgültige Millennium, auf die vollständige Zerstörung der Welt zulaufenden Zeit. Sie handeln von den Intervallen einer ewigen Wiederkehr des Untergangs einer alten (wie etwa *HOUSE OF USHER*), oder der Geburt einer neuen Welt (wie etwa *DAY THE WORLD ENDED*), oder gleich von einem ganzen Zyklus (wie etwa *LAST WOMAN ON EARTH*) - oder aber eben von der Rebellion als Ausbruchsversuche aus diesen Zyklen. Rebellion jedoch kann ebenso progressiv (wie einst mit der Hippie-Bewegung) wie reaktionär motiviert sein (wie heute mit Donald Trump). Corman hat diese mit *THE TRIP* in seiner progressiven, mit *VON RICHTHOFEN AND BROWN* in seiner konservativen und mit *THE INTRUDER* in seiner reaktionären Variante durchgespielt. Mit *THE WILD ANGELS* hat er diese Varianten sogar verbunden. Ihnen allen gemeinsam ist dabei stets die Unmöglichkeit ihrer Protagonisten, dem ewigen Zyklus zu entkommen - ein tiefsitzender Pessimismus.

Politisch, gesellschaftlich wie kulturell brachen nun die Spannungen der Umbrüche des letzten Jahrzehnts in der offenen Revolte der 68er aus und Corman, dabei selbstverständlich auch immer seinem *exploitation*-Muster folgend, reagierte nun darauf. In der letzten Phase seines aktiven Filmschaffens als Regisseur Mitte bis Ende der 60er Jahre, widmete sich Corman daher fast ausschließlich wieder Filmen der Rebellion, die von Ausbruchsversuchen seiner Protagonisten in einer ganz realen, zeitgeschichtlichen und somit für diese profanen Gegenwart handeln. Die Biker- und Hippie-Filme, ebenso wie *VON RICHTHOFEN AND BROWN*, hatten ihre Vorläufer - als Intervalle früherer „symbolischer Proben" des Ausbruchs - ebenso in Cormans Teenager- und Beatnik-Filmen, wie *TEENAGE DOLL* oder *A BUCKET OF BLOOD*, als auch in seinen Gangster-Filmen Ende der 50er Jahre, wie *MACHINE GUN KELLY* oder *I, MOBSTER*. Und so wie Corman die Welt des Untergangs aus seinen Poe-Verfilmungen bereits mit Filmen wie *NOT OF THIS EARTH* vorgezeichnet hatte, so hatte er diesen neuen Intervall der Rebellion bereits mit *THE INTRUDER*, wenn auch aus einer politisch entgegengesetzten Perspektive, vorweggenommen.

GAS-S-S-S! OR IT BECAME NECESSARY TO DESTROY THE WORLD IN ORDER TO SAVE IT (1970)

Die einzige Ausnahme hiervon bildete *GAS-S-S-S! OR IT BECAME NECESSARY TO DESTROY THE WORLD IN ORDER TO SAVE IT*, 1970 nach einem Drehbuch von George Armitage entstanden, in dem es um die Neugeburt einer Welt aller jungen Menschen geht, nachdem ein von der Regierung freigesetztes Gas alle anderen Menschen über 25 Jahren getötet hat. Obwohl voller anarchischer Einfälle, witziger Dialoge und surreal anmutender Figuren, erschien *GAS-S-S-S!* bereits zu seiner Zeit wie ein eher theoretisch gemeinter Film über die Revolte der 68er. Corman drehte hier sein Motiv der Geburt einer neuen Gesellschaft nach dem Weltuntergang aus seinen *post doomsday*-Filmen der 50er Jahre wie *DAY THE WORLD ENDED* lediglich um, machte so aus seinen eindringlichen Science Fiction-Dystopien eine etwas zu ideal gezeichnete Hippie-Utopie des Mythos von einem kommenden Goldenen Zeitalter, der folglich jegliche Brüche fehlten. Robert Corff und Elaine Giftos wirkten so, wie alle Figuren in *GAS-S-S-S!* (unter Anderem Marshall McLuhan und Edgar Allan Poe), eher schemenhaft und unwirklich, ohne glaubwürdige Konflikte, ganz anders als die in Cormans für lange Zeit letzten Regiearbeit, dem 1970 in Irland entstandenen *VON RICHTHOFEN AND BROWN*. George Armitage, der hierin das deutsche Fliegerass Kurt Wolff spielte, nachdem er bereits in *GAS-S-S-S!* einen Auftritt als Billy the Kid hatte, sollte die inneren Konflikte der Hippie-Generation kurz darauf - dann bereits für Cormans New World Pictures - mit seinen Drehbüchern für *PRIVATE DUTY NURSES* von 1971, bei dem er auch selbst Regie führte, sowie für Jonathan Kaplans *NIGHT CALL NURSES* von 1972, weit deutlicher und überzeugender herausarbeiten.

Armitage hatte mit Corman für *GAS-S-S-S!* noch Gott als eigenständigen Charakter entwickelt, doch als sich Corman bereits für die Dreharbeiten von *VON RICHTHOFEN AND BROWN* in Irland befand,

John Phillip Law und Don Stroud: *VON RICHTHOFEN AND BROWN* (1971)

schnitt die AIP diesen wie auch weitere, ihnen zu provokant erscheinende Szenen einfach heraus:

> „AIP-Präsident Jim Nicholson war zu einer wahren - und zunehmend konservativen - Säule der professionellen, bürgerlichen Gesellschaft Hollywoods geworden. Arkoff blieb liberal. Immer ein guter und anständiger Mann, wurde Jim nun aber immer konservativer und es waren seine Einwände gegen meine Arbeiten, die zu den Kürzungen führten. Jim hatte dies bei vier meiner Filme hintereinander getan. *GAS-S-S-S!* war der schlimmste Fall, derjenige, der das Fass für mich dann endgültig zum Überlaufen brachte... Ich war zudem ziemlich müde. Im folgenden Frühjahr 1970 würde ich vierundvierzig werden. Es war das Ende meiner Ära bei der AIP, aber es war für mich auch der Beginn eines ganz neuen Lebens und Arbeitens."[*]

---

[*] *Corman*, Roger/*Jerome*, Jim: HOW I MADE A HUNDRED MOVIES IN HOLLYWOOD AND NEVER LOST A DIME, a. a. O., S. 166f.

Während der sechswöchigen Dreharbeiten zu *VON RICHTHOFEN AND BROWN*, von seinem Bruder Gene für The Corman Company produziert, entschied sich Roger Corman endgültig, den Regiestuhl zu verlassen. Er traf keine bewusste Entscheidung, vielmehr „mag es eine unbewusste Intention gewesen sein, nun einen anderen Weg in meinem Leben einzuschlagen." Seine Müdigkeit und der ständige Konflikt mit der AIP mögen ebenso dazu beigetragen haben, wie der Umstand, dass am 15. September 1970 der Stunt-Pilot Charles Boddington bei einem Unfall mit einer S.E. 5 während der Dreharbeiten ums Leben kam.

VON RICHTHOFEN AND BROWN selbst wurde ein Film über solch einen Ausbruch. Die Geschichte des persönlichen Duells zwischen dem „Roten Baron", dem aus der deutschen Aristokratie stammenden Fliegerass Manfred von Richthofen (John Phillip Law), sowie dem einfachen kanadischen Flieger Roy Brown (Don Stroud), sollte für Corman eine Allegorie auf den Konflikt einer neuen Welt mit ihrer profanen, industrialisierten Tötungsmaschinerie des Ersten Weltkrieges mit einer alten Welt der Ritterlichkeit darstellen. In beiden gezeigten Jagdfliegerstaffeln, der deutschen wie der britischen, sind beide Welten repräsentiert - in der deutschen jeweils durch von Richthofen und den jungen Hermann Göring (Barry Primus) - und von Richthofen entschließt sich am Ende aus dieser neuen Welt auszubrechen und lässt sich von Roy Brown abschiessen - ein bewusst (oder unbewusst) gewählter Tod als Rebellion gegen die neue Ordnung. Corman inszenierte zudem *VON RICHTHOFEN AND BROWN* mit den knallbunt bemalten Flugzeugen der deutschen Jagdstaffel teilweise wie eine Art psychedelischen Luftzirkus. Und so war es ausgerechnet dieser historische Kriegsfilm, der die Konflikte und das politisch Unbewusste der 68er-Bewegung weit überzeugender widerspiegelte als noch *GAS-S-S-S!* - die Hippie-Bewegung, sie hatte tatsächlich immer auch etwas Nostalgisches, mithin archaisch Romantisierendes.

1962
the intruder

Die Aufhebung der Rassentrennung in den USA erfolgte nicht mit einem einzigen politischen Akt. Es war ein langer Kampf der Bürgerrechtsbewegung seit Mitte der 50er Jahre, mit Erfolgen, Rückschlägen und gegen zum Teil erhebliche Widerstände, vor allem im amerikanischen Süden. Als Geburtsstunde der Bürgerrechtsbewegung gilt der Bus-Boykott von Montgomery von 1955/56, angeführt von Martin Luther King, jr., der zu einer Grundsatzentscheidung des Obersten Gerichtshofs vom November 1956 führte (die allerdings erst 1962 durchgesetzt wurde). 1957 sorgte die Weigerung des Gouverneurs von Arkansas, die Schulintegration in Little Rock durchzuführen, für erhebliches Aufsehen. Präsident Eisenhower entzog dem Gouverneur den Befehl über die Nationalgarde, die den schwarzen Schülern so erst Schutz und Zugang zu ihrer Schule verschaffen konnte. Erst 1964 wurde das Bürgerrechtsgesetz von Kennedys Nachfolger Lyndon B. Johnson endgültig unterzeichnet. Parallel zu der Bürgerrechtsbewegung in den 1950er Jahren erstarkten auch wieder verschiedene Gruppen des Ku Klux Klan, am berüchtigtsten sicherlich Samuel Bowers' „*White Knights of the Ku Klux Klan*" aus Mississippi, die Kirchen anzündeten sowie Lynchmorde begingen und Bomben-Attentate verübten. Überall im amerikanischen Süden kam es zu gewalttätigen Übergriffen auf Schwarze und Bürgerrechtler vor allem durch den Klan. Erst 1967 wurden 18 Mitglieder der „*White Knights*", darunter Bowers, festgenommen und zum Ende des Jahrzehnts verschwand der Klan wieder nahezu vollständig.

Inmitten dieser aufgeheizten Atmosphäre des amerikanischen Südens drehte Corman im Frühjahr 1962 in Charleston und Sikeston, im südöstlichen Missouri an der Grenze zu Kentucky gelegen, sowie an der High School von East Prairie südlich hiervon, *THE INTRUDER*:

> „Ich habe den Film selbst entwickelt, nur, um dann herauszufinden, dass mich niemand unterstützen würde. Ich habe viel eigenes Geld investiert und zusätzliche Mittel von einer neuen Vertriebsgesellschaft namens Pathé American erhalten. Trotzdem konnten wir nur $90.000 aufbringen. Ich habe den Film in drei Wochen im Süden mit nur wenigen professionellen Schauspielern gedreht. Die meisten Mitglieder der Besetzung waren echte Stadtbewohner. Wir wollten sie natürlich nicht mit unseren edlen Absichten ‚beleidigen', deshalb haben wir ihnen immer nur ein paar Seiten des Drehbuchs auf einmal gezeigt."[*]

1960 hatte Corman die Rechte an „The Intruder" gekauft, einem Roman Charles Beaumonts von 1959, der von 1959 bis 1964 insgesamt 22 Folgen der Mystery- und Science Fiction-Fernsehserie *The Twilight Zone* verfasste und neben Richard Matheson zu den Hauptautoren der Serie zählte. Beaumonts Vorlage bezog sich auf die Geschichte des Rassisten John Kasper, eines Ku Klux Klan-Mitglieds, dessen Hetzreden im Herbst 1956 an der High School in Clinton, Tennessee sogar dazu ge-

---

[*] Zit. n.: *Naha*, Ed: THE FILMS OF ROGER CORMAN, a. a. O., S. 156.

führt hatten, dass die Nationalgarde für zwei Monate in die Stadt einberufen werden musste. Beaumont adaptierte seinen Roman selbst und spielte zudem noch den Schuldirektor in *THE INTRUDER*, die Titelrolle übernahm der zu dieser Zeit noch gänzlich unbekannte William Shatner, den Corman kurz zuvor in New York am Theater gesehen hatte.

Roger Corman und William Shatner am Set von *THE INTRUDER*

Durch die Scheibe eines Fernbusses sehen wir Baumwoll-Felder im amerikanischen Süden. Die Kamera schwenkt auf einen Mann in dem Bus, der einen weißen Anzug und eine dunkle Sonnenbrille trägt und auf die in den Feldern arbeitenden Menschen blickt. Angekommen in der Kleinstadt Caxton, nimmt sich der Mann ein Zimmer in einem Hotel. Es handelt sich um Adam Cramer (William Shatner), dessen Beruf „soziale Reformen" sei, es ginge dabei um das Gesetz zur Schulintegration von Schwarzen. Der charmant und freundlich wirkende Cramer lernt in einem Diner die junge Ella (Beverly Lunsford) sowie deren Vater Tom McDaniel (Frank Maxwell), den Chefredakteur der örtlichen Zeitung, kennen. Mit dem in dem Hotel wohnenden Vertreter Sam Griffin (Leo Gordon) und dessen Frau Vi (Jeanne Cooper) plaudert er beim Frühstück.

Cramer lässt sich mit einem Taxi durch das slumartige Schwarzen-Viertel Caxtons fahren, besucht hiernach den reichen Landbesitzer Verne Shipman (Robert Emhardt) und schlägt diesem vor, eine Rede zu halten, um zum Widerstand gegen die im Ort verhasste Schulintegration aufzurufen. In der Familie des schwarzen Jungen Joey Greene (Charles Barnes) wird der bevorstehende erste Schulbesuch ob der Widerstände im Ort zwiespältig gesehen, tatsächlich wird ihr Gang zur Schule von (noch) stummen Protesten der weißen Stadtbewohner begleitet. Nachdem Cramer die naive Ella in einem Auto verführt hat, hält er vor den versammelten Weißen des Ortes eine hetzerische Rede. Unmittelbar danach kommt es zu Übergriffen auf eine schwarze Familie. Der gesetzestreue Tom McDaniel stellt sich mutig dazwischen.

Cramer fährt mit dem Ku Klux Klan zu der Kirche des schwarzen Pfarrers und zündet dort in der Nacht ein aufgestelltes Kreuz an. Im Schein des brennendes Kreuzes verführt Cramer nun auch die einsame Vi in dem Hotel, deren Mann gerade auf Vertreter-Reise ist. Es kommt zu einer weiteren Eskalation, als Bewohner Caxtons ein Bomben-Anschlag auf die Kirche verüben, bei dem der schwarze Pfarrer stirbt. Der zurückgekehrte Sam Griffin hat Cramer mittlerweile durchschaut und stellt ihn, der sich hierbei als jämmerlicher Feigling erweist, wegen Vi und seiner Demagogie zur Rede. Am nächsten Tag begleitet Tom McDaniel die Schwarzen zur Schule, kurz danach wird er von den weißen Suprametisten brutal zusammengeschlagen und verliert dabei ein Auge.

Cramer wird nur kurzzeitig verhaftet. Wieder freigelassen, erpresst er Ella, die Joey Greene in der Schule in den Keller locken und dann behaupten soll, der schwarze Junge habe sie vergewaltigt. Aus Angst um ihren Vater geht Ella darauf ein. Als sich die vermeintliche Vergewaltigung herumgesprochen hat, begibt sich der weiße Mob mit Shipman und Cramer zur Schule, um Joey Greene zu lynchen. Mutig treten dort Joey und der Schuldirektor Mr. Paton (Charles Beaumont) dem Lynchmob entgegen. Als Joey bereits an einer Schaukel auf dem Spielplatz vor der Schule festgebunden ist, taucht Sam Griffin mit der in Tränen aufgelösten Ella auf, die alles gesteht und Cramer somit bloß-

THE INTRUDER

stellt. Dieser versucht den sich nun abwendenden Mob noch zu agitieren, doch eine Ohrfeige Shipmans beendet sein Geschäft und Cramer bleibt allein auf dem Spielplatz zurück.

Mehr als jeder andere Film Roger Cormans, ist *THE INTRUDER*, gemeinsam mit seinem Bruder Gene produziert, reines Guerilla-Kino mit einem stark semi-dokumentarischen Charakter. Obwohl das Drehbuch an die Laiendarsteller nur seitenweise ausgegeben, diese Seiten zudem noch in ihrer liberalen Botschaft abgemildert wurden und lediglich Corman und Shatner eine Komplett-Fassung hatten, kam es schon bald zu Morddrohungen aus dem Ort per anonymen Telefonanrufen und Briefen. Nachdem Cormans Team die letzte Einstellung des nächtlichen Aufmarsches des Ku Klux Klans mit dem brennenden Kreuz gedreht hatte, fuhr es ohne abzuladen direkt 300 Meilen nach Norden nach St. Louis vom Drehort weg. Da Corman noch einen *establishing shot* auf einem Schulhof zu drehen hatte - der örtliche Sheriff hatte sein Team zuvor des Platzes verwiesen -, „kehrte er allein in die vorherige Schule zurück, da es nicht einmal der Kameramann wagte, dorthin zurückzukehren. Er zog es durch, zwar mit dem Sheriff auf den Fersen, aber er bekam seine Einstellung."[*]

THE INTRUDER feierte seine Premiere am 14. Mai 1962 in New York und erhielt überschäumende Kritiken, im September 1962 lief er auf den Filmfestspielen von Venedig - doch der Film wurde in den USA ein kommerzieller Flop: die Pathé Laboratories stellten den Verleih des Films nach der New York-Premiere ein und sowohl die AIP wie auch United Artists und Allied Artists weigerten sich, den Film in

---

[*] *Whitehead*, Mark: ROGER CORMAN, a. a. O., S. 57.

THE INTRUDER: William Shatner

den Verleih zu nehmen, so dass Corman ihn schließlich über Filmgroup eigenständig vertreiben musste. Doch Cormans Publikum, zu großen Teilen aus Jugendlichen bestehend, die auf dem Lande vor allem im amerikanischen Süden die Auto-Kinos frequentierten, blieb von *THE INTRUDER* fern. Erst 2010 spielte der Film sein - ohnehin nur sehr geringes - Budget endgültig ein, nachdem Corman für eine Dokumentation über Charles Beaumont die Verwertungsrechte für $6.000 verkauft hatte.

Roger Corman schuf mit *THE INTRUDER* einen inszenatorisch wie erzählerisch sehr anspruchsvollen Film, der ein mündiges Publikum voraussetzt. Denn tatsächlich etabliert er die ersten zwanzig Minuten mit William Shatners Adam Cramer eine durchaus einnehmend erscheinende Figur mit Witz, die freundlich zu Kindern ist, deren Rebellion gegen ein von Außen oktroyiertes Gesetz - das zur Abschaffung der Rassentrennung in den Schulen - bei den Bewohnern Caxtons populär ist und *positiv* aufgenommen wird. „Es ist nunmal das Gesetz", sagt der resignierte Südstaaten-Landbesitzer Shipman irgendwann zu Cramer, der ihm nur antwortet: „Wessen Gesetz?" Corman und Beaumont spielen hiermit auf das *„We the people"* („Wir, das Volk") der Unabhängigkeitserklärung und damit auf das radikaldemokratische Moment der amerikanischen Verfassung an. Doch, *wer* ist dieses „Volk"? Erst nach knapp einem Drittel beginnt der Film diese Frage zu beantworten, nachdem er die schwarze Bevölkerung mit ihrem Lebensalltag in den Slums eingeführt und hiermit den weißen Suprametisten als Menschen mit eigener Würde gegenübergestellt hat. Vermittelt wird dies durch den mutigen Zeitungsmann McDaniel, der für seinen Kampf um die Würde (und die Sicherheit) der Schwarzen mit dem Verlust eines Auges sogar ein (heiliges) Opfer erbringen muss. Im zweiten Drittel wird der Film dann folgerichtig eindeutig: die demagogische Rede Cramers vor den versammelten weißen Bewohnern des Ortes richtet sich nicht nur gegen „Nigger", sondern auch gegen „Juden" und „Kommunisten". Aus der Verführer-Figur und dem Rebell Cramer wird nun eine „Führer"-Figur, die das „Volk" gegen eine vermeintliche Verschwörung von „denen da oben" und dabei zur Gewalt gegen Minderheiten aufhetzt. Der Betrachter wird somit gezwungen, seine vielleicht vorher noch gehegte Sympathie für Cramer - und damit auch die eigene Haltung - zu überdenken.

Die Verführungskraft Adam Cramers wird von Corman und Shatner, der die Rolle in der Tat brillant ausfüllt, unmittelbar und schrittweise für den Zuschauer erfahrbar gemacht. Sie spiegelt sich für diesen dabei nicht nur politisch, sondern auch sexuell wider, durch Cramers sich äußerst negativ auswirkende Verführungen von gleich zwei Frauen. Die Identifikationsangebote für den Betrachter wechseln dann im Laufe des Films ständig von Figur zu Figur über, immer an dieser Thematik der Verführung entlang: vom Rebell Cramer auf den Demagogen Cramer, auf McDaniel und Sam Griffin, die beide jeweils die Destruktivität der politischen oder sexuellen Verführungskraft von Cramer durchschauen, auf den schwarzen Jungen Joey Greene, dem - das rassistische Klischee per se - seinerseits zu Unrecht die

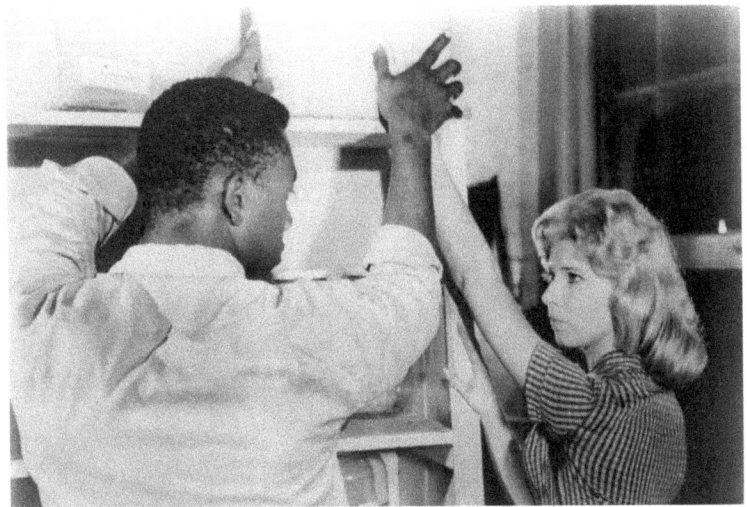

Charles Barnes und Beverly Lunsford in *THE INTRUDER*

Verführung eines weißen Mädchens vorgeworfen wird, bis hin zu dem Schuldirektor Paton, der sich schließlich dem verführten Lynchmob gegenüber und dabei schützend vor Joey Greene stellt.

THE INTRUDER ist daher nicht weniger als ein filmisch brillantes, in der Kino-Geschichte herausragendes Lehrstück über die Verführungskraft des Populismus, ja, über die Verführbarkeit schlechthin, das seinem Publikum nicht einfach nur eine „Moral" mit einer bereits vorausgesetzten, klaren Gut-Böse-Unterscheidung vermitteln will, sondern die zerstörerischen Instinkte offenlegt, die in ihm selbst angelegt sind, auch noch in der Rebellion - ein Spiegel der Gesellschaft, in den allerdings zu dieser Zeit nur die wenigsten freiwillig hineinblicken wollten. „Dieser Film war die größte Enttäuschung meines Lebens"[*], so Corman dann auch über sein hiervon fernbleibendes Publikum.

---

[*] Zit. n.: *Naha*, Ed: THE FILMS OF ROGER CORMAN, a. a. O., S. 156.

the wild angels

> "Can't you see I'm on a losing streak?
> I can't get no, oh, no, no, no, hey, hey, hey
> That's what I say, I can't get no, I can't get no
> I can't get no satisfaction, no satisfaction."
>
> *The Rolling Stones*: (I Can't Get No) Satisfaction, 1965

Roger Corman kam die Idee für *THE WILD ANGELS* als er im Januar 1966 im Life-Magazine ein Foto einer Beerdigung der Hell's Angels sah. Diese, 1948 in San Bernardino County gegründet, galten als die *outlaws* schlechthin und Sonny Barger, Präsident des Oakland Chapters, war zu dieser Zeit bereits ebenso berühmt wie berüchtigt. Corman ging mit Charles B. Griffith in das Blue Blaze Cafe, einen Treffpunkt der Hell's Angels in East L.A., später in einen „Gunk Shop" genannten Club-Laden in South Central L.A., um sich dort Inspiration zu holen. Griffiths Drehbuch hatte dann allerdings so gut wie keine Dialoge, so dass Corman Peter Bogdanovich anrief. Gemeinsam mit seiner Frau Polly Platt schrieb Bogdanovich - nach eigener Aussage - nun 80 Prozent des Drehbuchs um und übernahm auch gleich die Produktions-Assistenz sowie die Funktion des *Second Unit Directors*. THE

WILD ANGELS wurde für Bogdanovich, der zuvor hauptsächlich als Filmkritiker gearbeitet hatte, der eigentliche Einstieg ins Filmemachen.

Gedreht wurde in fünzehn Tagen mit einem Budget von $360.000 in Venice, San Pedro, der Wüste und den Bergen um Palm Springs, sowie in dem kleinen Örtchen Mecca am Salton Sea. Die Aufnahmen in der Kirche entstanden in der Little Country Church in Hollywood - nicht gerade zur Freude der Kirchengemeinde. Denn Corman drehte den Film, neben den Hauptrollen, mit Mitgliedern der Hell's Angels aus Venice. Als Verbindungs-Mann zum Club und technischer Berater Cormans fungierte dabei Big Otto, der Präsident des San Bernardino-Chapters und Rivale des mächtigen Sonny Bargo. Big Otto las das Drehbuch und hatte keine Einwände. Emil Lundgren und William Heaney, der Präsident und der Vizepräsident der Hell's Angels aus Venice, erhielten $1.500 für die Dienste ihres gesamten Chapters, jedes Mitglied bekam zudem $35 pro Tag, $20 für ihre Motorräder und $15, falls sie noch ihre „*Old Ladies*" mitbrachten. Viele nahmen allerdings ihr Geld und verschwanden einfach wieder, so dass Corman das Chapter schon bald mit Bier und Marihuana versorgen musste, um die Angels bei Laune zu halten. Zumindest Hauptdarsteller Peter Fonda nahm regelmäßig an den Parties der Hell's Angels Teil: „Ihre Bierparties waren genau wie alle anderen, außer dass sie etwa hundertfünfzig Mal hintereinander ‚Satisfaction' von den Stones gespielt haben"[*], so Fonda. Gegen die meisten Angels lag ein Haftbefehl vor und die Dreharbeiten wurden so aus einiger Entfernung von der California State Police und den Deputies des County Sheriffs observiert, nachdem Cormans Produktionsleiter Jack Bohrer den Ordnungshütern nahegelegt hatte, dass es besser sei, sie verdienten hierbei Geld, als vielleicht noch auf andere

---

[*] Zit. n.: *Corman*, Roger/*Jerome*, Jim: HOW I MADE A HUNDRED MOVIES IN HOLLYWOOD AND NEVER LOST A DIME, a. a. O., S. 135.

Gedanken zu kommen. Dann tauchte auch noch Frank Sinatra mit zwei *bodyguards* am Set auf und machte Cormans zweiten Regie-Assistenten Paul Rapp unmissverständlich klar, dass er ihn persönlich dafür verantwortlich machen würde, falls seiner Tochter Nancy etwas geschehen sollte. Nancy Sinatra geschah nichts - anders als Peter Bogdanovich, den sich die Angels während einer Prügelszene vornahmen und so an diesem, statt an Corman, ihre Abneigung gegen jegliche Autoritäten ausließen.

Heavenly Blues (Peter Fonda), Präsident des Chapters San Pedro der "Angels", fährt mit seinem Chopper an den Vorgärtchen einer spießigen Wohngegend in Venice entlang. Eine Frau (Barboura Morris) nimmt vor ihm ängstlich ihr Kind beiseite und Blues fährt weiter, um den „Loser" (Bruce Dern) von seiner Arbeit abzuholen. Der Vorarbeiter (Dick Miller) an der Öl-Förderstelle mokiert sich dort über die Nazi-Symbole, die die Angels tragen; für ihn sind dies Zeichen seiner ehemaligen Kriegs-Feinde, für die Angels Symbole ihrer Haltung gegen das Establishment. Die Angels feiern wilde Parties, tanzen, besaufen sich, rauchen Gras, kämpfen, spielen Billard im Club-Haus, fahren in Formation mit ihren Maschinen oder werfen sich in einer Art spielerischem Turnier gegenseitig von diesen ab. Einige von ihnen haben eine feste Freundin, eine „*Old Lady*": Blues ist mit Mike (Nancy Sinatra) zusammen, der Loser mit Gaysh (Diane Ladd), Dear John (Buck Taylor) mit Suzie (Gayle Hunnicutt). Doch das Chapter hat auch eine „*Mama*", die für alle verfügbar ist, Momma Monahan (Joan Shawlee), ebenso wie einen eigenen Medizinmann (Norman Alden). Das Chapter funktioniert nach festen, eigenen Regeln, auch des - regelmäßig stattfindenden - Frauentauschs: als Frankenstein (Marc Cavell) sich an Gaysh heranmacht, bekommt er es folglich mit Blues zu tun.

Die Maschine des Losers wurde gestohlen und die Angels fahren in Formation in das Nest Mecca, wo es in einer Garage zu einer Schlägerei mit einer mexikanischen *gang* kommt. Als die Highway Patrol auftaucht, fliehen die Angels, der Loser stiehlt eine Polizei-Maschine und flieht damit allein in die Berge. Diese verfolgt ihn, schießt ihm in den Rücken und bringt ihn ins Krankenhaus. Die Angels machen eine Party, fahren ein Turnier, aber Blues macht sich Sorgen. Er gibt schließlich die Anweisung, den Loser aus dem Krankenhaus zu holen. Mit Hilfe von Mike, die das Personal und die Wache ablenkt, gelingt der Coup, doch der Medizinmann sieht für den Loser keine Hoffnung mehr. Nachdem er gestorben ist, arrangieren die Angels bei einem Leichenbestatter (Art Baker) einen falschen Totenschein. Der Loser soll in seiner Heimatstadt auf dem Friedhof von Sequoia Grove begraben werden. Die Angels fahren zur Tarnung vereinzelt nach Sequoia Grove, Momma Monahan organisiert beim Priester (Frank Maxwell) eine Beisetzung in der örtlichen Kapelle. In der mit Hakenkreuz-Flaggen ausgeschlagenen Kapelle hält der Priester eine Trauerrede, die den Angels allerdings nicht gefällt. Blues steht auf, unterbricht ihn, macht ihm gegenüber eine abschätzige Geste des Gekreuzigten:

Priester: „Was wollt ihr eigentlich tun?"

Blues: „Wir wollen frei sein! Wir wollen frei sein, das zu tun, was wir tun wollen. Wir wollen frei sein, um zu fahren. Wir wollen frei sein, um unsere Maschinen zu fahren, ohne dabei von den Autoritäten belästigt zu werden!... Und wir wollen uns besaufen. Und wir wollen eine gute Zeit haben. Und das ist es, was wir tun werden. Wir werden eine gute Zeit haben... Wir werden eine Party machen!"

Roger Corman, Peter Fonda und Peter Bogdanovich am Set von *THE WILD ANGELS*

Die Angels machen nun ihre Party in der Kapelle, holen Bier herbei, tanzen zu wilder Musik. Der tote Loser wird aus dem Sarg geholt, um mitzumachen, der Priester an seine Stelle in den Sarg gelegt. Gayshs Trauer um den Loser veranlasst Blues dazu, zwei seiner Leute nun zu gestatten, sich über Gaysh herzumachen, Blues selbst nimmt sich Momma Monahan. Mike geht mit Dear John. Nach der Party veranstalten die Angels eine Prozession für den Loser zum Friedhof. Als dort Bewohner des Ortes auftauchen und Steine werfen, kommt es zu einer Schlägerei. Die Polizei trifft ein und das Chapter flieht:

Mike: „Lass uns hier abhauen, Blues!"
Blues: „Es gibt keinen Ausweg."

Blues bleibt auf dem Friedhof, Mike fährt mit Dear John fort.

Zunächst buchten die Kino-Betreiber *THE WILD ANGELS* nur sehr zögerlich, er lief in der ersten Woche lediglich in Nord-Kalifornien, wo man mit den Hell's Angels vertraut war, erfolgreich in den Auto-Kinos. Doch dies sollte sich bald ändern und nach sechs Monaten hatte Cormans Film bereits $5,5 Millionen in den USA eingespielt. *THE WILD ANGELS* lief sehr erfolgreich bei den 27. Filmfestspielen von Venedig, allerdings auf Intervention des State Department (!) hin als nicht-offizieller Beitrag, später wurde er auch auf den Filmfestspielen von Cannes gezeigt. Cormans bisher größter kommerzieller Erfolg löste eine Welle von Biker-Filmen aus - von 1967 bis 1972 entstanden etwa zwei Dutzend, vor allem bei der AIP und New World Pictures -, aber auch bei der *mainstream*-Film-Kritik änderte sich nun der Ton endgültig und Vincent Canby bezeichnete den Film in der New York Times als „die bis dato beste Arbeit des neuesten Kino-

THE WILD ANGELS

auteurs - Mr. Corman würde somit in den Pantheon gehoben, zu dem unter anderem John Ford, Howard Hawks, Hitchcock, D. W. Griffith, Nicholas Ray, Charlie Chaplin und Sam Fuller gehören, ob tot oder untot."[*] Big Otto vom San Bernardino-Chapter allerdings gefiel dieser Erfolg ganz und garnicht, er drohte Corman mit einer Klage auf Schadensersatz von $4 Millionen und ihn „wegzuputzen", da der Film die Hell's Angels in einem schlechten Licht dargestellt habe. Corman blieb hart und nichts geschah.

---

[*] Zit. n.: *Corman*, Roger/*Jerome*, Jim: HOW I MADE A HUNDRED MOVIES IN HOLLYWOOD AND NEVER LOST A DIME, a. a. O., S. 144.

Big Otto dürfte ohnehin eher sich neu ergebende Einnahmemöglichkeiten im Sinn gehabt haben, denn tatsächlich stellt Corman die Hell's Angels nicht in einem schlechteren Licht dar, als das Establishment, gegen das *THE WILD ANGELS* eindeutig Stellung bezieht. Während Corman in der ersten Hälfte des Films die Gegen-Kultur der Biker beinahe semi-dokumentarisch zeigt und deren Freiheitsgefühl mit einem performativen Inszenierungsstil unmittelbar erfahrbar macht, gilt die zweite Hälfte der Charakterisierung dieser Gegen-Kultur als einer ganz besonderen Form der Rebellion als Wiederherstellung eines Goldenen Zeitalters: „Das Chapter der Angels gleicht einer primitiven Gesellschaft, in der das Ritual und das Spiel miteinander verschmolzen sind und Corman behandelt dies selbst eher auf eine rituelle als auf eine realistische Weise."[*]

Die Rebellion der Angels ist alles andere als profan, der Preis für ihre Freiheit sind die strikten Regeln einer Stammesgesellschaft mit ihren Riten, ja, die Angels haben sogar sämtliche archaische Formen des Heiligen als *Lebensform* übernommen: die Symbole (die „Farben" des Chapters), das Fest (die Party), die Heiratsregeln (Frauentausch), den Schamane (Medizinmann), den Krieger (das Turnier und der Kampf), den Herrscher (Blues). Corman bleibt aber bei einer romantisierenden Freiheitsvorstellung nicht stehen, sondern nimmt ihre Rebellion ernst, indem er diese Stammeskultur mit dem konfrontiert, was für ihn das Wesen - und die Absurdität - der menschlichen Existenz ausmacht, mit dem Tod: „Denn jede menschliche Existenz entsteht durch eine Reihe von Prüfungen durch die wiederholte Erfahrung von ‚Tod' und ‚Auferstehung' und deshalb gründet... die Existenz auf der Initia-

---

[*] *Myles*, Lynda: 2 COLOUR SUPPLEMENT MOVIES, in: *Will*, David/ *Willemen*, Paul (Editors): ROGER CORMAN: THE MILLENNIC VISION, a. a. O., S. 81.

THE WILD ANGELS

tion, ja, man könnte fast sagen, dass die menschliche Existenz in dem Maß, wie sie sich vollendet, selbst eine Initiation ist."[*] Die gesamte zweite Hälfte von *THE WILD ANGELS* nach dem Tod des Losers, das, was man unter herkömmlichen Moralvorstellungen der Gesellschaft „Leichenschändung", „Blasphemie", „Vergewaltigung" o. Ä. nennen würde, ist folglich ein einziger Initiationsritus: das Chapter akzeptiert den Tod des Losers zunächst nicht, lässt ihn wiederauferstehen, an der Party teilnehmen; und erst als Gaysh ihn öffentlich betrauert, geht der gesamte Chapter zum Frauentausch über (und Gaysh ist selbst wieder „freigegeben") - der Loser ist endgültig tot, die Prozession kann stattfinden.

---

[*] *Eliade*, Mircea: DAS HEILIGE UND DAS PROFANE: VOM WESEN DES RELIGIÖSEN, a. a. O., S. 180.

Symbole, Feste, Heiratsregeln, Schamanen, Krieger und Herrscher gibt es auch im Establishment, der christlichen Mehrheitsgesellschaft, und nur aus deren Perspektive können die Initiationsriten der Angels folglich als „blasphemisch" wahrgenommen werden. *THE WILD ANGELS* ist ein tatsächlicher Anti-Establishment-Film, da er diesem Establishment die eigenen Regeln in einer archaischen Ur-Form und dabei in einer Direktheit zurückspiegelt, die diesem nur abstoßend erscheinen kann. Wir alle leben die Absurdität der menschlichen Existenz im Angesicht des Todes und entkommen dabei nicht religiösen Mustern, die wahrscheinlich so alt sind, wie die Menschheit selbst. Nichts anderes meint das „Es gibt keinen Ausweg" von Heavenly Blues am Schluß, der die Initiation nun am vollständigsten durchlaufen hat, weil er hiermit die Verantwortung für den Tod des Losers annimmt. Zugleich ist dieses „Es gibt keinen Ausweg" der Schlüsselsatz für Cormans Werk, für dessen existenzialistischen Nihilismus, auch noch - und gerade - in der Rebellion.

1967
the trip

"We chased our pleasures here/Dug our treasures there
But can't you still recall/The time we cried
Break on through to the other side."

The Doors: Break on Through (To the Other Side), 1967

Nach THE WILD ANGELS war Roger Corman auf dem Weg, zu *dem* amerikanischen Regisseur des Anti-Establishments zu werden und entschied sich daher, einen *positiven* Film über LSD zu drehen, der Droge der Hippie-Bewegung. Jack Nicholson schrieb ein experimentelles Drehbuch, nachdem Corman zwei Entwürfe Charles B. Griffiths nicht gefielen, das Corman noch leicht überarbeitete, um im Budget von $100.000 zu bleiben. Die Hauptrollen übernahmen Peter Fonda, Dennis Hopper, Susan Strasberg und Bruce Dern. Der im Frühjahr 1967 in 15 Tagen gedrehte Film spielte der AIP $6 Millionen ein und bereitete gemeinsam mit THE WILD ANGELS endgültig den Weg für Peter Fondas/Dennis Hoppers *EASY RIDER*, 1969 von der Columbia veröffentlicht und mit einem Einspielergebnis von $60 Millionen *der* 68er-Kultfilm *New Hollywoods*. Vor diesem Durchbruch der „Corman-Schule" ist Corman für *THE TRIP* noch selbst in eine Schule gegangen:

> „Ich entschied mich, LSD zu nehmen bevor ich den Film machte und las Timothy Learys Buch hierzu. Er sprach über das ‚*Set*' und das ‚*Setting*', d. h., es sollte ein schöner Ort und man sollte mit Freunden zusammen sein, damit dein Trip eine angenehme Erfahrung wird. Ich entschied mich für Big Shure, für mich einer der schönsten Orte der Welt, und teilte ein paar wenigen Freunden mit, dass wir uns dort treffen würden. Doch das Ganze wurde dann zu einer regelrechten Auto-Karawane, die nach Big Shure fuhr; da oben waren so viele Leute, dass ich einen Zeitplan ausarbeiten musste, so wie bei einem Drehplan: so viele werden zu dieser Zeit ihren Trip werfen, ihre Begleiter werden diese und diese sein und die nächsten Trips werden dann diese werfen... Meiner war einfach nur eine wundervolle Erfahrung - es war einfach spektakulär. Er war so gut, dass, als ich herunterkam, mir der Gedanke in den Sinn kam, dass es keinen besonderen Grund gab, nach Hollywood zurückzukehren, keinen besonderen Grund, überhaupt noch in der ‚realen Welt' zu existieren. Ich würde mich nur ein wenig ausruhen und dann einfach fortgehen. Ich erinnere mich, dass ich das Gefühl hatte, dass das Filmemachen wirklich nicht der Weg ist, um Kunst zu erschaffen oder zu vermitteln. Ich lag auf dem Boden und ein Mädchen, das mich begleitete, sagte: ‚Wir sind den ganzen Weg nach Big Shure gefahren, sind an diesem schönen Ort und du verbringst hier acht Stunden mit dem Gesicht auf dem Boden liegend und starrst in den Dreck.' Während ich auf dem Boden lag, kam mir der Gedanke, dass man sich am Boden so ausbreiten sollte, dass möglichst viel deines Körpers diesen berührt. Dann konntest du das Kunstwerk in deinem Kopf erschaffen und jeder, der daran teilhaben wollte, brauchte sich nur an einer anderen Stelle auf den Boden legen, damit die Bilder dann in seinem Bewusstsein erscheinen. Dies wäre eine reine Kunstform, einfach vom Be-

wusstsein des Schöpfers zum Bewusstsein des Teilnehmers, und dabei könnten es ein oder einhundert Millionen Zuschauer sein, die an dem Erschaffenen und der Kunst-Erfahrung teilnehmen würden."*

THE TRIP: Salli Sachse und Peter Fonda

Sally Groves (Susan Strasberg) besucht ihren Mann, den Regisseur Paul Groves (Peter Fonda), während der Dreharbeiten zu einem Werbefilm. Die beiden leben in Scheidung, haben sich nichts mehr zu sagen. Nachdem Paul hiernach in einem Hippie-Live-Club Cash (Dick Miller) und John (Bruce Dern) getroffen hat, geht er mit John in ein bunt bemaltes Haus, „psychedelischer Tempel" ge-

---

* Zit. n.: *di Franco*, J. Philip (Editor): THE MOVIE WORLD OF ROGER CORMAN, New York/London, 1979, S. 48f.

nannt, in der auch eine Kommune, unter Anderem Max (Dennis Hopper) und dessen Freundin Lulu (Katherine Walsh), lebt. Paul will „mit sich selbst ins Reine kommen" und wirft dort unter Anleitung und Begleitung seines „*guide*" John einen LSD-Trip. Pauls Wahrnehmung beginnt sich langsam zu verändern, er *geht über einen Strand, trifft dort Lulu und seine Bekannte Glenn* (Salli Sachse)*; ist in „bunten, fließenden Kraftfeldern"; schläft mit Sally in Anwesenheit von Glenn; wandert durch ein mittelalterliches Szenario in eine Höhle; läuft durch Sanddünen und durch ein finsteres Spukschloß; wird im Schloß erhängt, angekettet, maskiert, verbrannt und zugleich am Strand bei einem Ritual geopfert.* Paul kehrt in Panik aus seinen Horror-Visionen zurück, John beruhigt ihn und Paul *sieht in einen Spiegel, in dem Gesichter in Prismen zerfließen; wandert wieder durch den mittelalterlichen Wald; beobachtet mit Sally, wie Sally mit einem Anderen schläft; wird auf einem gespenstischen Rummelplatz von Max einer Befragung unterzogen; sieht dort auf einer Leinwand Symbole und zeitgeschichtliche Personen aus Politik und Kultur; wird von Max mit der „Lüge" seines Lebens, seiner Arbeit und seinen „Privatspielchen" konfrontiert.*

Wieder kehrt Paul verstört zurück. Als John kurz geht, gerät Paul in Panik, sieht John plötzlich tot und verlässt das Haus. Er rennt durch die nächtlichen Straßen, betritt ein fremdes Haus und schaltet dort den Fernseher ein, in dem ein Bericht über den Vietnam-Krieg läuft, aber *nur ein verschwommenes Bild zu sehen ist.* Ein kleines Mädchen wacht auf und setzt sich zu ihm. Als die Eltern des Mädchens erwachen und die Polizei rufen, *flieht er durch die Straßen, die er nur noch als Gewitter visueller Eindrücke wahrnimmt.* In einem Waschsalon trifft Paul Flo (Barboura Morris), *nimmt die Maschinen wie ein Kind wahr* und versucht mit Flo *in Kontakt zu treten.* Paul rennt weiter durch die Straßen bis zu dem Hippie-Live-Club, in dem eine Band spielt, begleitet von nackten Tänzerinnen und einer psychedelischen *lightshow* (die sehr stark an die *lightshows* der Jefferson Airplane erinnert). Als die Polizei in dem Club auftaucht, *flieht Paul weiter durch die sich für ihn phänomenologisch auflösende Stadt.* Zurückgekehrt in den „psychedelischen Tempel", trifft er dort Max und Lulu, während er langsam herunterkommt.

THE TRIP

Glenn und Paul treffen sich und fahren in die Wohnung Glenns, wo beide miteinander schlafen. Am nächsten Morgen tritt Paul auf den Balkon und Glenn fragt ihn, ob er das, was er gesucht habe, gefunden hat. Paul antwortet, dass er sie und „jeden anderen auch" liebe, er werde „morgen darüber nachdenken."

Auch *THE TRIP* handelt vom (Hippie)-Mythos eines Goldenen Zeitalters; anders jedoch als in *THE WILD ANGELS*, in dem dessen Wiederherstellung in den archaischen Ritualen einer Stammesgesellschaft gesucht wird, ist *THE TRIP* nun eine *individuelle*, spirituelle Odyssee Pauls. Pauls Trip befreit ihn von den Kategorien, die ihm die Gesellschaft auferlegt, er ist tatsächlich eine „Reise", die ihn von seiner Entfremdung und „existenziellen Einsamkeit" (Paul Willemen) wegführt, ihn mit seinen Neurosen konfrontiert, von diesen weg, zu einer anderen Erfahrung der Welt und schließlich seiner selbst führt. Am Ende scheint Paul tatsächlich eine harmonischere Art seines Seins gefunden zu haben, die es ihm wieder ermöglicht mit anderen, in diesem Fall mit Glenn, in eine nicht-neurotische Beziehung einzutreten. THE TRIP ist im Grunde der psychedelische filmische Ausdruck des Gedankens der Psychotherapie.

„Das Sehen auf LSD verhält sich zum normalen Sehen, wie das normale Sehen zu dem, was man auf einem schlecht eingestellten Fernseher sieht", so meinte Timothy Leary einmal, und Peter Fondas Figur arbeitet nicht zufällig ursprünglich als Werbefilmer für das Fernsehen. Denn das Fernsehen, das Werbe-Fernsehen zumal, steht für ein verfälschtes Sehen, das die Welt in Kategorien einteilt und den Zuschauer somit Zwängen, wie etwa dem Konsumzwang, unterordnet. Corman hingegen geht es um ein von diesen Zwängen befreites Sehen:

> „Die Freiheit, die der Geist unter dem Einfluss einer Droge wie LSD erreicht, ist analog zu der Freiheit reiner ästhetischer Erfahrung, wie sie von Kant beschrieben wird. In THE TRIP wird in der Szene in dem Waschsalon am deutlichsten, dass es dabei um das Wunder geht, das man empfindet, wenn man die Welt zum ersten Mal sieht. In der reinen ästhetischen Erfahrung organisiert der Geist die Objekte nicht anhand von Kategorien, die normalerweise über das Wahrgenommene gestülpt werden. Stattdessen abstrahieren wir von den Funktionen, die wir mit den betroffenen Objekten assoziieren, und sehen sie nur als Muster..., rein phänomenologisch."[*]

---

[*] *Myles*, Lynda: 2 COLOUR SUPPLEMENT MOVIES, a. a. O., S. 86.

Dennis Hopper, Katherine Walsh und Peter Fonda in *THE TRIP*

Corman erreicht in *THE TRIP* tatsächlich streckenweise einen Grad der bildlichen und rhythmischen Abstraktion, unter Anderem durch spezielle Linsen, die seit den dreißiger Jahren nicht mehr verwendet wurden, der diesem „befreiten" phänomenologischen Sehen sehr nahe kommt. So werden die Körper von Paul, Sally und Glenn ununterscheidbar, verschmelzen ineinander zu einer Art neuen zellulären Realität, fliessende Prismen führen zu einer vollständig anderen Wahrnehmung von Gesichtern und eine stark beschleunigte Montage - teilweise unterhalb der Wahrnehmungsschwelle - lässt Objekte wie Straßenbilder so erscheinen, als ob sie in Wellen-Muster zerfallen wären. Durch seine Schnittfrequenz und dabei enormen Dichte von Motiven, Verweisen, Symbolen und visuellen wie musikalischen Eindrücken, vermittelt *THE TRIP* tatsächlich eine veränderte, komprimierte Zeitwahrnehmung, die der eines LSD-Trips sehr nahe kommt. Lediglich einige Kaleidoskop-

Bilder fallen von dem etwas ab, was man auch *pure cinema* nennen könnte.

Dennoch ist Cormans Film kein experimtentelles Kino, sondern immer noch ein popkulturelles. Der Soundtrack von *THE TRIP* - eine wilde Mischung aus Psychedelic Rock, R&B, Rummelplatz-Musik und Free Jazz - ist das erste Album von The Electric Flag, von Gitarrist Mike Bloomfield nach seinem Ausstieg bei der Butterfield Blues Band gegründet, die im Juni 1967 beim berühmten Monterey Pop Festival live debütierten. Corman gab allerdings auch zu, dass er die „Horror-Trip"-Sequenzen, die Konfrontation Pauls mit seinen Neurosen und Ängsten, gewissermaßen erst „erfinden" musste, da er mit seinem eigenen Trip nur positive Erfahrungen gemacht hatte. Naheliegenderweise orientierte er sich hierbei an der Ikonografie und der Bildsprache seiner Poe-Verfilmungen, zumal diese bereits stark psychedelische Sequenzen und einen Grad der Verfremdung und der Abstraktion oder Reduktion von Farben und Formen aufwiesen, die die Erfahrung eines *inner space* von *THE TRIP* vorweggenommen haben. Und wie bereits bei *MASQUE OF THE RED DEATH*, so zitierte Corman hierfür auch in *THE TRIP* Ingmar Bergmans *DAS SIEBENTE SIEGEL* von 1957.

Kurz vor der Veröffentlichung von *THE TRIP* im *summer of love* 1967 bekamen Nicholson und Arkoff jedoch kalte Füße. Die AIP stellte dem Film ein distanzierendes „Vorwort" voran, in dem der Film unter Anderem als ein „schockierender Kommentar zu einem vorherrschenden Trend unserer Zeit" charakterisiert wurde, mehr noch: die AIP veränderte den Schluss. Nach der abschließenden Montage-Sequenz, in der sämtliche Szenarien des Films noch einmal in Bildern von Sekunden-Bruchteilen vor dem Auge des Zuschauers ablaufen, stoppt das Bild auf dem Gesicht von Peter Fonda und Corman lässt das Ende offen, indem er Fonda auf die Frage Salli Sachses mit seinem Verweis auf „morgen" antworten lässt. James H. Nicholson ließ den optischen Effekt einer Glasscheibe mit Rissen über dieses Schlussbild legen. Dies alles geschah ohne Cormans Wissen, der sich entsprechend entsetzt zeigte. Solch plump moralisierende oder belehrende Botschaften hatte er in seinen Filmen stets vermieden. Es hatte zwischen ihm und der AIP nie feste vertragliche Vereinbarungen über die Rechte über den Endschnitt gegeben. In Wirklichkeit standen diese Risse bereits für den beginnenden Bruch zwischen Corman und der AIP, auch, wenn diese Eingriffe an der grundsätzlichen Wahrnehmung des Films nichts Wesentliches änderten. In der Today Show der NBC nannte Judith Crist *THE TRIP* "einen ekelhaften 80-minütigen Werbefilm für LSD."[*] Cormans Film wurde dennoch im Mai 1967 außerhalb des Wettbewerbs bei den 20. Internationalen Filmfestspielen von Cannes gezeigt, vor allem aber bildete er die zweite entscheidende Wegmarke hin zu *EASY RIDER*, der

---

[*] Zit. n.: *McGee*, Mark Thomas: FASTER AND FURIOUSER, a. a. O., S. 256.

sich noch weit stärker an *THE TRIP* als an *THE WILD ANGELS* orientierte, in der individualistischen Perspektive der Rebellion, vor allem aber in der zweiten Hälfte mit seinem eigenen LSD-Trip auf dem Friedhof in New Orleans. Fonda und Hopper kam die Idee zu *EASY RIDER* unmittelbar nach *THE TRIP*. Corman:

> Dennis und Peter kamen zu mir nach Hause, um über den Film zu reden. Peter bat mich um das Deckblatt von *ANGELS* und ich gab es ihm. Darauf stand meine Budgetierung, die ich auf $360.000 veranschlagt hatte. Wir beschlossen, es zu machen, aber das Ganze löste sich bei der AIP in Luft auf, als wir zu dritt in Sams Büro gingen. Sam wollte nicht, dass Dennis Regie führt. Ich wollte auch nicht die Regie übernehmen, denn ich hatte bereits andere Sachen am Laufen... Ich dachte mir, dass *EASY RIDER* ein gutes Projekt sei und auch gut funktionieren würde. Allerdings hatte ich nicht gedacht, dass es *so* gut funktionieren würde. Es hätte $300.000 - 400.000 gekostet. Ich wollte es unbedingt produzieren, aber als die AIP sich zurückzog, wollte ich nicht so viel Geld aufbringen. Ich hatte bisher nur Filme mit einem Budget von $100.000 oder weniger finanziert. Sicher bereue ich es, es nicht gemacht zu haben, aber so sind nun einmal die Spielregeln in Hollywood."*

---

* *Corman*, Roger/*Jerome*, Jim: HOW I MADE A HUNDRED MOVIES IN HOLLYWOOD AND NEVER LOST A DIME, a. a. O., S. 156-158.

9. Kapitel:
Bei der Oscar-Verleihung (1975, 2010) oder New World Pictures und danach

Ob Moderator Frank Sinatra bei der Verleihung der *47th Annual Academy Awards* im etwas protzigen Dorothy Chandler Pavilion in Los Angeles am 8. April 1975 an *THE WILD ANGELS* gedacht hat, jenen Film, mit dem „meine hoffnungsvolle Filmkarriere begann und zugleich endete", wie seine Tochter Nancy einmal sagte? Diane Ladd, die Filmpartnerin seiner Tochter aus *THE WILD ANGELS*, wurde an diesem Abend immerhin als beste Nebendarstellerin nominiert, für ihre Rolle in *ALICE DOESN'T LIVE HERE ANYMORE* von Martin Scorsese. Der dürfte sich über seine Hauptdarstellerin Ellen Burstyn gefreut haben, Gewinnerin an diesem Abend und einstmals von Jack Hill für *PIT STOP* entdeckt, ein Film über Stockcar-Rennen, für den Corman Hill 1967 ein Budget von $75.000 und drei Wochen Drehzeit angeboten hatte, da Corman einen Markt hierfür sah, hatte er doch bereits für Filmgroup in Europa *THE YOUNG RACERS* gedreht und erfolgreich über die AIP vermarktet. Als bester Hauptdarsteller war in diesem Jahr Jack Nicholson nominiert, für *CHINATOWN*, dessen Original-Drehbuch den *Academy Award* gewann. Drehbuchautor Robert Towne hatte in *CHINATOWN* nicht mitgespielt, anders noch als bei *LAST WOMAN ON EARTH* und *CREATURE FROM THE HAUNTED SEA* auf Puerto Rico mit Cormans Guerilla-Taktik des Filmemachens. Francis Ford Coppola jedenfalls mag sich an diesem Abend tatsächlich an seine abenteuerliche Regie-Arbeit an Cormans *THE TERROR* gemeinsam mit Jack Hill und Jack Nicholson erinnert haben, hatte er Corman doch in einer kleinen Rolle als Senator in seinem *THE GODFATHER: PART II* besetzt, der Film, der als eindeutiger Gewinner aus der diesjährigen *Academy Awards*-Verleihung hervorging: unter Anderem bester Film, beste Regie, bester Nebendarsteller (der erste Oscar für einen noch jungen Robert De Niro).

Nein, Roger Corman erhielt in diesem Jahr (noch) nicht den Ehren-Oscar - dieser ging völlig zurecht an Howard Hawks und Jean Renoir -, aber es war der Abend der „Corman-Schule", zumal auch noch Federico Fellinis *AMARCORD* als bester fremdsprachiger Film ausgezeichnet wurde, den Corman im US-Verleih seiner New World Pictures hatte. Vielleicht musste ja Fellini, als er seinen *Academy Award* in Empfang nahm, an jenen schönen Moment während der Dreharbeiten zu *AMARCORD* in Italien denken, als Pam Grier, die dort gerade für New World Pictures den Schwert-und-Sandalen-Film *THE ARENA* drehte, auf seinem Set auftauchte, wie Grier einmal erzählte: „Ich kam auf sein Set galoppiert, ohne Sattel und barfuß, mit einem Leopardenfell an und meinem großem Afro. Fellini hörte sofort auf zu drehen und rief: ‚Mein Traum wird wahr!'"

Roger Corman in Francis Ford Coppolas *THE GODFATHER: PART II* (Paramount, 1974)

Roger Corman machte den Traum von so vielen war, nicht allein den Fellinis sowie den vieler junger Talente, denen er in den 50ern und 60ern überhaupt erst die Möglichkeit zum Filmemachen eröffnet hatte, sondern auch noch mit seiner eigenen, am 8. Juli 1970 gegründeten Produktions- und Verleihfirma New World Pictures. Corman rief die Firma gemeinsam mit seinem neuen Geschäftspartner Lawrence Woolner ins Leben, der als Kino-Betreiber bereits Cormans *SWAMP WOMEN* und *TEENAGE DOLL* finanziert hatte, sowie mit seinem Bruder Gene, nachdem die beiden die AIP im Streit verlassen hatten. Während die AIP durch Arkoffs Expansionsdrang stetig größer, dadurch aber auch unbeweglicher wurde, nahm sich Cormans neue Firma dagegen am Anfang noch recht bescheiden aus, zunächst noch ohne eigenes Studio (erst Ende der 70er kaufte Corman hierfür ein altes, etwa 5.000 Quadratmeter großes Firmengelände an der Hauptstraße in Venice), dafür aber bereits mit zehn Büros in den USA sowie jeweils einem in Kanada und Großbritannien. Der Verleih erfolgte zunächst regional über andere Firmen.

Doch Cormans Geschäftssinn und sein einmaliges Gespür für den Umbruchcharakter seiner Zeit sollten dies rasch ändern und die Firma setzte schon bald neue Trends. Der 1970 von Stephanie Rothman in drei Wochen für $120.000 gedrehte *THE STUDENT NURSES* spielte der Firma über $1 Million ein und Jack Hills *BIG DOLL HOUSE* von 1971, auf den Philippinen für nur $125.000 produziert, sogar $7 Millionen (inklusive Auslandsvermarktung über die MGM). In den ersten fünf Jahren erwirtschaftete die Firma einen Reinprofit von $11 Millionen, so dass Corman 1976 für die New World Pictures in Brentwood im westlichen Los Angeles ein zweistöckiges Bürogebäude errichten ließ, von dem aus er auch noch die Geschäfte seiner späteren Firma Concorde-New Horizons führen sollte.

Bürogebäude der New World Pictures/Concorde-New Horizons, 11600 San Vicente Boulevard, Brentwood, Los Angeles (heute)

In der ersten Hälfte des neuen Jahrzehnts entwickelte sich New World Pictures unter Cormans Leitung jedenfalls rasch zur größten *independent*-Firma Hollywoods - während die AIP ihren Status als *independent* in dieser Zeit verlor -, vordergründig mit reinen *exploitation*-Filmen, doch in Wirklichkeit stand die Anfangsphase der Firma unter einem ganz anderen Motto, das Corman bereits von Beginn an als Regisseur verfolgt hatte, dem des *female empowerment*. Dies betraf nunmehr nicht allein die Filme, sondern auch Positionen hinter der Kamera und die rein geschäftliche Leitung seiner Produktionsfirmen. "Roger hat", so jedenfalls die Regisseurin Linda Shayne, "mehr Frauen für leitende Positionen gefördert, als wahrscheinlich jede andere Person, die mir bekannt ist." Während es im klassischen Hollywood-Studiosystem tatsächlich nur eine einzige kontinuierlich arbeitende Regisseurin gegeben hatte - Dorothy Arzner (1897-1979) -, führten Frauen nun bei Corman Regie (Stephanie Rothman, Barbara Peeters), produzierten Filme (Julie Corman, Gale Anne Hurd), entwickelten die Stories (Frances Doel), arbeiteten in der Firmenleitung als Verantwortliche für den Geschäftsbetrieb oder die Firmenentwicklung (Barbara Boyle, Beverly Gray). Allein Julie Corman, geborene Halloran, die Roger Corman während der Dreharbeiten zu *GAS-S-S-S!* kennengelernt und noch 1970 geheiratet hatte (die beiden haben bis heute vier Kinder), produzierte nicht nur gemeinsam mit ihrem Mann 1972 Martin Scorseses Regie-Debüt *BOXCAR BERTHA* (Cormans nunmehr allerletzte Arbeit für die AIP), sondern von 1972 bis 1974 gleich fünf der *three girls-movies* der New World Pictures in der Nachfolge von *THE STUDENT NURSES*.

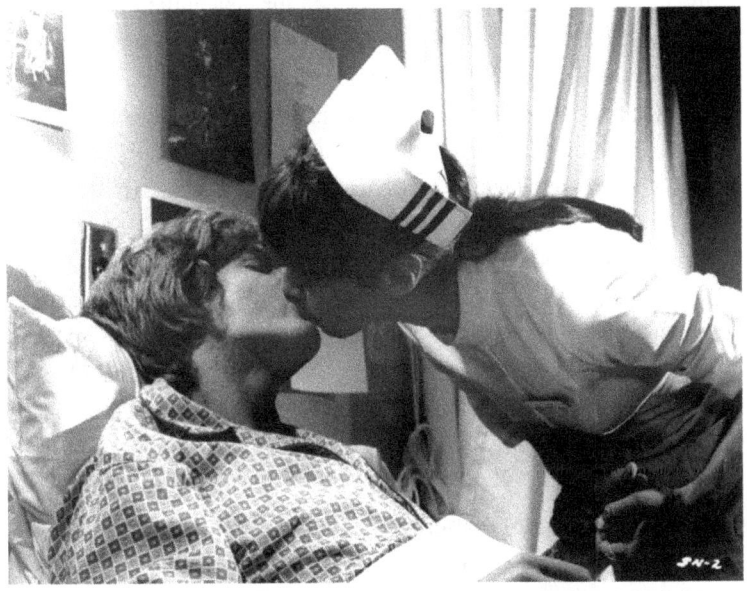

Elaine Giftos in Stephanie Rothmans *THE STUDENT NURSES* (New World Pictures, 1970)

Stephanie Rothman - 1936 geboren und jüdischer Abstammung sowie die erste Frau überhaupt, die ein Stipendium von der *Directors Guild of America* erhielt - hatte seit 1964 bereits als Cormans Assistentin gearbeitet und nannte diesen einmal "den einzigen Mentor, den ich jemals hatte." Über ihre Arbeit an *THE STUDENT NURSES* erzählte sie 2010:

> "Da ich nicht wusste, wie lange ich überhaupt Filme, welcher Art auch immer, machen konnte, habe ich mich entschlossen, zu sagen, was ich wollte, solange ich die Chance dazu erhielt, statt nur auf Nummer Sicher zu gehen. Die Leute haben registriert..., dass in meinen Filmen Frauen in ihrem Denken und Handeln unabhängig sind. Ich denke, dies fiel vor allem deshalb auf, da die Rollen, die für Frauen in dieser Zeit für gewöhnlich geschrieben wurden, diese auf abhängige Personen reduzierten. Es war in der Tat meine Absicht, dies in meinen Filmen anders zu machen. Ich wollte etwas erschaffen, das ich auch in der wirklichen Welt sehen wollte, gleichberechtigtere Geschlechter-Rollen, einfach ein Machtgleichgewicht zwischen den Geschlechtern. Darum auch sind in einigen Szenen die Männer ebenso nackt, wie die Frauen, was seinerzeit definitiv nicht die Regel gewesen ist. Aber, ich wollte die Unabhängigkeit der Frauen bis zu einem Punkt treiben, an dem der Sinn und Zweck ihres Lebens nicht mehr nur im Heiraten besteht. Einige Frauen haben in den 70ern bereits so gelebt, aber damals war dies im Leben wie im Film noch eine neuere Vorstellung, als sie es heute ist."[*]

Tatsächlich ließ Corman seinen Mitarbeitern weitestgehend freie Hand - solange sie nur eine für ihn kommerziell notwendige Formel bedienten, „nach der ich bereits seit einiger Zeit gearbeitet hatte: in der Jetzt-Zeit angesiedelte Geschichten aus einem liberalen bis politisch linken Blickwinkel mit etwas 'R-rated'-Sex (ab 17) sowie Humor. Aber es sollten keine Komödien sein. Ich bezweifle ganz ehrlich, dass die linke

---

[*] *Rothman*, Stephanie/*Baumgarten*, Marjorie: EXPLOITATION'S GLASS CEILING. FEMINIST FILMMAKER STEPHANIE ROTHMAN ON HER SHORT BUT BRILLIANT RUN MAKING B-MOVIES, in: The Austin Chronicle, 9. April 2010.

Gesinnung oder Botschaft für den Erfolg der Filme, die wir machen wollten, entscheidend gewesen ist, aber es war für die Filmemacher und für mich selbst wichtig, dass wir mit diesen Filmen auch etwas zu sagen hatten." Rothmans *THE STUDENT NURSES* folgten so eine ganze Reihe von *three girls-movies* (oft waren es auch vier) der New World Pictures, in denen eine Gruppe junger, gutaussehender Frauen als auszubildende Krankenschwestern, Lehrerinnen, Stewardessen oder Models ihre Abenteuer zwischen persönlichen und politischen Problemen der Zeit und *female sexual empowerment* erlebten: *PRIVATE DUTY NURSES, NIGHT CALL NURSES, THE YOUNG NURSES, THE STUDENT TEACHERS, FLY ME, CANDY STRIPE NURSES, SUMMER SCHOOL TEACHERS* und *COVER GIRL MODELS*.

Jonathan Kaplan, der 1972 mit dem für $115.000 gedrehten *NIGHT CALL NURSES* einen weiteren Hit für die New World Pictures landete (der Film spielte $1 Million ein), erzählte dabei von den berühmt gewordenen, in der Regel recht kurzen Einführungen, die Corman seinen jungen Filmemachern gab: „Es musste eine männliche sexuelle Fantasie geben, das war das *exploitation*-Element, einen komödiantischen Sub-Plot, Action, Gewalt sowie einen sozialen Sub-Plot, leicht links von der politischen Mitte angesiedelt... Und dann frontale Nacktheit von der Taille an aufwärts, totale Nacktheit von hinten, keine Schambehaarung zeigen und der Titel musste irgendwo im Film untergebracht werden - an die Arbeit!"[*] Waren die *exploitation*-Formel und die entsprechende Vermarktung der Filme noch Cormans Arbeit für die AIP entlehnt, so führte er als Produzent seine Filmemacher nun aber immer auch in seine eigene Art des filmischen Erzählens ein, wie Kaplan weiter erzählt: "Wenn du dich einer Szene annähern willst, dann frage dich

---

[*] Zit. n.: *di Franco*, J. Philip (Editor): THE MOVIE WORLD OF ROGER CORMAN, a. a. O., S. 176.

immer: Wessen Standpunkt soll die Szene vermitteln? Über wen handelt die Szene? Welche Charaktere sind von dieser Szene berührt? Im Kopf welcher Figur soll der Zuschauer seinen Platz einnehmen?... Die Art und Weise, mit der ein Charakter die Welt sieht, ist auch die Art und Weise, in der der Zuschauer die Welt sieht."*

Jack Hill war wohl *der* Corman-Schüler, der als Regisseur die besondere Erzählweise Cormans und dessen durchgängiges Motiv des *female sexual empowerment* am vollständigsten adaptiert hat. Und mit BIG DOLL HOUSE von 1971 initiierte Hill nicht nur mit den

Judith Brown und Roberta Collins in Jack Hills *BIG DOLL HOUSE* (New World Pictures, 1971)

---

* Zit. n.: *Koetting*, Christopher T.: MIND WARP!: THE FANTASTIC TRUE STORY OF ROGER CORMAN'S NEW WORLD PICTURES, Hailsham, 2009, S. 42.

women in prison-movies einen zweiten Trend für die New World Pictures nach den *three girls-movies*, er entdeckte dabei auch noch Pam Grier und machte diese - dann allerdings bereits wieder für die AIP - mit *COFFY* von 1973 und *FOXY BROWN* von 1974 zum weiblichen Star des *blaxploitation*-Films sowie zur Ikone der *black self-determination* und des *female empowerment*. Interessanterweise sind *BIG DOLL HOUSE*, wie auch der von Hill hiernach für die New World Pictures gedrehte *THE BIG BIRD CAGE* von 1972, bereits Filme *über* die Ausbeutung (*"exploitation"*) und den Voyerismus, zugleich Filme über die Rebellion sowie das feminine Begehren und *empowerment*. Über Corman sagte Jack Hill einmal: „Roger ist tatsächlich ein sehr talentierter Mann. Er war einmal ein sehr guter Regisseur. Sein größter Feind dabei war er selbst als Produzent." Es sind insbesondere Hills Filme, die am deutlichsten an Cormans eigene Regie-Arbeiten anschließen: *BIG DOLL HOUSE, THE BIG BIRD CAGE* sowie seine späteren, für die Centaur-Pictures gedrehten *THE SWINGING CHEERLEADERS* von 1974 und *SWITCHBLADE SISTERS* von 1975 sind rebellisch und direkt und wirken nicht zuletzt mit ihren Botschaften wie ein Wiederaufgreifen und eine Weiterentwicklung von Cormans eigenen Frauen-Filmen aus den 50er Jahren, insbesondere von *SWAMP WOMEN, SORORITY GIRL* und *TEENAGE DOLL*.

Zunächst aber garantierte Jack Hill den kommerziell erfolgreichen Start von Cormans New World Pictures gemeinsam mit Stephanie Rothman fast im Alleingang. Jack Hills beiden Hits folgten so noch eine ganze Reihe von *women in prison-movies*, von Gerardo de Leóns *WOMEN IN CAGES* von 1971, über Joe Violas *THE HOT BOX* von 1972 und Jonathan Demmes *CAGED HEAT* von 1974, bis hin zu Michael Millers *JACKSON COUNTY JAIL* von 1976. Den wohl größten

Trend der erste Hälfte des Jahrzehnts verpasste Corman allerdings weitestgehend mit der New World Pictures. Sam Arkoff war es nach *THE BIG BIRD CAGE* nicht nur gelungen, Jack Hill, sondern vor allem Pam Grier bei der AIP unter Vertrag zu nehmen, und so profitierte stattdessen Cormans altes Studio ganz besonders von der *blaxploitation*-Welle, insgesamt etwa 200 schwarze Action-, Horrorfilme und Komödien, die auf dem Höhepunkt der Ära zwischen 1971 and 1976 erschienen sind. Jack Hills *COFFY* erreichte sogar kurzzeitig Platz 1 der US-Kino-Charts und wie enorm erfolgreich die *blaxploitation*-Filme waren, zeigten allein die Zahlen der AIP, die diese Filme mit Stars wie Pam Grier, Fred Williamson und Jim Brown gleich dutzendweise herausbrachte: während sich nach dem Wall Street Journal die Gesamteinnahmen der Firma aus allen Filmen 1970 noch auf $22,7 Millionen beliefen (bei einer Steigerung gegenüber 1969 von $1,8 Millionen), nahm die AIP 1975 bereits $48,2 Millionen ein. Die AIP besetzte den *blaxploitation*-Markt und Corman fehlten die Stars, so dass New World Pictures mit Oscar Williams' *THE FINAL COMEDOWN* von 1972, Cirio H. Santiagos *SAVAGE!* von 1973 sowie 1975 mit *T.N.T. JACKSON*, ebenfalls von Santiago, nur ganz wenige *blaxploitation*-Filme in die Kinos brachte. Zumindest der auf den Philippinen gedrehte *T.N.T. JACKSON*, in dem das ex-Playboy-Model Jeannie Bell eine schwarze, an Pam Griers Rolle in *COFFY* angelehnte Rächerin im *martial arts*-Stil spielte, brachte der New World Pictures $1,3 Millionen an den Kinokassen ein, zeigte aber auch bereits eine weniger erfreuliche Seite Cormans. Nachdem er gemeinsam mit seiner Story-Entwicklerin Frances Doel einen ersten Entwurf geschrieben hatte, sollte sein alter Weggefährte Dick Miller, der bis dahin bereits in 30 Haupt- und Nebenrollen für Corman gespielt hatte, das Drehbuch für *T.N.T. JACKSON* schreiben. Doch Corman gefiel Millers Drehbuch nicht, die beiden gerieten aneinander, schrien sich an und Corman schleuderte schließlich eine Tischlampe durch das Büro. Corman ließ von dem Schauspieler Ken

Metcalfe eine neue Drehbuchfassung erstellen und so endete seine 20-jährige Freundschaft mit Dick Miller.

New World Pictures produzierte über die gesamten 70er Jahre äußerst erfolgreich *exploitation*-Filme in nahezu allen Genres und dabei nur ganz wenige Flops, wenn auch zumeist interessante, wie etwa 1974 Monte Hellmans *COCKFIGHTER* oder Jonathan Demmes *FIGHTING MAD* von 1976. Landete die Firma einen Kassenhit, so wie 1975 mit Paul Bartels satirischer Dystopie über ein Autorennen als tödliche Menschenjagd *DEATH RACE 2000*, der mit $5 Millionen das Siebzehnfache seines Budgets einspielte, dann legte Corman ein Sequel nach, versuchte daraus eine neue Erfolgsformel zu

Candice Rialson in Allan Arkushs/Joe Dantes *HOLLYWOOD BOULEVARD* (New World Pictures, 1976)

gewinnen, oder produzierte den Film in leicht abgeänderter Form einfach noch einmal: 1976 *CANNONBALL* von Paul Bartel, 1978 *DEATHSPORT* von Henry Suso und Allan Arkush. Nach äußerst erfolgreichen Anfangsjahren schien dann Mitte des Jahrzehnts die Zeit gekommen, dass sich die New World Pictures selbst feierte: *HOLLYWOOD BOULEVARD* von 1976 entsprang eigentlich einer Wette. Jon Davison, Leiter der Öffentlichkeitsabteilung der New World Pictures, hatte gegenüber Corman damit geprahlt, er könne einen Film für die Hälfte des Geldes machen, das jemals ein New World-Film seit 1970 gekostet hat. Corman ging darauf ein und sagte zu Davison, um die Wette zu gewinnen, dürfe der Film nicht mehr als $80.000 kosten und er würde ihm dafür $60.000 geben. Davison verwendete daraufhin umfangreiches Material aus anderen New World-Filmen wie *THE BIG BIRD CAGE, NIGHT CALL NURSES, SAVAGE!, DEATH RACE 2000* und *BIG BAD MAMA*, ließ den Rest von Allan Arkush und Joe Dante drehen, das Ganze von den beiden gemeinsam mit Amy Jones im Schneideraum zusammenmontieren und produzierte den Film schließlich für $54.039,43 in zehn Tagen. *HOLLYWOOD BOULEVARD* steckte bereits voller Insider-Jokes über Roger Corman: Dick Miller spielte hierin den Filmagenten „Walter Paisley" als Reminiszenz an seine Rolle in *A BUCKET OF BLOOD*, Paul Bartel den Regisseur „Erich Von Leppe", Boris Karloffs Charakter aus *THE TERROR*. Der Film wurde mit dem Werbe-Claim „Schamlos mit Sex und Gewalt beladen" beworben und Francis Ford Coppola („Ich habe Teile dieses Films gedreht, aber sie haben es umgeschnitten und ruiniert"), Roger Corman („Der größte Film des Jahrzehnts, der in zehn Tagen gedreht wurde!") sowie Martin Scorsese („Ich habe seit den Filmen meiner Grundausbildung nicht mehr so viel Beifall geklatscht") stellten sich für die äußerst witzige Werbekampagne zur Verfügung. *HOLLYWOOD BOULEVARD* spielte mit etwa $1 Million das Zweitausendfache seines Budgets ein.

Was als Wette begann und zum ironischen Spiel mit dem Image Roger Cormans und der New World Pictures wurde, enthielt aber auch bereits schon eine andere Wahrheit. Irgendwann sagt Paul Bartel in *HOLLYWOOD BOULEVARD* zu Mary Woronov, die von Andy Warhols Factory zur New World Pictures gekommen war: „Dies ist kein Film über die Conditio Humana, sondern über Titten und Ärsche." Tatsächlich sollten in der zweiten Hälfte der 70er Jahre die Filme der Firma, parallel zum beginnenden Ende der Um- und Aufbruchszeiten der 68er-Bewegung, immer mehr zur reinen *exploitation* werden, an die Stelle des *female sexual empowerments* der Filme Stephanie Rothmans, Jack Hills oder Jonathan Kaplans, oder von bissigen Gesellschaftssatiren im linken Zeitgeist wie *DEATH RACE 2000*, traten nun immer formelhaftere Filme, in denen Sex und Gewalt zunehmend als Selbstzweck vorgeführt wurden. Zwar nahm Corman weiterhin Filme angesehener ausländischer Regisseure wie François Truffauts *SMALL CHANGE* von 1976 oder Volker Schlöndorffs *THE TIN DRUM* von 1979 in den US-Verleih der New World Pictures - eine Praxis, die er 1972 mit *CRIES AND WHISPERS* von Ingmar Bergman begonnen hatte - und die Firma landete auch weiterhin mit Filmen wie Ron Howards *GRAND THEFT AUTO* von 1977, Joe Dantes *PIRANHA* von 1978 oder Jim T. Murakamis *BATTLE BEYOND THE STARS* von 1980 regelmäßig ihre großen Kassenhits, doch Michael Millers *JACKSON COUNTY JAIL* von 1976 dürfte wohl die letzte Eigenproduktion der New World Pictures gewesen sein, mit der sich Roger Corman noch einmal als rebellischer Seismograf der Umbrüche seiner Zeit erwies. Der Film handelte nur vordergründig von einer Vergewaltigung seiner Hauptfigur (Yvette Mimieux) durch einen Polizisten und ihrer anschließenden Flucht gemeinsam mit einem Schwerstverbrecher (Tommy Lee Jones) vor der Staatsgewalt. Er wurde vielmehr ein auch heute noch beeindruckender, finsterer Kommentar auf ein Land mit seiner zweihundertjährigen Gewaltkultur, seinem Nationalpathos, der Selbstermächtigung seiner Gesetzeshüter, seinen Hinterwäldler-*communities* und nicht zuletzt seiner tiefsitzenden Frauenverachtung. Für die Vermarktung von JACKSON COUNTY JAIL ließ Corman an die Kino-Betreiber sogar eigens noch folgenden Ratschlag ausgeben: "Der Start des Films sollte mit lokalen Aktivitäten der Frauenbewegung in Verbindung gebracht werden, insbesondere, wenn es in der Nähe einen Campus gibt."

Michael Millers *JACKSON COUNTY JAIL* (New World Pictures, 1976)

Das *female empowerment* und der gesellschaftliche Außenseiter als Protagonist, dies waren in der Tat zwei der durchgängigen Hauptmotive in Roger Cormans Werk bereits als Regisseur und mit dieser Produktion gelang es ihm zum letzten Mal diese Motive filmisch auf seine Zeit zu beziehen - allerdings wieder mit einer sehr pessimistischen Aussage, denn der gesellschaftlich-politische und kulturelle Aufbruch der 60er und 70er Jahre, den Corman als Regisseur und Produzent bei der American International Pictures und mit der New World Pictures immer auch dokumentiert hatte, er ging allmählich zu Ende und das Land sollte schon innerhalb weniger Jahre die reaktionären Zeiten der Reagan-Ära erfahren.

1980, kurz vor Beginn dieser Reagan-Ära, kam es dann auch zum Eklat. Barbara Peeters, die 1971 für die Firma mit *BURY ME AN ANGEL* den ersten Frauen-Bikerfilm sowie 1974 mit *SUMMER SCHOOL TEACHERS* den *three girls-movie* gedreht hatte, den Corman selbst „für den stärksten Film mit der Botschaft für die Befreiung der Frau, den die New World Pictures jemals gemacht hat", hielt, hatte gerade für Corman den Horrorfilm *HUMANOIDS FROM THE DEEP* fertiggestellt. Wegen des aufkommenden Video-Marktes und des beginnenden Kollaps' der Auto-Kinos mittlerweile auch finanziell erheblich unter Druck geraten, schickte Corman jedoch danach noch den *Second Unit Director* James Sbardellati mit einem Filmteam los, das - ohne Peeters' Wissen - einige Nacktszenen nachdrehte, unter Anderem auch die Vergewaltigung einer Frau durch eines der Film-Monster. Corman glaubte, so die kommerziellen Chancen des Films verbessern zu können. Barbara Peeters und Hauptdarstellerin Ann Turkel luden Joyce Sunila von der Los Angeles Times zu einer Privatvorführung von *HUMANOIDS FROM THE DEEP* ein, von der Sunila dann berichtete:

> „Ich schaute in die Gesichter der weiblichen Crew-Mitglieder. Sie sahen vor der Vorstellung noch ganz begeistert und warmherzig aus, aber jetzt starrten sie zumeist nur noch auf den Boden. Einige hatten wütende, angewiderte Blicke in ihren Gesichtern. Es ist ein Blick, den ich seinerzeit mehr und mehr bei Frauen beobachten konnte... Mehr als nur Ärger oder Bitterkeit, mehr als nur eine Abwehrreaktion von Menschen, die lediglich ver-

zaubert oder umschmeichelt werden wollten, zeigte sich in diesen Gesichtern das Gefühl des Verratenseins. All diese Frauen sahen auf die eine oder andere Weise so aus, als könnten sie das Buch über Verrat schreiben."[*]

Ann Turkel richtete eine Petition an die *Screen Actors Guild*, um die Veröffentlichung des Films zu stoppen, war hiermit jedoch ebenso erfolglos wie Barbara Peeters, die die New World Pictures dazu aufforderte, ihren Namen aus dem Film zurückzuziehen. Corman ließ Peeters lediglich ausrichten, dass sie dann die Kosten für die dann neu zu erstellenden *Credits* und *Publicities* selbst zu tragen habe.

Und so endete Cormans Freundschaft mit Peeters, wie zuvor bereits die mit Dick Miller geendet hatte und wie hiernach auch die mit Jack Hill enden sollte, der mit seinem letzten Film für die New World Pictures *SORCERESS* von 1982 ähnliche Erfahrungen mit Corman machen musste. „Es gibt zwei von ihm", so erzählte Howard R. Cohen, der an die vierzig Filme für Corman geschrieben hatte, einmal, „den, mit dem du redest, und den, mit dem du Geschäfte machst. Den, mit dem du redest, mag ich immer noch sehr gerne." Ende der 70er Jahre begann jedenfalls mit reaktionäreren Zeiten auch Roger Cormans andere Seite als kompromissloser Geschäftemacher und Pfennigfuchser endgültig die Oberhand zu gewinnen, ein Image, mit dem er nun auch zu kokettieren begann: in *THE HOWLING* von 1981 trat er für seinen Schüler Joe Dante in einem Cameo auf, bei dem er eine Telefonzelle betrat und in der Münzklappe zunächst einmal nach dort vergessenen Geldmünzen suchte. Je näher das tatsächliche Millennium rückte, desto mehr sollten sich damit auch Marktbedingungen für Cormans *independent*-Kino ändern. Major-Studios kopierten zunehmend die *exploitation*-Formeln der

---

[*] Zit. n.: *Koetting*, Christopher T.: MIND WARP!, a. a. O., S. 176.

independents wie AIP und New World Pictures und drängten mit erheblich mehr finanziellen Mitteln mit ihrer *high budget-exploitation* in deren Marktnischen und Vertriebswege; der Home-Video-Markt ließ eine neue Konkurrenz entstehen, zudem stiegen die Kosten für Produktion, Filmkopien und Vermarktung zum Teil erheblich. Innerhalb von nur zwei Jahren sank so die Filmproduktion der *independents* von 357 Filmen in 1977 auf 189 in 1979.

Vor allem aber war es der Niedergang von Cormans filmischer Heimat, der Auto-Kinos, der der New World Pictures Ende der 70er zu schaffen machte. Dieser hatte gleich mehrere Ursachen. Im ganzen Land entstanden riesige Shopping Malls in den Vorstädten mit eingebauten Multiplex-Kinos und zudem stiegen die Grundstückspreise, so dass es nun lukrativer wurde, die Auto-Kinos zu verkaufen, statt zu modernisieren. Steigende Verleihgebühren gaben den Auto-Kinos, in Kombination mit der Einführung der Sommerzeit, den Rest, denn die Startzeit der Filme verschob sich nun um eine Stunde, wodurch das Familiengeschäft ruiniert wurde.

Ruine des Bronco Auto-Kinos, Beeville, Texas (um 1979)

Corman reagierte, mit mehr finanzieller, aber damit auch weniger künstlerischer Risikobereitschaft, unter Anderem mit höher budgetierten Horror-, Science Fiction- und Schwert-und-Sandalen-Filmen, die an die Kassenerfolge der *high budget-exploitation*-Filme der Majors anschlossen und davon profitieren sollten. Mit Erfolg: 1980 wurde das bisher profitabelste Jahr der Firma und New World Pictures kontrollierte nun wieder 60 Prozent des *independent*-Marktes. Den Preis hierfür hatten Regisseure wie Barbara Peeters, Jack Hill oder auch Amy Jones zu zahlen, deren THE SLUMBER PARTY MASSACRE von 1982 von einer - von Rita Mae Brown stammenden - Slasher-Film-Parodie zu einem misogynen Genre-Standard umgeschrieben wurde. Dass es auch in den 80er und 90er Jahren durchaus noch möglich war, scharfe Gesellschaftskritiken erfolgreich in die Kinos zu bringen, bewies ausgerechnet HOLLYWOOD BOULEVARD-Produzent Jon Davison, der 1987 und 1997 mit Paul Verhoevens ROBOCOP sowie mit STARSHIP TROOPERS zwei Kassenhits und zugleich bitterböse Kommentare auf den amerikanischen Kapitalismus und Militarismus produzierte. Doch auch diese alte „Corman-Schule" gab es Anfang der 80er Jahre nicht mehr und neuere Regisseure wie Jim Wynorski, die nun bei New World Pictures anfingen, blieben nun entweder bei der *exploitation* oder im aufkommenden *direct to video*-Markt, oder verschwanden bald wieder ganz.

Nachdem Roger Corman 1983 die New World Pictures für $16,5 Millionen an die Hollywood-Anwälte Larry Kupin, Harry E. Sloan und Larry A. Thompson verkauft hatte, erwies er nun ein letztes Mal Paul Willemens „The Millennic Vision" seine Referenz, jener Retrospektive seines Werks von 1970, deren Plakat, neben Fotografien der Pariser Studenten-Revolte vom Mai 1968, seit Gründung der Firma in seinem Büro hing. Corman hatte seine Reputation als bedeutender *auteur* der 60er Jahre noch nicht ganz vergessen und nannte seine neue Firma nun Millennium Films. Doch, da „niemand den Namen buchstabieren konnte und keiner wusste, was er bedeutete", so Corman, änderte er den Firmennamen bereits im Oktober 1983 in New Horizons. Im März 1985 verklagte er die neuen Inhaber der New World Pictures wegen ausstehender Gelder und des mangelhaften Vertriebs seiner Filme, diese strengten wiederum eine Gegenanklage an und es kam zu einem Vergleich, der Corman am Ende die Rechte an sämtlichen New World-Filmen bis 1983 und damit sein zukünftiges Geschäft sicherte. Ende März 1985 rief Corman gemeinsam mit seiner Frau Julie die Verleihfirma Concorde ins Leben, um den Vertrieb seiner Filme sicherzustellen und Concorde-New Horizons war

Angie Dickinson in Jim Wynorskis *BIG BAD MAMA II* (Concorde-New Horizons, 1987)

geboren. Corman drängte mit der neuen Firma nun vor allem in den Video-Markt und schloss für deren Vertrieb Verträge unter Anderem mit Columbia, MGM/United Artists und Warner Brothers ab. Er produzierte in der Masse nun Sequels oder Remakes seiner alten Filme, oftmals mit ehemaligen Porno-Stars wie Tracy Lords oder Ginger Lynn, so Jim Wynorskis *BIG BAD MAMA II* von 1987, Steve Barnetts *HOLLYWOOD BOULEVARD II* von 1989, Jim Wynorskis *NOT OF THIS EARTH* von 1988, oder Aaron Osbornes *CAGED HEAT 3000* von 1995. Hatte Concorde-New Horizons einmal einen ihrer seltenen Kino-Hits, wie etwa 1990 mit Kristine Petersons Erotik-Thriller *BODY CHEMISTRY*, so folgten dem gleich drei *direct to video*-Sequels. Die erfolgreichste Video-Veröffentlichung der Firma wurde 1993 Adam Simons *JURASSIC PARK*-Rip off *CARNOSAUR*, von dem Corman allein 85.000 Kopien verkaufte. Es war anspruchslose Massenproduktion, doch eine kommerziell extrem erfolgreiche. Während New World Pictures nun im Laufe der 80er in die roten Zahlen geriet, verdoppelte Concorde-New Horizons ihre Produktion zwischen 1986 und 1989, bei jährlichen Einnahmen von jeweils über $100 Millionen. Bereits das Jahr 1986 brachte Corman dabei einen Reinprofit von $7,4 Millionen ein. Im Frühjahr 2000 benannte er die Firma in New Concorde um und vertrieb nun immerhin über New Concorde Home Entertainment wieder vermehrt ältere New World-Klassiker wie *THE STUDENT NURSES, NIGHT CALL NURSES* oder *PIRANHA* auf DVD. 2005 verkaufte er die Vertriebsrechte an über 400 Produktionen an Buena Vista Home Entertainment, die dann 2010 von dem Label Shout! Factory erworben wurden.

Nur ein einziges Mal kehrte Roger Corman auf den Regiestuhl zurück. Ganz der Geschäftsmann, zu dem er inzwischen fast vollständig geworden war, konnte er das Angebot der 20th Century Fox, ihm hierfür $1 Million zu zahlen, einfach nicht ablehnen. *FRANKENSTEIN*

UNBOUND von 1990, seine in Italien gedrehte Verfilmung von Brian Aldiss' gleichnamigen Science Fiction-Roman mit John Hurt, Raúl Juliá und Bridget Fonda, wurde ein gigantischer kommerzieller - der Film kostete $11,5 Millionen, spielte aber lediglich $335.000 ein - und künstlerischer Flop. Corman war mittlerweile zur Legende geworden, doch seinen Zugang zum Filmemachen wie zu seiner Zeit hatte er nun weitestgehend verloren, anders als viele seiner Schüler wie Jonathan Demme, Ron Howard oder James Cameron, die inzwischen mit Filmen wie *THE SILENCE OF THE LAMBS, APOLLO 13* und *TITANIC* gleich reihenweise Blockbuster in die Kinos brachten.

Roger Cormans *FRANKENSTEIN UNBOUND* (A Mount Company/ 20th Century Fox, 1990)

Als Roger Corman 2010 bei der Verleihung der 82. *Academy Awards* dann doch noch seinen Ehren-Oscar für sein Lebenswerk erhielt, der ihm gemeinsam mit Lauren Bacall und Gordon Willis allerdings bereits im November 2009 bei einem privaten

Dinner vor 600 Gästen überreicht wurde (unter Anderem moderiert von Quentin Tarantino), gewann zugleich mit Kathryn Bigelow für *THE HURT LOCKER* zum ersten und bisher einzigen Mal eine Frau den Oscar für die beste Regie. Es ist wohl nicht zu viel gesagt, dass dies ohne Roger Corman wohl kaum möglich gewesen wäre. Niemand in der Geschichte Hollywoods hatte seit Carl Laemmle derart vielen Frauen eine erste Möglichkeit zur Arbeit auch hinter der Kamera gegeben, wie Corman als Regisseur, Produzent und Firmenleiter. Es ist dies wohl sein wichtigstes Erbe, trotz seines gesellschaftlichen Pessimismus und seiner sich ab den 80er Jahren immer mehr durchsetzenden reinen Kommerzfilmerei, ein Erbe, das bis heute am nachhaltigsten wirkt und mit dem es ihm tatsächlich doch noch gelungen ist, ein Stück jener Hoffnungen und jener Rebellion der 50er, 60er und frühen 70er Jahre Wirklichkeit werden zu lassen. Im Grunde blieb Roger Corman dabei auch noch bis heute immer ein Seismograf seiner Zeit, später nicht mehr künstlerisch, sondern als Geschäftemacher, nur dass diese Zeiten dann eben wieder reaktionärer und kapitalistischer wurden. Heute vergleicht Corman Donald Trump mit Adam Cramer, William Shatners Charakter aus *THE INTRUDER*, und nennt *DEATH RACE 2050*, sein aktuellstes Remake von *DEATH RACE 2000* von 2017, in dem ein Geschäftsmann als Präsident der mittlerweile zur „United Corporations of America" gewordenen USA gezeigt wird, „den ersten Film über Donald Trump als Präsidenten der Vereinigten Staaten."

Roger Cormans rebellische, linke Gesinnung, er hat sie also noch nicht ganz verloren, und anders noch als bei jenem „Verrat" an Barbara Peeters mit *HUMANOIDS FROM THE DEEP* - gegenüber dem sich Corman noch glaubte in der Los Angeles Times zur Wehr setzen zu müssen -, vertritt er diese mittlerweile mit einem Augenzwinkern, nun in der Hauptsache über den Syfy Channel für das Fernsehen und weiterhin für das Heimkino produzierend. In Declan O'Brians *SHARKTOPUS* von 2010, einem Film, der in seinem unbedarften Charme schon wieder an sein Debüt als Produzent mit *MONSTER FROM THE OCEAN FLOOR* von 1954 erinnerte, trat Corman wieder in einem kleinen Cameo auf. Wie bereits in *THE HOWLING* persiflierte er dabei sein Image, doch diesmal mit einer fast schon postmodern anmutenden Ironie: In *SHARKTOPUS*

> „läuft ein Bikini-Girl mit einem Suchgerät über den Strand. Sie ist auf Schatzsuche. Ein alter Mann (Corman) schleicht ihr hinterher. Ihr Suchgerät sendet ein Signal. Das Mädchen beugt sich hinab, fängt an zu buddeln. Der alte Mann geht ganz nahe an sie heran, schaut ihr - so scheint es zunächst - auf den Hintern. Ein Voyeur also. Plötzlich findet sie im Sand eine antike Münze... In diesem Moment kommen riesige Fangarme (des Sharktopus) aus dem Meer, ergreifen sie und zerren sie ins Wasser. Der alte Mann beobachtet das Spektakel, zuckt lächelnd mit den Schultern, hebt jetzt seinerseits die Münze auf, prüft sie mit einem Biss auf Echtheit, steckt sie in die Tasche und geht ab. Der Produzent als Schatzsucher: Er folgt der erotischen Attraktion..., die geradewegs zum Schatz (Einnahmen) führt. Dabei wird sie buchstäblich den Haien (mit Krakenarmen) zum Frass vorgeworfen. Nur der Produzent geht mit dem Gewinn davon. Eine Bilderbuchillustration zum Thema Ausbeutung, die in keinem marxistisch-feministischen Lehrbuch fehlen dürfte."[*]

Was der Autor bei aller Würdigung dieser kritisch-selbstironischen Botschaft jedoch unterschlagen hat, ist Cormans erklärtes Lieblings-Ende aller Filme, die er jemals gemacht hat, jenes von *CREATURE FROM THE HAUNTED SEA*. Nachdem sich darin eine Bande von

---

[*] *Harzheim*, Harald: THE KINGS OF THE B'S: JEAN LUC GODARD AND ROGER CORMAN, Wien, 2013, S. 57f.

Roger Corman in Declan O'Brians *SHARKTOPUS* (Syfy, 2010)

Räubern des Schatzes kubanischer Batista-Generäle bemächtigt, diese umgebracht und die Tat dadurch zu verschleiern versucht hat, indem sie ein fiktives Untersee-Monster erfanden, taucht dieses Monster plötzlich *tatsächlich* auf. „Und dieses Mal", so Corman, „bestand ich darauf, dass das Monster gewinnt. In der letzten Einstellung des Films sollte das Monster auf einer Truhe voller Gold auf dem Grund des Meeresbodens sitzen, die Skelette aller Darsteller aus dem Film um es herum verstreut und sich dabei in den Zähnen picken. Das ist es. Das Monster gewinnt."[*]

Am Ende werden die von uns selbst erschaffenen Monster immer Wirklichkeit und tragen den Sieg davon, mögen sie uns anfangs auch noch so irreal und lächerlich erscheinen (in diesem Fall notdürftig zusammengesetzt aus einem Neoprenanzug, Moos, Brillo-Pads, Tennisbällen für die Augen, Tischtennisbällen für die Pupillen, einem Stahlhelm und Pfeifenreinigern für die Krallen), solange diese Monster dabei

---

[*] *Corman*, Roger/*Jerome*, Jim: HOW I MADE A HUNDRED MOVIES IN HOLLYWOOD AND NEVER LOST A DIME, a. a. O., S. 237.

nur glauben, genug Profit für sich herausschlagen zu können. Dies ist die andere, die pessimistische Botschaft aus Roger Cormans Lebenswerk als Filmemacher - höchstwahrscheinlich ist es die bedeutendere.

Filmografie

Abkürzungen: Dt = Deutscher Titel; P = Produktion; AP = Ausführende Produktion; R = Regie; DB = Drehbuch; K = Kamera; S = Schnitt; M = Musik; KL = Künstlerische Leitung; A = Ausstattung; SpE = Spezialeffekte; MU = Make Up; D = Darsteller; UA = Uraufführung; DUA = Deutsche Uraufführung; FM = Format; s/w = Schwarzweiß; F = Farbe.

Regie:

1. FIVE GUNS WEST
Dt: FÜNF REVOLVER GEHN NACH WESTEN
USA 1955 78 Min.
Palo Alto/American Releasing Corporation
P: Roger Corman, R: Roger Corman, DB: R. Wright Campbell (Nach einer Story von Roger Corman), K: Floyd Crosby, S: Ronald Sinclair, M: Buddy Bregman, KL: Ben Hayne, UA: 15. 04. 1955, DUA: 1958, FM: 35mm, F, Superscope. Budget: $60.000.
Darsteller:
John Lund (Govern Sturgess), Dorothy Malone (Shalee), Touch Connors (Hale Clinton), Paul Birch (J.C. Haggard), James Stone (Uncle Mime), Bob Campbell (John Morgan Candy), Jonathan Haze (William Parcel Candy), Jack Ingram (Stephen Jethro), Larry Thor (Südstaatenoffizier), Jack Bohrer, Lionel Place, William Taylor.

2. THE BEAST WITH 1,000,000 EYES / THE BEAST WITH A MILLION EYES
Dt: AUSGEBURT DER HÖLLE
USA 1955 78 Min.
Palo Alto/San Mateo/American Releasing Corporation
P: Samuel Z. Arkoff, David Kramarsky, AP: Roger Corman, R: David Kramarsky, Lou Place, Roger Corman (ungenannt), DB: Tom Filer, K: Everett Baker, Floyd Crosby, S: Jack Killifer, M: Dmitri Shostakovich, KL: Albert S. Ruddy, SpE: Paul Blaisdell, UA: 15. 06. 1955, DUA: 12. 01. 1961, FM: 35mm, s/w. Budget: $33.000.
Darsteller:
Paul Birch (Allan Kelly), Lorna Thayer (Carol Kelley), Dona Cole (Sandra Kelley), Leonard Tarver (Carl), Dick Sargent (Deputy Larry Brewster), Chester Conklin (Ben Webber), Bruce Whitemore (Stimme des Monsters).

3. APACHE WOMAN
Dt: HEISSE COLTS UND SCHNELLE PFERDE
USA 1955 83 Min.
Golden State/American Releasing Corporation
P: Roger Corman, AP: Alex Gordon, R: Roger Corman, DB: Lou Rusoff, K: Floyd Crosby, S: Ronald Sinclair, M: Ronald Stein, UA: 15. 09. 1955, DUA: 28. 11. 1958, FM: 35mm, F. Budget: $80.000.
Darsteller:
Joan Taylor (Anne Libeau), Lloyd Bridges (Rex Moffet), Lance Fuller (Armand), Morgan Jones (Macy), Paul Birch (Sheriff), Lou Place (Carrom Bentley), Paul Dubov (Ben), Jonathan Haze (Tom Chandler), Gene Marlowe (White Star), Dick Miller (Tall Tree), Chester Conklin (Mooney), Jean Howell (Mrs. Chandler).

4. DAY THE WORLD ENDED
Dt: DIE LETZTEN SIEBEN
USA 1955 82 Min.
Golden State/American Releasing Corporation
P: Roger Corman, AP: Alex Gordon, R: Roger Corman, DB: Lou Rusoff, K: Jock Feindel, S: Ronald Sinclair, M: Ronald Stein, KL: Karl Brainard, A: Harry Reif, SpE: Paul Blaisdell, MU: Steven Clensos, UA: Dezember 1955, DUA: 21. 02. 1958, FM: 35mm, s/w, Scope. Budget: $ 96.234,49.
Darsteller:
Richard Denning (Rick), Lori Nelson (Louise Maddison), Adele Jergens (Ruby), Touch Connors (Tony), Paul Birch (Jim Maddison), Raymond Hatton (Pete), Paul Dubov (Radek), Jonathan Haze (Kontaminierter Mann), Paul Blaisdell (Mutant).

5. THE OKLAHOMA WOMAN
Dt: EINER SCHOSS SCHNELLER
USA 1956 71 Min.
Sunset/American Releasing Corporation
P: Roger Corman, AP: Alex Gordon, R: Roger Corman, DB: Lou Rusoff, K: Fred West, S: Ronald Sinclair, M: Ronald Stein, UA: 15. 06. 1956, DUA: 16. 10. 1964, FM: 35mm, s/w, Superscope. Budget: $65.000.
Darsteller:
Peggie Castle (Marie "Oklahoma" Saunders), Richard Denning (Steve Ward), Tudor Owen (Ed Grant), Martin Kingsley (Sheriff Bill Peters), Cathy Downs (Susan Grant), Touch Connors (Sheriff), Jonathan Haze, Richard (Dick) Miller, Thomas Dillon, Edmund Cobb, Bruno Ve Sota, Joe Brown.

6. SWAMP WOMEN / CRUEL SWAMP / SWAMP DIAMONDS
Dt: VIER FRAUEN IM SUMPF
USA 1956 73 Min.
Woolner Bros.
P: Bernard Woolner, R: Roger Corman, DB: David Stern, K: Fred West, S: Ronald Sinclair, M: Willis Holman, UA: 01. 04. 1956, DUA: 05. 10. 1956, FM: 35mm, F.
Darsteller:
Beverly Garland (Vera), Carole Mathews (Lee), Touch Connors (Bob), Marie Windsor (Josie), Jill Jarmyn (Billie), Susan Cummings (Marie), Jonathan Haze.

7. GUNSLINGER / THE YELLOW ROSE OF TEXAS
Dt: SONNTAG SOLLST DU STERBEN
USA 1956 83 Min.
Santa Clara/American Releasing Corporation
P/AP/R: Roger Corman, DB: Charles B. Griffith, Mark Hanna, K: Fred West, S: Charles Gross, M: Ronald Stein, MU: Jack Byron, UA: 15. 06. 1956, DUA: 28. 07. 1961, FM: 35mm, F, WideVision.
Darsteller:
Beverly Garland (Rose Hood), John Ireland (Cane Miro), Allison Hayes (Erica Page), Martin Kinsley (Gideon Polk), Jonathan Haze (Jake Hays), Chris Alcaide (Joshua Tate), Dick Miller (Jimmy Tonto), Bruno Ve Sota (Zebelon Tab), William Schallert (Scott Hood), Chris Miller (Tessie-Belle), Margaret Campbell, Aaron Saxon, George Opperman.

8. IT CONQUERED THE WORLD / IT CONQUERED THE EARTH
USA 1956 68 Min.
Sunset/American International Pictures
P: Roger Corman, AP: James H. Nicholson, R: Roger Corman, DB: Lou Rusoff, Charles B. Griffith (Ungenannt), K: Frederick West, S: Charles Gross, M: Ronald Stein, KL: Karl Brainard, SpE: Paul Blaisdell, MU: Larry Butterworth, UA: 15. 07. 1956, FM: 35mm, s/w.
Darsteller:
Peter Graves (Paul Nelson), Beverly Garland (Claire Anderson), Lee Van Cleef (Tom Anderson), Sally Fraser (Joan Nelson), Russ Bender (Patrick), Jonathan Haze (Manuel Ortiz), Dick Miller (Neil), Karen Kadler (Ellen Peters), Charles B. Griffith (Pete Shelton), Paul Blaisdell ("It").

9. NAKED PARADISE / THUNDER OVER HAWAII
USA 1957 71 Min.
Sunset/American International Pictures
P: Roger Corman, AP: James H. Nicholson, R: Roger Corman, DB: Charles B. Griffith, Mark Hanna, R. Wright Campbell (Ungenannt), K: Floyd Crosby, S: Charles Gross, M: Ronald Stein, Hawaiianische Lieder: Alvin Kaleolani, Kostüme: Shaheen of Honolulu, UA: Januar 1957, FM: 35mm, F, WideVision. Budget: $90.000.
Darsteller:
Richard Denning (Duke), Beverly Garland (Max), Lisa Montell (Keena), Leslie Bradley (Zac), Dick Miller (Mitch), Jonathan Haze (Stony), Roger Corman, Samuel Z. Arkoff.

10. NOT OF THIS EARTH
Dt: GESANDTER DES GRAUENS / DIE AUSSERIRDISCHEN
USA 1957 67 Min.
Los Altos/Allied Artists
P: Roger Corman, R: Roger Corman, DB: Charles B. Griffith, Mark Hanna, K: John J. Mescall, S: Charles Gross, M: Ronald Stein, SpE: Paul Blaisdell, MU: Curly Batson, Titelsequenz: Paul Julian, UA: 10. 02. 1957, DUA: 15. 10. 1957, FM: 35mm, s/w. Budget: $80.000
Darsteller:
Paul Birch (Paul Johnson/Außerirdischer), Beverly Garland (Nadine Storey), Morgan Jones (Harry Sherbourne), William Roerick (Dr. Frederick Rochelle), Jonathan Haze (Jeremy Perrin), Dick Miller (Joe Piper), Tamar Cooper (Joanna Oxford), Anna Lee Carroll (Außerirdische) Roy Engel, Pat Flynn, Gail Ganley, Ralph Reed, Harold Fong.

11. ATTACK OF THE CRAB MONSTERS
USA 1957 62 Min.
Lost Altos/Allied Artists
P: Roger Corman, R: Roger Corman, DB: Charles B. Griffith, K: Floyd Crosby, Unterwasserfotografie: Maitland Stuart, S: Charles Gross, M: Ronald Stein, SpE: Beach Dickerson, Ed Nelson, Titelsequenz: Paul Julian, MU: Curley Batson, UA: 10. 02. 1957, FM: 35mm, s/w. Budget: $70.000.
Darsteller:
Richard Garland (Dale Drewer), Pamela Duncan (Martha Hunter), Russell Johnson (Hank Chapman), Leslie Bradley (Karl Weigand), Mel Welles (Jules Deveroux), Richard Cutting (James Carson), Beach Dickerson (Ron

Fellows/Krabbe), Tony Miller (Stan Sommers), Ed Nelson (Quinlin/Krabbe), Charles B. Griffith (Tate).

12. THE UNDEAD
USA 1957 75 Min.
Balboa/American International Pictures
P: Roger Corman, R: Roger Corman, DB: Charles B. Griffith, Mark Hanna, K: William Sickner, S: Frank Sullivan, M: Ronald Stein, KL: Karl Brainard, MU: Curly Batson, UA: März 1957, FM: 35mm, s/w. Budget: $70.000.
Darsteller:
Pamela Duncan (Diana Love/Helene), Richard Garland (Pendragon), Allison Hayes (Livia), Val Doufour (Quintus Ratcliff), Mel Welles (Smolkin), Dorothy Neumann (Meg-Maud), Billy Barty (Imp), Bruno Ve Sota (Scroop), Aaron Saxon (Gobbo), Richard Devon (Satan), Dick Miller.

13. ROCK ALL NIGHT
USA 1957 65 Min.
Sunset/American International Pictures
P: Roger Corman, AP: James H. Nicholson, R: Roger Corman, DB: Charles B. Griffith (Nach dem Fernsehspiel *The Little Guy* von David P. Harmon), K: Floyd Crosby, S: Frank Sullivan, M: Buck Ram, KL: Robert Kinoshita, UA: April 1957, FM: 35mm, s/w. Budget: $30.000.
Darsteller:
Dick Miller (Shorty), Abby Dalton (Julie), Robin Morse (Al), Richard Cutting (Steve), Bruno Ve Sota (Charlie), Chris Alcaide (Angie), Mel Welles (Sir Bop), Barboura Morris (Syl), Clegg Hoyt (Marty), Russell Johnson (Jigger), Jonathan Haze (Joey), Richard Carlan, Jack De Witt, Bert Nelson, Beach Dickerson, Ed Nelson, The Platters, The Blockbusters.

14. SORORITY GIRL / CONFESSIONS OF A SORORITY GIRL / THE BAD ONE / SORORITY HOUSE
Dt: AUFRUHR IM MÄDCHENWOHNHEIM
USA 1957 60 Min.
Sunset/American International Pictures
P: Roger Corman, AP: James H. Nicholson, R: Roger Corman, DB: Ed Waters, Leo Lieberman, K: Monroe P. Askins, S: Charles Gross, M: Ronald Stein, Titelsequenz: Bill Martin, MU: Curly Batson, Kostüme: Gwen Fitzer, UA: Oktober 1957, DUA: 31. 08. 1993 (Bayern 3), FM: 35mm, s/w.
Darsteller:
Susan Cabot (Sabra Tanner), Dick Miller (Mort), Barboura O'Neill (Rita

Joyce), June Kenney (Tina), Barbara Crane (Billie Marshall), Fay Baker (Mrs. Tanner), Jeanne Wood (Mrs. Fessenden), Margaret Campbell.

15. CARNIVAL ROCK
USA 1957 75 Min.
Howco International
P: Roger Corman, R: Roger Corman, DB: Leo Lieberman, K: Floyd Crosby, S: Charles Gross, M: Walter Greene, Buck Ram, KL: Robert Kinoshita, Titelsequenz: Bill Martin, UA: 1957, FM: 35mm, s/w.
Darsteller:
Susan Cabot (Natalie Cook), Brian Hutton (Stanley), David J. Stewart (Christy Christakos), Dick Miller (Ben), Iris Adrian (Celia), Jonathan Haze (Max), Ed Nelson (Cannon), Chris Alcaide (Slug), Horace Logran, Yvonne Peattie, Bruno Ve Sota, The Platters, The Shadows, The Blockbusters.

16. TEENAGE DOLL / THE YOUNG REBELS
USA 1957 68 Min.
Woolner Bros./Allied Artists
P: Roger Corman, Lawrence Woolner, AP: Bernard Woolner, R: Roger Corman, DB: Charles B. Griffith, K: Floyd Crosby, S: Charles Gross, M: Walter Greene, KL: Robert Kinoshita, UA: 22. 09. 1957, FM: 35mm, s/w. Budget: $70.000.
Darsteller:
June Kenney (Barbara Bonney), Fay Spain (Hel), John Brinkley (Eddie Rand), Colette Jackson (May), Barbara Wilson (Betty), Ziva Rodann (Squirrel), Sandra Smith (Lorrie), Barboura Morris (Janet), Richard Devon (Dunston), Jay Sayer, Richard Cutting, Dorothy Neumann, Ed Nelson, Damian O'Flynn.

17. THE SAGA OF THE VIKING WOMEN AND THEIR VOYAGE TO THE WATERS OF THE GREAT SEA SERPENT / THE VIKING WOMEN AND THE SEA SERPENT / THE SAGA OF THE VIKING / UNDERSEA MONSTER / VIKING WOMEN
USA 1957 70 Min.
Malibu Productions/American International Pictures
P: Roger Corman, AP: James H. Nicholson, R: Roger Corman, DB: Lawrence Louis Goldman (Nach einer Story von Irving Block), K: Monroe P. Askins, S: Ronald Sinclair, M: Albert Glasser, SpE: Jack Rabin, Irving Block, MU: Harry Ross, UA: Dezember 1957, FM: 35mm, s/w. Budget: $100.000.
Darsteller:
Abby Dalton (Desir), Susan Cabot (Enger), Brad Jackson (Vedric), June

Kenney (Asmild), Richard Devon (Stark), Betsy Jones-Moreland (Thyra), Jonathan Haze (Ottar), Jay Sayer (Senja), Gary Conway (Jarl), Lynn Bernay, Sally Todd, Mike Forrest.

18. WAR OF THE SATELLITES
Dt: PLANET DER TOTEN SEELEN
USA 1958 66 Min.
Allied Artists
P: Roger Corman, AP: Jack Rabin, Irving Block, R: Roger Corman, DB: Lawrence Louis Goldman (Nach einer Story von Jack Rabin und Irving Block), K: Floyd Crosby, S: Irene Morra, M: Walter Greene, KL: Daniel Haller, SpE: Jack Rabin, Irving Block, Louis DeWitt, MU: Stanley Orr, UA: 18. 05. 1958, DUA: 27. 09. 1963, FM: 35mm, s/w.
Darsteller:
Susan Cabot (Sybil), Dick Miller (Dave Boyer), Richard Devon (Van Ponder), Robert Shayne (Hodgkiss), Jerry Barclay (John), Eric Sinclair (Dr. Lazar), Jay Sayer (Jay), Mitzi McCall (Mitzi), Beach Dickerson, John Brinkley, Bruno Ve Sota, Roger Corman.

19. MACHINE GUN KELLY
Dt: REVOLVER-KELLY / DIE RAUBKATZE / DER REGULATOR
USA 1958 80 Min.
El Monte/American International Pictures
P: Roger Corman, AP: James H. Nicholson, Samuel Z. Arkoff, R: Roger Corman, DB: R. Wright Campbell, K: Floyd Crosby, S: Ronald Sinclair, M: Gerald Fried, KL: Daniel Haller, MU: Dave Newell, Kostüme: Marjorie Corso, UA: Mai 1958, DUA: 13. 02. 1959, FM: 35mm, s/w. Budget: $60.000.
Darsteller:
Charles Bronson (George "Machine Gun" Kelly), Susan Cabot (Florence "Flo" Eckert), Morey Amsterdam (Michael "Fandango"), Jack Lambert (Howard), Wally Campo (Maize), Bob Griffin (Vito), Barboura Morris (Lynn Rayson), Richard Devon (Apple), Ted Thorp (Teddy), Mitz McCall (Harriet), Frank De Kova, Lori Martin, Shirley Falls, Connie Gilchrist, Michael Fox, Larry Thor, George Archimbeault, Jay Sayer.

20. TEENAGE CAVEMAN / PREHISTORIC WORLD / OUT OF THE DARKNESS
USA 1958 65 Min.
Malibu/American International Pictures

P: Roger Corman, AP: James H. Nicholson, Samuel Z. Arkoff, R: Roger Corman, Co-Regie: Maurice Vaccarino, DB: R. Wright Campbell, K: Floyd Crosby, S: Irene Morra, M: Albert Glasser, Kostüme: Marjorie Corso, UA: Juli 1958, FM: 35mm, s/w, Scope. Budget: $70.000.

Darsteller:
Robert Vaughn (The Boy), Leslie Bradley (Symbol-Maker), Darrah Marshall (The Maiden), Frank De Kova (The Villain), Robert Shayne (Keeper of the Gifts), Beach Dickerson (The Fair-haired Boy/Tom Tom Player/The Man from the Burning Plains/Ferocious Bear), Ed Nelson, Joseph Hamilton, Jonathan Haze, June Jocelyn.

21. SHE - GODS OF SHARK REEF/ SHARK REEF
USA 1958 63 Min.
James D. Radford Productions/American International Pictures
P: Ludwig H. Gerber, R: Roger Corman, DB: Robert Hill, Victor Stoloff, K: Floyd Crosby, S: Frank Sullivan, M: Ronald Stein, ("Nearer my love to you" von Jack Lawrence und Frances Hall, gesungen von Sylvia Sims), MU: Curly Batson, UA: August 1958, FM: 35mm, F. Budget: $100.000.

Darsteller:
Don Durant (Lee), Bill Cord (Chris), Lisa Montell (Mahia), Jeanne Gerson (Dua), Carol Lindsay (Tänzerin), Beverly Rivera, Roger Corman.

22. I, MOBSTER / I, MOBSTER ... THE LIFE OF A GANGSTER
Dt: GANGSTER NR. 1
USA 1959 80 Min.
Alco/20th Century-Fox
P: Gene Corman, Roger Corman, R: Roger Corman, DB: Steve Fisher (Nach der Erzählung *I, Mobster* von Joseph Hilton Smyth), K: Floyd Crosby, S: William B. Murphy, M: Gerald Fried, Edward L. Alperson, KL: Daniel Haller, MU: Ted Coodley, Kostüme: Marjorie Corso, UA: Januar 1959, DUA: 14. 08. 1959, FM: 35mm, s/w, Cinemascope. Budget: $500.000.

Darsteller:
Steve Cochran (Joe Sante), Lita Milan (Teresa Porter), Robert Strauss (Black Frankie), Celia Lovsky (Mrs. Sante), Jeri Southern (Jeri), John Brinkley (Ernie Porter), Grant Withers (Paul Moran), John Mylong (Mr. Sante), Wally Cassell, Robert Shayne, Frank Gerstle, Dick Miller, Yvette Vickers, Lili St. Cyr.

23. THE WASP WOMAN / THE BEE GIRL / INSECT WOMAN
Dt: DIE WESPENFRAU
USA 1959 73 Min.

Santa Clara/Filmgroup
P/AP/R: Roger Corman, DB: Leo Gordon (Nach einer Story von Kinta Zertuche), K: Harry C. Newman, S: Carlo Lodato, M: Fred Katz, KL: Daniel Haller, MU: Grant R. Keats, UA: 13. 10. 1959, DUA: 20. 03. 1978 (WDR), FM: 35mm, s/w. Budget: $50.000.
Darsteller:
Susan Cabot (Janice Starlin), Fred Eisley (Bill Lane), Barboura Morris (Mary Dennison), Michael Marks (Zinthrop), William Roerick (Arthur Cooper), Frank Gerstle (Hellman), Frank Wolff, Bruno Ve Sota, Roger Corman.

24. A BUCKET OF BLOOD / THE LIVING DEAD
Dt: DAS VERMÄCHTNIS DES PROFESSOR BONDI
USA 1959 66 Min.
Alta Vista/American International Pictures
P/AP/R: Roger Corman, DB: Charles B. Griffith, K: Jack Marquette, S: Anthony Carras, M: Fred Katz, Saxophonsolo: Paul Horn, KL: Richard M Rubin, A: Daniel Haller, MU: Bob Mark, UA: 21. 10. 1959, DUA: 16. 02. 1962, FM: 35mm, s/w. Budget: $50.000.
Darsteller:
Dick Miller (Walter Paisley), Barboura Morris (Carla), Antony Carbone (Leonard De Santis), Julian Burton (Maxwell Brock), Ed Nelson (Art Lacroix), John Brinkley (Will), John Shaner (Oscar), Judy Bamber (Alice the awful), Myrtle Domerel (Mrs. Surchart), Burt Convy (Lou Raby), Jhean Burton (Naolia), Alex Gottlieb (Sänger), Bruno Ve Sota (Kunstsammler).

25. SKI TROOP ATTACK
USA 1960 63 Min.
Filmgroup
P/AP/R: Roger Corman, DB: Charles B. Griffith, K: Andy Costikyan, S: Anthony Carras, M: Fred Katz, UA: 08. 04. 1960, FM: 35mm, s/w.
Darsteller:
Michael Forest (Factor), Frank Wolff (Potter), Wally Campo (Ed), Richard Sinatra (Herman), Sheila Carol (Ilse), Roger Corman (Deutscher Soldat), Paul Rapp.

26. HOUSE OF USHER / THE FALL OF THE HOUSE OF USHER
Dt: DIE VERFLUCHTEN
USA 1960 80 Min.
Alta Vista/American International Pictures
P: Roger Corman, AP: James H. Nicholson, Zamuel Z. Arkoff, R: Roger

Corman, DB: Richard Matheson (Nach Edgar Allan Poes Kurzgeschichte *The Fall of the House of Usher*), K: Floyd Crosby, S: Anthony Carras, M: Les Baxter, KL: Daniel Haller, SpE: Pat Dinga, Gemälde: Burt Schoenberg, MU: Fred Phillips, UA: 18. 06. 1960, DUA: 21. 09. 1961, FM: 35mm, F (Pathé Color), Cinemascope. Budget: $270.000.
Darsteller:
Vincent Price (Roderick Usher), Mark Damon (Philip Winthrop), Myrna Fahey (Madeline Usher), Harry Ellerbe (Bristol), Bill Borzage, Mike Jordan, Nadajan, Ruth Oklander, George Paul, David Andar, Eleanor Le Faber, Geraldine Paulette, Phil Sylvestre und John Zimeas (Geister).

27. LAST WOMAN ON EARTH
USA 1960 71 Min.
Filmgroup
P/AP/R: Roger Corman, DB: Robert Towne, K: Jacques Marquette, S: Anthony Carras, M: Ronald Stein, KL: Floyd Crosby, UA: 05. 08. 1960, FM: 35mm, F, Vistascope. Budget: $45.000.
Darsteller:
Antony Carbone (Harold), Betsy Jones-Moreland (Evelyn), Edward Waine a.k.a. Robert Towne (Martin).

28. THE LITTLE SHOP OF HORRORS
Dt: KLEINER LADEN VOLLER SCHRECKEN
USA 1960 70 Min.
Santa Clara/Filmgroup
P/AP/R: Roger Corman, R: Charles B. Griffith (ungenannt), DB: Charles B. Griffith, K: Archie Dalzell, S: Marshall Neilan, M: Fred Katz, KL: Daniel Haller, MU: Harry Thomas, UA: 05. 08. 1960, DUA: 22. 03. 1978 (NDR/WDR), FM: 35mm, s/w. Budget: $30.000.
Darsteller:
Jonathan Haze (Seymor Krelboing), Jackie Joseph (Audrey), Mel Welles (Gravis Mushnik), Myrtle Vail (Winifred Krelboing), Dick Miller (Fouch), Leola Wendorff (Mrs. Shiva), Jack Nicholson (Wilbur Force), John Shaner (Dr. Phoebus), Charles B. Griffith.

29. ATLAS
USA/Griechenland 1961 84 Min.
Filmgroup
P: Roger Corman, Charles B. Griffith, AP: Roger Corman, R: Roger Corman, DB: Charles B. Griffith, K: Basil Maros, S: Michael Luciano, M: Ronald

Stein, Kostüme/Choreografie: Barbara Comeau, UA: Mai 1961, FM: 35mm, F, Vistascope. Budget: $70.000.
Darsteller:
Michael Forest (Atlas), Frank Wolff (Praximedes), Barboura Morris (Candia), Walter Maslow (Garnis), Christos Esarchos (Indros), Andrea Filippidis (Talectos), Theodore Dimitriou (Gallus), Miranda Kounelaki (Ariana), Sascha Dario (Prima Ballerina), Sid Savage (Biggis Dikkis), Charles B. Griffith (Griechischer Soldat).

30. CREATURE FROM THE HAUNTED SEA
USA 1961 63 Min.
Filmgroup
P: Roger Corman, Charles Hannawalt, AP: Roger Corman, R: Roger Corman, Prä-Titelsequenz: Monte Hellman, DB: Charles B. Griffith, Roger Corman, K: Jacques Marquette, S: Angela Scellars, M: Fred Katz, Konstruktion des Monsters: Beach Dickerson, Robert Bean, MU: Brooke Wilkerson, UA: Juni 1961, FM: 35mm, s/w. Budget: $25.000.
Darsteller:
Antony Carbone (Renzo Capeto), Betsy Jones-Moreland (Mary-Belle), Edward Waine a.k.a. Robert Towne (Sparks Moran), Edmundo Rivera Alvarez (Colonel Tostada), Robert Bean (Jack), Sonya Noemi (Mango), Roger Corman.

31. THE PIT AND THE PENDULUM
Dt: DAS PENDEL DES TODES
USA 1961 85 Min.
Alta Vista/American International Pictures
P: Roger Corman, AP: James H. Nicholson, Samuel Z. Arkoff, R: Roger Corman, DB: Richard Matheson (Nach Edgar Allan Poes Kurzgeschichte *The Pit and the Pendulum*), K: Floyd Crosby, S: Anthony Carras, M: Les Baxter, KL: Daniel Haller, SpE: Pat Dinga, Fotografische SpE: Larry Butler, Don Glouner, MU: Ted Coodley, Kostüme: Marjorie Corso, UA: 12. 08. 1961, DUA: 31. 12. 1963, FM: 35mm, F, Panavision. Budget: $220.000.
Darsteller:
Vincent Price (Nicholas Medina), John Kerr (Francis Barnard), Barbara Steele (Elizabeth Barnard Medina), Luane Anders (Catherine Medina), Antony Carbone (Dr. Charles Leon), Patrick Westwood (Maximillian), Lynn Bernay (Maria), Larry Turner (Nicholas als Kind), Mary Menzies (Isabella Medina), Charles Victor (Bartolome Medina).

32. THE INTRUDER/ SHAME / I HATE YOUR GUTS! /
THE STRANGER
Dt: WEISSER TERROR
USA 1962 84 Min.
Pathé American/Filmgroup
P: Roger Corman, AP: Gene Corman, R: Roger Corman, DB: Charles Beaumont (Nach seiner eigenen Erzählung *The Intruder*), K: Taylor Byars, S: Ronald Sinclair, M: Ronald Stein, UA: 14. 05. 1962, DUA: 13. 08. 1963, FM: 35mm, s/w. Budget: $80.000 - $90.000.
Darsteller:
William Shatner (Adam Cramer), Frank Maxwell (Tom McDaniel), Beverly Lunsford (Ella McDaniel), Robert Emhardt (Verne Shipman), Jeanne Cooper (Vi Griffin), Leo Gordon (Sam Griffin), Charles Barnes (Joey Green), Charles Beaumont (Harley Paton), Katherine Smith (Ruth McDaniel), George Clayton Johnson (Phil West), William F. Nolan (Bart Carey), Phoebe Row (Mrs. Lambert), Bo Dodd (Sheriff), Walter Kurtz (Gramps) Oceo Ritch (Jack Allardyce).

33. THE PREMATURE BURIAL
Dt: LEBENDIG BEGRABEN
USA 1962 81 Min.
Santa Clara/American International Pictures
P/AP/R: Roger Corman, DB: Charles Beaumont, Ray Russell (Nach Edgar Allan Poes Kurzgeschichte *The Premature Burial*), K: Floyd Crosby, S: Ronald Sinclair, M: Ronald Stein, KL: Daniel Haller, Gemälde: Burt Schoenberg, MU: Lou LaCava, Kostüme: Marjorie Corso, UA: 07. 03. 1962, DUA: 29. 11. 1963, FM: 35mm, F, Panavision.
Darsteller:
Ray Milland (Guy Carrell), Hazel Court (Emily Gault), Richard Ney (Miles Archer), Heather Angel (Kate Carrell), Alan Napier (Gideon Gault), John Dierkes (Sweeney), Dick Miller (Mole), Brendon Dillon (Minister).

34. TALES OF TERROR / EDGAR ALLAN POE'S TALES OF TERROR /
POE'S TALES OF TERROR
Dt: DER GRAUENVOLLE MR. X / SCHWARZE GESCHICHTEN
USA 1962 90 Min.
Alta Vista/American International Pictures
P: Roger Corman, AP: James H. Nicholson, Samuel Z. Arkoff, R: Roger Corman, DB: Richard Matheson (Nach Edgar Allan Poes Kurzgeschichten

Morella, The Black Cat, Cask of Amontillado und *The Case of M. Valdemar*), K: Floyd Crosby, S: Anthony Carras, M: Les Baxter, KL: Daniel Haller, A: Harry Reif, SpE: Pat Dinga, MU: Lou LaCava, Kostüme: Marjorie Corso UA: 04. 07. 1962, DUA: 17. 01. 1964, FM: 35mm, F, Panavision.

Darsteller:
MORELLA: Vincent Price (Locke), Maggie Pierce (Lenora), Leona Gage (Morella), Edmond Cobb (Kutscher).
THE BLACK CAT: Vincent Price (Fortunato), Peter Lorre (Montresor Herringbone), Joyce Jameson (Annabel), John Hackett (Polizist), Alan De Wit, Wally Campo.
THE CASE OF M. VALDEMAR: Vincent Price (Valdemar), Basil Rathbone (Carmichael), Debra Paget (Helene), David Frankham (Dr. Elliot James), Scotty Brown (Diener).

35. *TOWER OF LONDON*
Dt: DER MASSENMÖRDER VON LONDON
USA 1962 80 Min.
Admiral Pictures/United Artists
P: Gene Corman, R: Roger Corman, DB: Leo V. Gordon, Amos Powell, James B. Gordon (Frei nach William Shakespeares *Richard III.*), K: Arch R. Dalzell, S: Ronald Sinclair, M: Michael Anderson, KL: Daniel Haller, Dialogregie: Francis Ford Coppola, UA: 24. 10. 1962, DUA: 01. 05. 1964, FM: 35mm, s/w.
Budget: $200.000.

Darsteller:
Vincent Price (Richard, Duke of Gloucester), Michael Pate (Sir Ratcliffe), Joan Freeman (Lady Margaret), Robert Brown (Sir Justin), Justice Watson (Edward IV), Sarah Selby (Queen Elizabeth), Charles Macaulay (Duke of Clarence), Eugene Martin (Edward V), Sandra Knight (Mistress Shore), Richard Hale (Tyrus), Donald Losby (Prince Richard), Bruce Gordon (Earl of Buckingham), Joan Camden (Anne), Sara Taft (Richards Mutter), Morris Ankrum (Bischoff).

36. *THE YOUNG RACERS*
Dt: SCHNELLE AUTOS UND AFFÄREN
USA 1963 82 Min.
Alta Vista/American International Pictures
P/AP/R: Roger Corman, DB: R. Wright Campbell, K: Floyd Crosby, S: Ronald Sinclair, M: Les Baxter, KL: Albert Locatelli, Sound: Francis Ford Coppola, Technische Überwachung: Anthony Marsh, UA: Januar 1963, FM: 35mm, F.
Budget: $90.000.

Darsteller:
Mark Damon (Stephen Children), William Campbell (Joe Machin), Luana Anders (Henny), Robert Campbell (Robert Machin), Patrick Magee (Sir William Dragonet), Bruce McLaren (Lotus Team Manager), Milo Quesada (Italian Driver), Anthona Marsh, Marie Versini, Beatrice Altariba, Margreta Robsahn, Christina Gregg.

37. THE RAVEN
Dt: DER RABE / DER RABE - DUELL DER ZAUBERER
USA 1963 86 Min.
Alta Vista/American International Pictures
P: Roger Corman, AP: James H. Nicholson, Samuel Z. Arkoff, R: Roger Corman, DB: Richard Matheson (Frei nach Edgar Allan Poes Gedicht *The Raven*), K: Floyd Crosby, S: Ronald Sinclair, M: Les Baxter, KL: Daniel Haller, A: Harry Reif, SpE: Pat Dinga, MU: Ted Coodley, Kostüme: Marjorie Corso, Tiertrainer: Moe Disesso, UA: 25. 01. 1963, DUA: 04. 07. 1980, FM: 35mm, F (Pathé Color), Panavision. Budget: $350.000.
Darsteller:
Vincent Price (Dr. Erasmus Craven), Peter Lorre (Dr. Adolphus Bedlo), Boris Karloff (Dr. Scarabus), Hazel Court (Lenore Craven), Olive Sturgess (Estelle Craven), Jack Nicholson (Rexford Bedlo), Connie Wallace (Dienstmädchen), William Baskin (Grimes) Aaron Saxon (Gort) und als Rabe: Jim jr.

38. THE TERROR / THE CASTLE OF TERROR / THE HAUNTING / LADY OF THE SHADOWS
Dt: THE TERROR - SCHLOSS DES SCHRECKENS /
DIE DAME AUS DEM MEER
USA 1963 81 Min.
Filmgroup/American International Pictures
P: Roger Corman, Francis Ford Coppola, AP: Harvey Jacobson, R: Roger Corman, Regie (Ungenannt): Francis Ford Coppola, Monte Hellman, Jack Hill, Dennis Jacob, Jack Nicholson, DB: Leo Gordon, Jack Hill, K: John Nicholaus, S: Stuart O'Brien, M: Ronald Stein, KL: Daniel Haller, A: Harry Reif, Kostüme: Marjorie Corso, Titelsequenz: Paul Julien, UA: 17. 06. 1963, DUA: 1981, FM: 35mm, F, Vistascope. Budget: $100.000.
Darsteller:
Boris Karloff (Baron Von Leppe), Jack Nicholson (André Duvalier), Sandra Knight (Helene), Dick Miller (Stefan), Dorothy Neumann (Hexe), Jonathan Haze (Gustaf).

39. THE HAUNTED PALACE / EDGAR ALLAN POE'S THE HAUNTED PALACE / THE HAUNTED VILLAGE
Dt: DIE FOLTERKAMMER DES HEXENJÄGERS / DAS SCHLOSS DES GRAUENS
USA 1963 87 Min.
Alta Vista/American International Pictures
P: Roger Corman, AP: James H. Nicholson, Samuel Z. Arkoff, R: Roger Corman, DB: Charles Beaumont (Nach H. P. Lovecrafts Erzählung *The Case of Charles Dexter Ward* und Edgar Allan Poes Gedicht *The Haunted Palace* in dessen Erzählung *The Fall of the House of Usher*), K: Floyd Crosby, S: Ronald Sinclair, M: Ronald Stein, KL: Daniel Haller, A: Harry Reif, Titelsequenz: Armand Acosta, MU: Ted Coodley, Kostüme: Marjorie Corso, Dialogsupervisor: Francis Ford Coppola, UA: 28. 08. 1963, DUA: 24. 10. 1969, FM: 35mm, F (Pathé Color), Panavision.

Darsteller:
Vincent Price (Charles Dexter Ward/Joseph Curwen), Debra Paget (Ann Ward), Lon Chaney, jr. (Simon Orne), Frank Maxwell (Dr. Marinus Willet), Leo Gordon (Edgar Weeden), Elisha Cook jr. (Micah Smith/Peter Smith), John Dierkes (Jacob West/Benjamin West), Milton Parsons (Jabez Hutchinson), Cathie Merchant (Hester Tillinghast), Guy Wilkerson (Gideon Leach), Harry Ellerbe (Minister), I. Stanford Jolley (Mr. Carmody), Darlene Lucht (Junges Opfer), Barboura Morris (Mrs. Weeden) Bruno Ve Sota (Barmann).

40. "X" - THE MAN WITH THE X-RAY EYES / X / MAN WITH THE X-RAY EYES
Dt: DER MANN MIT DEN RÖNTGENAUGEN
USA 1963 80 Min.
Alta Vista/American International Pictures
P: Roger Corman, AP: James H. Nicholson, Samuel Z. Arkoff, R: Roger Corman, DB: Robert Dillon, Ray Russell (Nach einer Story von Ray Russell), K: Floyd Crosby, S: Anthony Carras, M: Les Baxter, SpE: Butler-Glouner Inc., MU: Ted Coodley, Kostüme: Marjorie Corso, UA: 18. 09. 1963, DUA: 31. 03. 1979 (ARD), FM: 35mm, F. Budget: $250.000.

Darsteller:
Ray Milland (Dr. James Xavier), Diana Van der Vlis (Diane Fairfax), Harold J. Stone (Sam Brant), John Hoyt (Willard Benson), Don Rickles (Crane), John Dierkes (Prediger), Lorie Summers (Mädchen auf der Party), Vicki Lee (Jüngere Patientin), Kathryn Hart (Mrs. Mart), Carol Irey (ältere Patientin), Barboura Morris (Krankenschwester), Dick Miller.

41. MASQUE OF THE RED DEATH
Dt: SATANAS - DAS SCHLOSS DER BLUTIGEN BESTIE
USA/GB 1964 90 Min.
Alta Vista/Anglo Amalgamated/American International Pictures
P: Roger Corman, George Willoughby, R: Roger Corman, DB: Charles Beaumont, R. Wright Campbell (Nach Edgar Allan Poes Kurzgeschichten *The Mask of the Red Death* und *Hop Frog*), K: Nicolas Roeg, S: Ann Chegwidden, M: David Lee, KL: Robert Jones, Daniel Haller (ungenannt), A: Daniel Haller, SpE: George Blackwell, MU: George Partleton, Kostüme: Laura Nightingale, Choreografie: Jack Carter, UA: 24. 06. 1964, DUA: 05. 02. 1971, FM: 35mm, F (Pathé Color), Panavision.
Darsteller:
Vincent Price (Prinz Prospero), Hazel Court (Juliana), Jane Asher (Francesca), David Weston (Gino), Patrick Magee (Alfredo), Nigel Green (Ludovico), Skip Martin (Hüpfe-Frosch), John Westbrook (Mann in Rot), Gaye Brown (Senora Escobar), Julian Burton (Senor Veronese), Doreen Dawn (Anna-Marie), Paul Whitsun-Jones (Scarlatti), Jean Lodge (Scarlattis Frau), Verina Greenlaw (Esmeralda), Brian Hewlett (Lampredi), Harvey Hall, Robert Brown, David Davies, Sarah Brackett.

42. THE SECRET INVASION
Dt: GEHEIMAUFTRAG DUBROVNIK
USA/Jugoslavien 1964 95 Min.
San Carlos/United Artists
P: Roger Corman, AP: Gene Corman, R: Roger Corman, DB: R. Wright Campbell, K: Arthur E. Arling, S: Ronald Sinclair, M: Hugo Friedhofer, KL: John Murray, SpE: George Bracknell, MU: Sandra James, UA: 16. 09. 1964, DUA: 30. 04. 1965, FM: 35mm, F, Panavision. Budget: $590.000.
Darsteller:
Stewart Granger (Richard Mace), Raf Vallone (Roberto Rocca), Mickey Rooney (Terence Scanlon), Edd Byrnes (Simon Fell), Henry Silva (John Durrell), Mia Massini (Mila), William Campbell (Jean Saval), Helmo Kindermann (Deutscher Festungskommandant), Enzo Fiermonte (General Quadri), Peter Coe (Marko), Nan Morris (Stephana), Helmut Schneider (Deutscher Kapitän), Giulio Marchetti (Italienischer Offizier), Nicholas Rend (Kapitän des Fischerbootes), Craig March, Todd Williams, Charles Brent, Richard Johns, Kurt Bricker, Katrina Rozan.

43. THE TOMB OF LIGEIA / EDGAR ALLAN POE'S THE TOMB OF LIGEIA / LAST TOMB OF LIGEIA / LIGEIA / TOMB OF THE CAT
Dt: DAS GRAB DER LYGEIA / DAS GRAB DES GRAUENS
USA/GB 1964 81 Min.
Alta Vista/American International Pictures
P: Pat Green, Roger Corman, Produktionsassistenz: Paul Mayersberg, R: Roger Corman, DB: Robert Towne (Nach Edgar Allan Poes Kurzgeschichte *Ligeia*), K: Arthur Grant, S: Alfred Cox, M: Kenneth V. Jones, KL: Colin Southcott, Daniel Haller (ungenannt), SpE: Ted Samuels, MU: George Blackler, Kostüme: Mary Gibson, Tiertrainer: John Holmes, Titelsequenz: Francis Rodker, UA: November 1964 (London), DUA: 08. 05. 1981, FM: 35mm, F (Colorscope), WideScreen.

Darsteller:
Vincent Price (Verden Fell), Elizabeth Shepherd (Lady Ligeia/Lady Rowena Trevanion), John Westbrook (Christopher Gough), Oliver Johnson (Kenrick), Derek Francis (Lord Trevanion), Richard Vernon (Dr. Vivian), Ronald Adam (Parson), Frank Thornton (Peperel), Denis Gilmore, Penelope Lee.

44. THE WILD ANGELS
Dt: DIE WILDEN ENGEL
USA 1966 93 Min.
American International Pictures
P: Roger Corman, Laurence Cruickshank, AP/R: Roger Corman, Regieassistenz: Peter Bogdanovich, Paul Rapp, DB: Charles B. Griffith, Peter Bogdanovich (ungenannt), Polly Platt (ungenannt), K: Richard Moore, 2nd Unit: Peter Bogdanovich, S: Monte Hellman, M: Mike Curb, Davie Allan (ungenannt), KL: Leon Erickson, A: Rick Beck-Meyer, MU: Jack Obringer, UA: 20. 07. 1966, DUA: 28. 04. 1967, FM: 35mm, F, Panavision. Budget: $360.000.

Darsteller:
Peter Fonda (Heavenly Blues), Nancy Sinatra (Mike), Bruce Dern (Loser), Diane Ladd (Gaysh), Buck Taylor (Dear John), Lou Procopio (Joint), Coby Denton (Bull Puckey), Marc Cavell (Frankenstein), Norm Alden (Medic), Michael J. Pollard (Pigmy), Joan Shawlee (Mama Monahan), Gayle Hunnicut (Suzie), Art Baker (Thomas), Frank Maxwell (Pfarrer), Frank Gerstle (Polizist), Kim Hamilton (Krankenschwester), Dick Miller (Vorarbeiter), Barboura Morris, Peter Bogdanovich, Hell's Angels aus Venice/Kalifornien.

45. THE ST. VALENTINE'S DAY MASSACRE
Dt: CHIKAGO-MASSAKER

USA 1967 100 Min.
Los Altos/20th Century-Fox
P: Roger Corman, Paul Rapp, R: Roger Corman, DB: Howard Browne, K: Milton Krasner, S: William B. Murphy, M: Fred Steiner, KL: Jack Martin Smith, Phillip Jeffries, SpE: Lyle B. Abbott, Art Cruikshank, Emil Kosa jr., MU: Ben Nye, UA: 30. 06. 1967, DUA: 06. 10. 1967, FM: 35mm, F, Panavision. Budget: $1,1 Millionen.

Darsteller:
Jason Robards (Al Capone), George Segal (Peter Gusenberg), Ralph Meeker (Bugs Moran), Jean Hale (Myrtle), Clint Ritchie (Jack McGurn), Frank Silvera (Sorello), Michael Guayini (Patsy Lelordo), Joseoph Campanella (Weinshank), Richard Bakalyan (Scalisi), David Canary (Frank Gusenberg), Bruce Dern (May), Harold J. Stone (Frank Nitti), Kurt Kreuger (James Clark), Leo Gordon, John Agar, Reed Hadley, Ales Rocco, Barboura Morris, Jack Nicholson, Dick Miller.

46. THE TRIP
Dt: THE TRIP
USA 1967 85 Min.
Roger Corman Production/American International Pictures
P/AP/R: Roger Corman, DB: Jack Nicholson, K: Arch Dalzell, Psychedelische Sequenzen: Dennis Jacob, 2nd Unit: Dennis Hopper, S: Ronald Sinclair, M: The Electric Flag, an American Band, Psychedelische SpE: Peter Gardiner, Kostüme: Richard Bruno, UA: 23. 08. 1967, DUA: 31. 01. 1969, FM: 35mm, F. Budget: $100.000.

Darsteller:
Peter Fonda (Paul Groves), Susan Strasberg (Sally Groves), Bruce Dern (John), Dennis Hopper (Max), Salli Sachse (Glenn), Katherine Walsh (Lulu), Barboura Morris (Flo), Caren Bersen (Alexandra), Dick Miller (Cash), Luana Anders, Tommy Signorelli, Mitzi Hoag, Judy Lang, Barbara Ransom, Mike Blodget, Susan Walter, Frankie Smith, Brandon DeWilde, Peter Bogdanovich.

47. A TIME FOR KILLING / THE LONG RIDE HOME
Dt: DER GNADENLOSE RITT
USA 1967 88 Min.
Columbia Pictures
P: Harry Joe Brown, R: Phil Karlson, Roger Corman (ungenannt), DB: Halsted Welles (Nach dem Roman *The Southern Blade* von Nelson Wolford und Shirley Wolford), K: Kenneth Peach, S: Roy V. Livingston, M: Mundell Lowe, KL: Daniel Haller, UA: 01. 11. 1967, DUA: 12. 08. 1967, FM: 35mm, F.

Darsteller:
Inger Stevens (Emily Biddle), Glenn Ford (Major Tom Wolcott), Paul Petersen (Blue Lake), Timothy Carey (Billy Cat), Kenneth Tobey (Sgt. Cleehan), Richard X. Slattery (Cpl. Paddy), Harrison Ford (Lt. Shaffer), Kay E. Kuter (Owelson), Dick Miller (Zollicoffer) George Hamilton, Harry Dean Stanton.

48. THE WILD RACERS
USA 1968 83 Min.
The Filmmakers/American International Pictures
P: Joel Rapp, Tamara Asseyev, Pierre Cottrell, Roger Corman (ungenannt), R: Daniel Haller, Roger Corman (ungenannt), DB: Max House, K: Néstor Almendros, Daniel Lacambre, S: Verna Fields, Dennis Jakob, Ron Silkosky, M: Mike Curb, Pierre Vassiliu, SpE: Peter Gardiner, UA: 27. 03. 1968, FM: 35mm, F.
Darsteller:
Fabian (Jo Jo Quillico), Mimsy Farmer (Katherine Pearson), Alan Haufrect (Virgil), Judy Cornwell (Pippy), David Landau (Ian), Warwick Sims (Charlie), Talia Shire, Dick Miller.

49. TARGET: HARRY/ HOW TO MAKE IT/ WHAT'S IN IT FOR HARRY?
USA 1969 81 Min.
The Corman Company/ABC Pctures International
P: Gene Corman, Charles Hannawalt, R: Roger Corman (als "Henry Neill"), DB: Bob Barbash, K: Patrice Pouget, S: Monte Hellman, M: Les Baxter, KL: Sharon Copton, MU: Nicole Barbe, Stunt-Koordinator: Earl Parker, UA: 23. 05. 1969 (TV), FM: TV-Film, F.
Darsteller:
Vic Morrow (Harry Black), Suzanne Pleshette (Diane Reed), Victor Bruno (Mosul Rashi), Cesar Romero (Lt. George Duval), Stanley Holloway (Jason Carlyle), Charlotte Rampling (Ruth Carlyle), Michael Ansara, Katy Fraysse, Christian Barber, Fikret Hakan, Victoria Hale, Jeck Leonard, Roger Corman.

50. DE SADE / DAS AUSSCHWEIFENDE LEBEN DES MARQUIS DE SADE / DIE LIEBESABENTEUER DES MARQUIS S.
Dt: DAS AUSSCHWEIFENDE LEBEN DES MARQUIS DE SADE
USA/Deutschland 1969 113 Min.
American International Pictures/CCC-Filmkunst/Transcontinental
P: Samuel Z. Arkoff, James H. Nicholson, Pat Green, AP: Louis M. Heyward, Artur Brauner, R: Cy Endfield, Roger Corman (Ungenannt), DB: Richard Matheson, Peter Berg (Nach der de Sade-Biografie von Gilbert Lely und der

Korrespondenz des Marquis de Sade), K: Heinz Pehlke, S: Max Benedict, Hermann Haller, M: Billy Strange, KL: Jürgen Kiebach, SpE: Cinefx, Kostüme: Vangie Harrison, Titelsequenz: Sandy Dvore, UA: 27. 08. 1969, DUA: 26. 09. 1970, FM: 35mm, F.
Darsteller:
Keir Dullea (Marquis de Sade), Senta Berger (Anne de Sade), Lilli Palmer (Madame de Montreuil), John Huston (Abbé de Sade), Abba Massey (René de Montreuil), Uta Levka (Rose Keller), Herbert Weissbach, Christiane Krüger, Sonja Ziemann, Max Kiebach.

51. BLOODY MAMA
Dt: BLOODY MAMA
USA 1970 90 Min.
American International Pictures
P: Roger Corman, Norman T. Herman, R: Roger Corman, DB: Robert Thom (Nach einer Story von Robert Thom und Donald A. Peters), K: John Alonzo, S: Eve Newman, M: Don Randi, Titelsong: Don Randi, Guy Hemric, Bob Silver (Gespielt von Bigfoot), KL: Michael Ross, SpE: A. D. Flowers, MU: David Grayson, Kostüme: Thomas Costich, UA: 24. 03. 1970, DUA: 18. 03. 1971, FM: 35mm, F.
Darsteller:
Shelley Winters (Kate "Ma" Barker), Diane Varsi (Mona Gibson), Bruce Dern (Kevin Dirkman), Clint Kimbrough (Arthur Barker), Alex Nicol (George Barker), Michael Fox (Roth), Scatman Crothers (Moses), Stacy Harris (McClellan), Pamela Dunlop (Rembrandt), Robert De Niro (Lloyd Barker), Robert Walden (Fred Barker), Lisa Jill ("Ma" Barker als Mädchen), Steve Mitchell (Sheriff).

52. GAS-S-S-S! OR IT BECAME NECESSARY TO DESTROY THE WORLD IN ORDER TO SAVE IT / GAS-S-S-S / GAS! / GAS-S-S-S... OR, IT MAY BECOME NECESSARY TO DESTROY THE WORLD IN ORDER TO SAVE IT
Dt: G.A.S.S.S. - ODER: ES WAR NOTWENDIG, DIE WELT ZU VERNICHTEN, UM SIE ZU RETTEN
USA 1970 79 Min.
San Jacinto/American International Pictures
P: Roger Corman, AP: James H. Nicholson, Samuel Z. Arkoff, Produktionsleitung: Paul Rapp, R: Roger Corman, DB: George Armitage, K: Ron Dexter, S: George Van Noy, M: Country Joe & the Fish, Barry Melton,

KL: David Nichols, A: Stephen Graham, MU: Dean Cundy UA: September 1970, DUA: 02. 03. 1979, FM: 35mm, F, Breitwand.
Darsteller:
Robert Corff (Coel), Elaine Giftos (Cilla), Pat Patterson (Demeter), George Armitage (Billy the Kid), Alex Wilson (Jason), Alan Braunstein (Dr. Drake), Ben Vereen (Carlos), Cindy Williams (Marissa), Bud Cort (Hooper), Talia Coppola (Coralie), Country Joe McDonald (A. M. Radio), Lou Procopio (Marshall McLuhan), Jackie Farley (Ginny), Phil Borneo (Quant), Bruce Karcher (Edgar Allan Poe).

53. VON RICHTHOFEN AND BROWN / THE RED BARON
Dt: MANFRED VON RICHTHOFEN - DER ROTE BARON
USA 1971 97 Min.
The Corman Company/United Artists
P: Gene Corman, Jim C. Murakami, R: Roger Corman, DB: John Corrington, Joyce Corrington, K: Michael Reed, 2nd Unit: Lynn Ellsworth, Neil Siegler, Luftaufnahmen: Peter Allword, Peter Pechowski, Seamus Corcoran, S: George Van Noy, Alan Collins, M: Hugo Friedhofer, KL: Jim C. Murakami, SpE: Peter Dawson, UA: 30. 06. 1971, DUA: 28. 10. 1971, FM: 35mm, F. Budget: $925.000.
Darsteller:
John Phillip Law (Baron Manfred von Richthofen), Don Stroud (Roy Brown), Barry Primus (Hermann Göring), Karen Huston (Ilse), Corin Redgrave (Lance Hawker), Hurd Hatfield (Fokker), Peter Masterson (Oswald Bölke), Robert La Tourneaux (Ernst Udet), George Armitage (Wolff), Steve McHattie (Voss), Brian Foley (Lothar von Richthofen), Seamus Forde (Kaiser Wilhelm II.), Maureen Cusack (von Richthofens Mutter), Michael Fahey (von Richthofen im Alter von 3), Robert Walsh (von Richthofen im Alter von 13), David Osterhout, Clint Kimbrough, Gordon Phillips.

54. DEATHSPORT
Dt: TODESRALLYE IN HELIX-CITY / GIGANTEN MIT STÄHLERNEN FÄUSTEN
USA 1978 82 Min.
New World Pictures
P: Roger Corman, R: Allan Arkush, Nicholas Niciphor (als "Henry Suso"), Roger Corman (ungenannt), Story: Frances Doel, DB: Nicholas Niciphor (als "Henry Suso"), Donald Stewart, K: Gary Graver, S: Larry Bock, M: Andy Stein, KL: Sharon Compton, UA: 12. 04. 1978, DUA: 08. 09. 1978, FM: 35mm, F. Budget: 150.000.

Darsteller:
David Carradine (Kaz Oshay), H. B. Haggerty (Jailer), Gene Hartline (Sergeant), John Himes (Präsident von Tritan), Chris Howell (Offizier), Claudia Jennings (Deneer), Paul Kimatian, Richard Lynch, David McLean, William Smithers, Linnea Quigley.

55. *FRANKENSTEIN UNBOUND/ROGER CORMAN'S FRANKENSTEIN UNBOUND*
Dt: ROGER CORMANS FRANKENSTEIN
USA 1990 85 Min.
Mount Co./20th Century Fox
P: Roger Corman, Thom Mount, Kabi Jaeger, R: Roger Corman, DB: Roger Corman, F.X. Feeney, (Nach dem Roman *Frankenstein Unbound* von Brian W. Aldiss), K: Armando Nannuzzi, Michael Scott, S: Jay Cassidy, Mary Bauer, M: Carl Davis, KL: Enrico Tavaglieri, SpE: Illusion Arts, Syd Dutton, Bill Taylor, Gene Warren jr., Monster-Design: Nick Dudman, Stunt-Koordinator: Paul Weston, UA: 02. 11. 1990, DUA: 12. 04. 1991 (Video), FM: 35mm, F. Budget: $11,5 Millionen.
Darsteller:
John Hurt (Dr. John Buchanan), Raúl Juliá (Dr. Frankenstein), Bridget Fonda (Mary Godwin), Nick Brimble (Frankensteins Monster), Catherine Rabett (Elizabeth), Jason Patric (Lord Byron), Michael Hutchence (Percy Shelley), Catherine Corman (Justine), Mickey Knox (General), Terri Treas (Stimme des Autos).

Produktion:

56. HIGHWAY DRAGNET (Allied Artists, 1954), Beteiligte P.
57. MONSTER FROM THE OCEAN FLOOR (Lippert, 1954), P.
58. THE FAST AND THE FURIOUS (ARC, 1954), Story, P.
59. THE CRY BABY KILLER (Allied Artists, 1958), D, P.
60. NIGHT OF THE BLOOD BEAST (AIP, 1958), AP.
61. STAKEOUT ON DOPE STREET (Warner Bros., 1958), P.
62. T-BIRD GANG (AIP, 1958), P.
63. HIGH SCHOOL BIG SHOT (AIP, 1959), AP.
64. ATTACK OF THE GIANT LEECHES (AIP, 1959), AP.
65. THE WILD RIDE (Filmgroup, 1960), AP.
66. BATTLE OF BLOOD ISLAND (Bickman/Rapp/San Juan/Filmgroup, 1960), D, AP.
67. BATTLE BEYOND THE SUN (Filmgroup, 1962), P.

68. DEMENTIA 13 (Filmgroup/AIP, 1963), P.
69. BLOOD BATH (AIP, 1966), AP.
70. PLANET OF BLOOD (Filmgroup/AIP, 1966), AP.
71. VOYAGE TO THE PLANET OF PREHISTORIC WOMEN (AIP, 1968), Beteiligte P.
72. TARGETS (Paramount/AIP, 1968), AP.
73. THE DUNWICH HORROR (AIP, 1970), AP.
74. THE STUDENT NURSES (New World, 1970), AP.
75. IVANNA (New World, 1970), P.
76. ANGELS DIE HARD (New World, 1970), AP.
77. ANGELS HARD AS THEY COME (New World, 1971), AP.
78. BIG DOLL HOUSE (New World, 1971), AP.
79. PRIVATE DUTY NURSES (New World, 1971), AP.
80. UNHOLY ROLLERS (AIP, 1972), AP.
81. THE BIG BIRD CAGE (New World, 1972), AP.
82. WOMEN IN CAGES (New World, 1972), P.
83. BOXCAR BERTHA (AIP, 1972), P.
84. THE CREMATORS (New World, 1972), P.
85. FINAL COMEDOWN (New World, 1972), P.
86. THE HOT BOX (New World, 1972), AP.
87. NIGHT OF THE COBRA WOMAN (New World, 1972), P.
88. THE AROUSERS (New World, 1972), AP.
89. TWILIGHT PEOPLE (Dimension, 1972), AP.
90. I ESCAPED FROM DEVIL'S ISLAND (United Artists, 1973), P.
91. BIG BAD MAMA (New World, 1974), P.
92. COCKFIGHTER (New World, 1974), P.
93. CANDY STRIPE NURSES (New World, 1974), P
94. TENDER LOVING CARE (New World, 1974), P.
95. T.N.T. JACKSON (New World, 1974), AP.
96. CAGED HEAT (New World, 1974), (Ungenannt) P.
97. CAPONE (Twentieth Century-Fox, 1975), P.
98. DEATH RACE 2000 (New World, 1975), P.
99. HOLLYWOOD BOULEVARD (New World, 1976), (Ungenannt) AP.
100. EAT MY DUST! (New World, 1976), P.
101. FIGHTING MAD (Twentieth Century-Fox, 1976), P.
102. JACKSON COUNTY JAIL (New World, 1976), AP.
103. MOVING VIOLATION (Twentieth Century-Fox, 1976), AP.
104. GRAND THEFT AUTO (New World, 1977), AP.
105. I NEVER PROMISED YOU A ROSE GARDEN (New World, 1977), Beteiligte AP.

106. THUNDER AND LIGHTNING (Twentieth Century-Fox, 1977), P.
107. TIGRESS (New World, 1977), P.
108. PIRANHA (New World, 1978), Beteiligte AP.
109. AVALANCHE (New World, 1978), P.
110. FAST CHARLIE, THE MOONBEAM RIDER (Universal, 1979), Beteiligte P.
111. ROCK 'N' ROLL HIGH SCHOOL (New World, 1979), AP.
112. GALAXY EXPRESS (New World, 1979), AP.
113. SAINT JACK (New World, 1979), P.
114. UP FROM THE DEPTHS (New World, 1979), AP.
115. HUMANOIDS FROM THE DEEP (New World, 1980), P.
116. BATTLE BEYOND THE STARS (New World, 1980), P.
117. GALAXY OF TERROR (New World, 1981), P.
118. SMOKEY BITES THE DUST (New World, 1981), P.
119. THE TERRITORY (New World, 1981), P.
120. SORCERESS (New World, 1982), (Ungenannt) AP.
121. FORBIDDEN WORLD (New World, 1982), P.
122. HELL'S ANGELS FOREVER (New World, 1983), Beteiligte P.
123. LOVE LETTERS (New World, 1983), P.
124. SPACE RAIDERS (New World/Millennium, 1983), P.
125. THE WILD SIDE (New World, 1984), P.
126. ODDBALLS (Concorde-New Horizons, 1984), AP.
127. STREETWALKIN' (Concorde-New Horizons, 1985), AP.
128. AMAZONS (Concorde-New Horizons, 1986), AP.
129. COCAINE WARS (Concorde-New Horizons, 1986), P.
130. BIG BAD MAMA II (Concorde-New Horizons, 1987), P.
131. HOUR OF THE ASSASSIN (Concorde-New Horizons, 1987), AP.
132. MUNCHIES (Concorde-New Horizons, 1987), P.
133. STRIPPED TO KILL (Concorde-New Horizons, 1987), AP.
134. SUMMER CAMP NIGHTMARE (Concorde-New Horizons, 1987), AP.
135. BEACH BALLS (Concorde-New Horizons, 1988), AP.
136. DADDY'S BOYS (Concorde-New Horizons, 1988), P.
137. THE DRIFTER (Concorde-New Horizons, 1988), AP.
138. EMMANUELLE VI (Concorde-New Horizons, 1988), AP.
139. THE LAWLESS LAND (Concorde-New Horizons, 1988), AP.
140. THE NEW GLADIATORS (Concorde-New Horizons, 1988), AP.
141. TWO TO TANGO (Concorde-New Horizons, 1988), P.
142. WATCHERS (Universal, 1988), AP.
143. CRIME ZONE (Concorde-New Horizons, 1988), AP.
144. BLOODFIST (Concorde-New Horizons, 1989), P.

145. HEROES STAND ALONE (Concorde-New Horizons, 1989), AP.
146. HOLLYWOOD BOULEVARD II (Concorde-New Horizons, 1989), AP, D.
147. LORDS OF THE DEEP (Concorde-New Horizons, 1989), P, D.
148. PRIMARY TARGET (Concorde-New Horizons, 1989), AP.
149. SILK 2 (Concorde-New Horizons, 1989), AP.
150. STRIPPED TO KILL II (Concorde-New Horizons, 1989), P.
151. THE TERROR WITHIN (Concorde-New Horizons, 1989), P.
152. TIME TRACKERS (Concorde-New Horizons, 1989), AP.
153. TRANSYLVANIA TWIST (Concorde-New Horizons, 1989), AP.
154. ANDY COLBY'S INCREDIBLE ADVENTURE (Concorde-New Horizons, 1990), AP.
155. BACK TO BACK (Concorde-New Horizons, 1990), AP.
156. BLOODFIST II (Concorde-New Horizons, 1990), P.
157. DEATHSTALKER IV: MATCH OF TITANS (Concorde-New Horizons, 1990), AP.
158. DUNE WARRIORS (Concorde-New Horizons, 1990), P.
159. SORORITY HOUSE MASSACRE II (Concorde-New Horizons, 1990), AP.
160. FULL FATHOM FIVE (Concorde-New Horizons, 1990), P.
161. THE HAUNTING OF MORELLA (Concorde-New Horizons, 1990), P.
162. LAST STAND AT LANG MEI (Concorde-New Horizons, 1990), P.
163. OVEREXPOSED (Concorde-New Horizons, 1990), P.
164. PLAY MURDER FOR ME (Concorde-New Horizons, 1990), AP.
165. STREETS (Concorde-New Horizons, 1990), AP.
166. THE TERROR WITHIN II (Concorde-New Horizons, 1990), AP.
167. WATCHERS II (Concorde-New Horizons, 1990), P.
168. IMMORTAL SINS (Concorde-New Horizons, 1991), P.
169. BLOODFIST III: FORCED TO FIGHT (Concorde-New Horizons, 1991), P.
170. FIELD OF FIRE (Concorde-New Horizons, 1991), P.
171. FINAL EMBRACE (Concorde-New Horizons, 1991), P.
172. FUTURE KICK (Concorde-New Horizons, 1991), AP.
173. KILLER INSTINCT (Concorde-New Horizons, 1991), P.
174. BLACKBELT (Concorde-New Horizons, 1992), AP.
175. BLOODFIST IV: DIE TRYING (Concorde-New Horizons, 1992), AP.
176. BODY CHERNISTRY II: THE VOICE OF A STRANGER (Concorde-New Horizons, 1992), AP.
177. BODY WAVES (Concorde-New Horizons, 1992), AP.
178. CRISIS IN THE KREMLIN (Concorde-New Horizons, 1992), AP.

179. IN THE HEAT OF PASSION (Concorde-New Horizons, 1992), AP.
180. MUNCHIE (Concorde-New Horizons, 1992), P.
181. RAIDERS OF THE SUN (Concorde-New Horizons, 1992), P.
182. ULTRAVIOLET (Concorde-New Horizons, 1992), AP.
183. ULTRA WARRIOR (Concorde-New Horizons, 1992), AP, D.
184. ANGELFIST (Concorde-New Horizons, 1993), P.
185. BLACKBELT II (Concorde-New Horizons, 1993), AP.
186. BLOODFIST V: HUMAN TARGET (Concorde-New Horizons, 1993), AP.
187. CARNOSAUR (Concorde-New Horizons, 1993), AP.
188. CURSE OF THE CRYSTAL EYE (Concorde-New Horizons, 1993), AP.
189. DRACULA RISING (Concorde-New Horizons, 1993), P.
190. DRAGON FIRE (Concorde-New Horizons, 1993), AP.
191. EIGHT HUNDRED LEAGUES DOWN THE AMAZON (Concorde-New Horizons, 1993), AP.
192. KILL ZONE (Concorde-New Horizons, 1993), P.
193. THE LIARS' CLUB (Concorde-New Horizons, 1993), AP.
194. LITTLE MISS MILLIONS (Concorde-New Horizons, 1993), AP.
195. LIVE BY THE FIST (Concorde-New Horizons, 1993), P.
196. THE SKATEBOARD KID (Concorde-New Horizons, 1993), AP.
197. ANGEL OF DESTRUCTION (Concorde-New Horizons, (1994), AP.
198. BLOODFIST VI: GROUND ZERO (Concorde-New Horizons, 1994), AP.
199. CHEYENNE WARRIOR (Concorde-New Horizons, 1994), AP.
200. DEADLY DESIRE (Concorde-New Horizons, 1994), AP.
201. FANTASTIC FOUR (Concorde-New Horizons, 1994), AP.
202. THE FLIGHT OF THE DOVE (Concorde-New Horizons, 1994), AP.
203. IN THE HEAT OF PASSION II: UNFAITHFUL (Concorde-New Horizons, 1994), AP.
204. NEW CRIME CITY (Concorde-New Horizons, 1994), AP.
205. NO DESSERT DAD, 'TIL YOU MOW THE LAWN (Concorde-New Horizons, 1994), AP.
206. ONE MAN ARMY (Concorde-New Horizons, 1994), P.
207. BODY CHEMISTRY III: POINT OF SEDUCTION (Concorde-New Horizons, 1994), AP.
208. REFLECTIONS IN THE DARK (Concorde-New Horizons, 1994), AP.
209. STRANGLEHOLD (Concorde-New Horizons, 1994), AP.
210. WATCHERS III (Concorde-New Horizons, 1994), AP.
211. BABY FACE NELSON (Concorde-New Horizons, 1995), AP.
212. BLOODFIST VII: MANHUNT (Concorde-New Horizons, 1995), AP.

213. CAGED HEAT 3000 (Concorde-New Horizons, 1995), AP.
214. CAPTAIN NUKE AND THE BOMBER BOYS (Concorde-New Horizons, 1995), AP.
215. CARNOSAUR 2 (Concorde-New Horizons, 1995), P.
216. THE CRAZYSITTER (Concorde-New Horizons, 1995), AP.
217. DILLINGER AND CAPONE (Concorde-New Horizons, 1995), AP.
218. DROID GUNNER (Concorde-New Horizons, 1995), AP.
219. ONE NIGHT STAND (Concorde-New Horizons, 1995), AP.
220. TWISTED LOVE (Concorde-New Horizons, '995), AP.
221. WHERE EVIL LIES (Concorde-New Horizons, 1995), AP.
222. BIO-TECH WARRIOR (Concorde-New Horizons, 1996), AP.
223. BLACK ROSE OF HARLEM (Concorde-New Horizons, 1996), AP.
224. BLOODFIST VIII: TRAINED TO KILL (Concorde-New Horizons, 1996), AP.
225. CARNOSAUR 3: PRIMAL SPECIES (Concorde-New Horizons, 1996), P.
226. RUMBLE IN DIE STREETS (Concorde-New Horizons, 1996), AP.
227. BORN BAD (Concorde-New Horizons, (1997), AP.
228. BLACK THUNDER (Concorde-New Horizons, 1997), P.
229. CRIMINAL AFFAIRS (Concorde-New Horizons, 1997), AP.
230. MACON COUNTY JAIL (Concorde-New Horizons, 1997), AP.
231. DETONATOR (Concorde-New Horizons, 1997), AP.
232. DON'T SLEEP ALONE (Concorde-New Horizons, AP.
233. ERUPTION (Concorde-New Horizons, 1997), AP.
234. THE SEA WOLF (Concorde-New Horizons, 1997), AP.
235. SHADOW DANCER (Concorde-New Horizons, 1997), AP.
236. STRIPTEASER II (Concorde-New Horizons, 1997), AP.
237. TERMINATION MAN (Concorde-New Horizons, 1997), AP.
238. URBAN JUSTICE (Concorde-New Horizons, 1997), AP.
239. STRAY BULLET (Concorde-New Horizons, 1999), AP.
240. THE PROTECTOR (Concorde-New Horizons, 1999), AP.
241. WHITE PONY (Concorde Anois, 1999), P.
242. CYBERMASTER (Danforth Studios, 1999) AP.
243. THE DOORWAY (Concorde, 2000), P.
244. THE SUICIDE CLUB (Concorde-New Horizons, 2000), P.
245. NIGHTFALL (Concorde, 2000), P.
246. RUNNING WOMAN (Concorde, 2001), P.
247. THE ARENA (Concorde-New Horizons, 2001), AP.
248. RAPTOR (New Concorde, 2001), P.
249. MARLENE DIETRICH: HER OWN SONG (APG, 2001), AP.

250. HARD AS NAILS (New Concorde, 2001), AP.
251. ESCAPE FROM AFGHANISTAN (New Concorde, 2002), AP.
252. STING OF THE BLACK SCORPION (New Concorde, 2002), AP.
253. WOLFHOUND (Transpacific, 2002), AP.
254. SLAUGHTER STUDIOS (Concorde-New Horizons, 2002), AP.
255. SHAKEDOWN (New Concorde, 2002), AP.
256. BARBARIAN (Concorde-New Horizons, 2003), AP.
257. FIREFIGHT (Artsy Fartsy/New Concorde, 2003), AP.
258. DINOCROC (New Concorde International, 2004), P.
259. THE HUNT FOR EAGLE ONE (New Horizons Picture Corporation, 2006), P.
260. THE HUNT FOR EAGLE ONE: CRASH POINT (New Horizons Picture Corporation, 2006), P.
261. SUPERGATOR (New Horizons Picture Corporation, 2007), P.
262. DEATH RACE (Relativity Media Cruise/Wagner Productions/Impact Pictures, 2008), AP.
263. DINOSHARK (Syfy, 2010), P.
264. DINOCROC VS. SUPERGATOR (Syfy, 2010), P.
265. SHARKTOPUS (Syfy, 2010), D, P.
266. DEATH RACE 2 (Universal Studios Home Entertainment, 2010), AP.
267. PIRANHACONDA (Syfy, 2012), P.
268. DEATH RACE 3: INFERNO (Universal 1440 Entertainment, 2013), AP.
269. ROGER CORMAN'S OPERATION ROGUE (New Horizons Picture Corporation, 2014), P.
270. FIST OF THE DRAGON (Ace Studios, 2015), P.
271. DEATH RACE 2050 (Universal 1440 Entertainment/New Horizons Picture Corporation, 2017), P.

Drehbuch/Story, Darsteller:

272. THE GUNFIGHTER (20th Century-Fox, 1950), DB (ungenannt).
273. THE GODFATHER: PART II (Paramount, 1974), D.
274. CANNONBALL (New World, 1976), D.
275. DR. HECKYL AND MR. HYPE (Cannon, 1980), DB.
276. THE HOWLING (Columbia, 1981), D.
277. DER STAND DER DINGE (Wim Wenders Productions, 1982), D.
278. SWING SHIFT (Warner Bros., 1984), D.
279. THE SILENCE OF THE LAMBS (Orion, 1991), D.
280. PHILADELPHIA (Columbia/TriStar, 1993), D.
281. BODY BAGS (Showtime, 1993), D.

282. *A CENTURY OF CINEMA* (Sunset Post, 1994), D.
283. *RUNAWAY DAUGHTERS* (Showtime, 1994), D.
284. *APOLLO 13* (Universal, 1995), D.
285. *BEVERLY HILLS, 90210* (Fax TV, Season 6, Episode 17, "Fade In, Fade Out", 10. Januar 1996), D.
286. *THE SECOND CIVIL WAR* (HBO, 1997), D.
287. *THE PRACTICE* (ABC, Season 3, Episode 13, "Judge and Jury", 17. Januar 1999), D.
288. *SCREAM 3* (Dimension Films, 2000), D.

Im US-Verleih der New World-Pictures (Auswahl):

CRIES AND WHISPERS (1972, R: Ingmar Bergman).
THE LAST DAYS OF MAN ON EARTH (1973, R: Robert Fuest).
FANTASTIC PLANET (1973, R: René Laloux).
AMARCORD (1974, R: Federico Fellini).
THE ROMANTIC ENGLISHWOMAN (1975, R: Joseph Losey).
THE STORY OF ADELE H. (1975, R: François Truffaut).
THE LOST HONOR OF KATHARINA BLUM (1975, R: Volker Schlöndorff, Margarethe von Trotta).
DERSU UZALA (1975, R: Akira Kurosawa).
SMALL CHANGE (1976, R: François Truffaut).
LUMIERE (1976, R: Jeanne Moreau).
AUTUMN SONATA (1978, R: Ingmar Bergman).
THE TIN DRUM (1979, R: Volker Schlöndorff).
MON ONCLE D'AMERIQUE (1980, R: Alain Resnais).
CHRISTIANE F. (1981, R: Ulrich Edel).
FITZCARRALDO (1982, R: Werner Herzog).

Dokumentationen über Roger Corman:

ROGER CORMAN: HOLLYWOOD'S WILD ANGEL (R: Christian Blackwood; Blackwood Films, 1977).
SOME NUDITY REQUIRED (R: Johanna Demetrakes, Odette Springer; Only Child, 1998).
THE DIRECTORS: ROGER CORMAN (R/DB: Robert J. Emery, Media Entertainment/The American Film Institute, 1999).
IT CONQUERED HOLLYWOOD! THE STORY OF AMERICAN INTERNATIONAL PICTURES (DB: Eamon Harrington, John Watkin; American Movie Classics, 2001).

REEL RADICALS: THE SIXTIES REVOLUTION IN FILM (R: Lewis A. Bogach, Don Fizzinoglia; American Movie Classics, 2002).
EASY RIDERS, RAGING BULLS: HOW THE SEX, DRUGS AND ROCK 'N' ROLL GENERATION SAVED HOLLYWOOD *(DB: KENNETH BOWSER; BBC, 2003).*
THE TRIP: TUNE IN, TRIP OUT (R: Greg Carson; MGM/United Artists, 2003).
CORMAN'S WORLD: EXPLOITS OF A HOLLYWOOD REBEL (R, DB: Alex Stapleton; A&E IndieFilms/Far Hills Pictures/Stick 'N' Stone Productions/Gallant Films, 2012).

Literatur- und Quellenverzeichnis

1. Bücher:
1.1 - Primärliteratur:
1.1.1 - Biografie/Autobiografie/Interviews:

Gray, Beverly: ROGER CORMAN: AN UNAUTHORIZED BIOGRAPHY OF THE GODFATHER OF INDIE FILMMAKING, Los Angeles (Renaissance Books) 2000.

Corman, Roger/*Jerome*, Jim: HOW I MADE A HUNDRED MOVIES IN HOLLYWOOD AND NEVER LOST A DIME, Boston (Da Capo Press) 1998.

Corman, Roger/*Nasr*, Constantine: INTERVIEWS, Jackson (University Press of Mississippi) 2011.

1.1.2 - Bücher über Roger Corman:

Aleksandrowicz, Pawel: THE CINEMATOGRAPHY OF ROGER CORMAN: EXPLOITATION FILMMAKER OR AUTEUR?, Newcastle (Cambridge Scholars Publishing) 2016.

Bourgoin, Stéphane: ROGER CORMAN, Paris (Edilig) 1983.

di Franco, J. Philip (Editor): THE MOVIE WORLD OF ROGER CORMAN, New York/London (Chelsea House) 1979.

Frank, Alan: THE FILMS OF ROGER CORMAN - SHOOTING MY WAY OUT OF TROUBLE, London (Batsford) 1998.

McGee, Mark Thomas: ROGER CORMAN: THE BEST OF THE CHEAP ACTS, Jefferson (North Carolina)/London (McFarland) 1988.

Morris, Gary: ROGER CORMAN, Boston (Twayne Publishers) 1985.

Naha, Ed: THE FILMS OF ROGER CORMAN - BRILLIANCE ON A BUDGET, New York (Arco Publishers) 1982.

Nashawaty, Chris: CRAB MONSTERS, TEENAGE CAVEMEN, AND CANDY STRIPE NURSES: ROGER CORMAN: KING OF THE B MOVIE, New York (Abrams) 2013.

Silver, Alain/*Ursini*, James: ROGER CORMAN: METAPHYSICS ON A SHOESTRING, W. Hollywood (Silman-James Press) 2006.

Whitehead, Mark: ROGER CORMAN, Harpenden (Pocket Essentials) 2003.

Will, David/ *Willemen*, Paul (Editors): ROGER CORMAN: THE MILLENNIC VISION, Edinburgh (Edinburgh Film Festival) 1970.

1.2 - Sekundärliteratur:
1.2.1 - Produktionsfirmen:

Craig, Rob: AMERICAN INTERNATIONAL PICTURES: A COMPREHENSIVE FILMOGRAPHY, Jefferson (North Carolina)/London (McFarland & Co. Inc.) 2018.
Koetting, Christopher T.: MIND WARP!: THE FANTASTIC TRUE STORY OF ROGER CORMAN'S NEW WORLD PICTURES, Hailsham (Hemlock Books) 2009.
Martin, Len D. THE ALLIED ARTISTS CHECKLIST: THE FEATURE FILMS AND SHORT SUBJECTS OF ALLIED ARTISTS PICTURES CORPORATION, 1947-1978, Jefferson (North Carolina)/London (McFarland) 1993.
McGee, Mark Thomas: FASTER AND FURIOUSER. THE REVISED AND FATTENED FABLE OF AMERICAN INTERNATIONAL PICTURES, Jefferson (North Carolina)/London (McFarland) 1996.
Smith, Gary A.: AMERICAN INTERNATIONAL PICTURES: THE GOLDEN YEARS, Albany/Georgia (Bearmanor Media) 2013.

1.2.2 - Mono- und Biografien:

Arkoff, Samuel Z.: FLYING THROUGH HOLLYWOOD BY THE SEAT OF MY PANTS, New York (Birch Lane Press) 1992.
Hauck, Dennis William: WILLIAM SHATNER: DER CAPTAIN. EINE UNAUTORISIERTE BIOGRAPHIE, München (Heyne) 1997.
Nollen, Scott Allen: BORIS KARLOFF. A GENTLEMAN'S LIFE, Baltimore (Midnight Marquee Press) 1999.
Palmer, Randy: PAUL BLAISDELL: MONSTER MAKER. A BIOGRAPHY OF THE B MOVIE MAKEUP AND SPECIAL EFFECTS ARTIST, Jefferson (North Carolina)/London (McFarland) 1996.
Stevens, Brad: MONTE HELLMAN: HIS LIFE AND FILMS, Jefferson (North Carolina)/London (McFarland), 2010.
Thompson, David/*Christie*, Ian (Hrsg.): SCORSESE ON SCORSESE, London (Faber and Faber) 1989.
Waddell, Calum: JACK HILL. THE EXPLOITATION AND BLAXPLOITATION MASTER, FILM BY FILM, Jefferson (North Carolina)/London (McFarland) 2009.

Zion, Robert: DIE KONTINUITÄT DES BÖSEN - VINCENT PRICE IN SEINEN FILMEN, München (belleville) 2000.
Zion, Robert: WILLIAM CASTLE ODER DIE MACHT DER DUNKELHEIT, Meitingen (Corian-Verlag) 2000.

1.2.3 - Genres:

Brosnan, John: THE HORROR PEOPLE, New York (St. Martin's Press) 1976.
Clarens, Carlos: AN ILLUSTRATED HISTORY OF THE HORROR FILM, New York (Capricorn Books) 1968.
Daniels, Les: LIVING IN FEAR, New York (Da Capo Press), 1975.
Giesen, Rolf: SAGENHAFTE WELTEN. DER PHANTASTISCHE FILM, München (Heyne) 1990.
Hembus, Joe: DER STOFF AUS DEM DIE WESTERN SIND. DIE GESCHICHTE DES WILDEN WESTENS 1540-1894 - CHRONOLOGIE, MYTHOLOGIE, FILMOGRAPHIE, München (Heyne), 1996.
Jung, Fernand/, *Weil*, Claudius/ *Seeßlen*, Georg: DER HORROR-FILM. REGISSEURE, STARS, AUTOREN, SPEZIALISTEN, THEMEN, FILME, Schondorf (Roloff) 1977.
Moss, Robert F.: DER KLASSISCHE HORROR-FILM, München (Heyne) 1982.
Ryall, Tom: THE GANGSTER FILM, London (British Film Institute) 1974.
Schatz, Thomas: HOLLYWOOD GENRES, New York (Random House) 1981.
Seeßlen, Georg/ *Weil*, Claudius: KINO DES PHANTASTISCHEN. GESCHICHTE UND MYTHOLOGIE DES HORROR-FILMS, Reinbek (Rowohlt) 1980.
Seeßlen, Georg: KINO DES UTOPISCHEN. GESCHICHTE UND MYTHOLOGIE DES SCIENCE-FICTION-FILMS, Reinbek (Rowohlt) 1980.
Seeßlen, Georg: DER ASPHALT-DSCHUNGEL. GESCHICHTE UND MYTHOLOGIE DES GANGSTER-FILMS, Reinbek (Rowohlt) 1980.
Seeßlen, Georg/ *Weil*, Claudius: WESTERN-KINO. GESCHICHTE UND MYTHOLOGIE DES WESTERN-FILMS, Reinbek (Rowohlt) 1988.
Stresau, Norbert: DER HORROR-FILM. VON DRACULA ZUM ZOMBIE-SCHOCKER, München (Heyne) 1987.
Warren, Bill: KEEP WATCHING THE SKIES! - AMERICAN SCIENCE

FICTION MOVIES OF THE FIFTIES, 2 Bde., Jefferson (North Carolina)/London (McFarland) 1982/1986.

Warth, Eva-Maria: THE HAUNTED PALACE. EDGAR ALLAN POE UND DER AMERIKANISCHE HORROR-FILM (1909-1969), Trier (Wissenschaftlicher Verlag) 1990.

1.2.4 - Lexika:

Bawden, Liz-Anne (Hrsg.): RO-RO-RO-FILMLEXIKON, Reinbek (Rowohlt) 1978.

Hahn, Ronald M./ *Jansen*, Volker: LEXIKON DES HORROR-FILMS, Bergisch Gladbach (Bastei & Lübbe) 1989.

Hahn, Ronald M./*Jansen*, Volker: LEXIKON DES SCIENCE FICTION FILMS, Heyne (München) 1992.

Hembus, Joe: DAS WESTERN-LEXIKON, München (Heyne) 1995.

Katholisches Institut für Medieninformation (Hrsg.): LEXIKON DES INTERNATIONALEN FILMS, Reinbek (Rowohlt) 1987.

Symolka, Michael G.: HIPPIE-LEXIKON. PSYCHEDELIC, PEACE & FREIE LIEBE – DAS ABC DER FLOWER-POWER-ÄRA, Berlin (Schwarzkopf & Schwarzkopf) 1999.

Weldon, Michael: THE PSYCHOTRONIC ENCYCLOPEDIA OF FILM, London (Plexus) 1989.

1.2.5 - Allgemeine Darstellungen/Filmhistorie:

Biskind, Peter: EASY RIDERS, RAGING BULLS: HOW THE SEX-DRUGS AND-ROCK'N'ROLL GENERATION SAVED HOLLYWOOD, New York (Touchstone Books) 1998.

Crenshaw, Marshall: HOLLYWOOD ROCK. A GUIDE TO ROCK'N'ROLL IN THE MOVIES, London (Plexus) 1994.

Cross, Robin, THE BIG BOOK OF B MOVIES OR HOW LOW WAS MY BUDGET, New York (Muller) 1981.

Dammann, Lars: KINO IM AUFBRUCH. NEW HOLLYWOOD 1967-1976, Marburg (Schüren) 2006.

Doherty, Thomas: TEENAGERS AND TEENPICS. THE JUVENILIZATION OF AMERICAN MOVIES IN THE 1950's, Boston (Unwin Hyman) 1988.

Durgnat, Raymond: SEXUS, EROS, KINO. DER FILM ALS SITTENGESCHICHTE, Bremen (Schünemann) 1964.
Flynn, Charles/*McCarthy*, Todd (Editors): KINGS OF THE B's – WORKING WITHIN THE HOLLYWOOD SYSTEM, New York (Dutton) 1975.
Graham, Peter (Editor): THE NEW WAVE, London (Secker and Warburg) 1968.
Jacobs, Diane: HOLLYWOOD RENAISSANCE, New York (Delta Books) 1980.
Jansen, Peter W./ *Schütte*, Wolfram: NEW HOLLYWOOD, München (Hanser) 1976.
Lyons, Arthur: DEATH ON THE CHEAP. THE LOST B MOVIES OF FILM NOIR!, Boston (Da Capo Press) 2000.
McCarty, John/*McGee*, Mark Thomas: THE LITTLE SHOP OF HORRORS BOOK, New York (St. Martins's Press) 1988.
McCarthy, Todd/*Flynn*, Charles: KINGS OF THE B'S: WORKING WITHIN THE HOLLYWOOD SYSTEM, New York (E.P. Dutton) 1975.
Nowell-Smith, Geoffrey (Hrsg.): GESCHICHTE DES INTERNATIONALEN FILMS, Stuttgart/Weimar (J.B. Metzler) 1998.
Peary, Danny: CULT MOVIES, New York (Vermilion) 1981.
Segrave, Kerry: DRIVE-IN THEATERS. A HISTORY FROM THEIR INCEPTION IN 1933, Jefferson (North Carolina)/London (McFarland) 1992.

1.2.6 - Weitere Literatur:

Aldiss, Brian W.: DER ENTFESSELTE FRANKENSTEIN, München (Heyne) 1984.
Baudelaire, Charles: EDGAR ALLAN POE - SEIN LEBEN UND SEINE WERKE, in: ders.: INTIME TAGEBÜCHER UND ESSAYS, München (Heyne) 1978.
Beaumont, Charles: THE INTRUDER. WITH AN INTRODUCTION BY ROGER CORMAN, Richmond/Virginia (Valancourt Books) 2015.
Eliade, Mircea: DAS HEILIGE UND DAS PROFANE: VOM WESEN DES RELIGIÖSEN, Frankfurt/M (Insel) 1998.
Freud, Sigmund: GESAMMELTE WERKE IN 18 BÄNDEN, London/Frankfurt/M (Imago Publishing/S. Fischer) 1940.
Haining, Peter (Editor): EDGAR ALLAN POE SCRAPBOOK, New York (Schocken) 1977.
Hall, Stuart: THE HIPPIES – AN AMERICAN „MOMENT", Birmingham

(Centre for Contemporary Cultural Studies) 1968.
Lovecraft, H. P.: DER FALL CHARLES DEXTER WARD, Frankfurt a. M. (Suhrkamp) 1988.
Poe, Edgar Allan: ERZÄHLUNGEN, München (Hanser) 1959.

2. Artikel, Zeitschriften, Interviews:

Bazin, André: LA POLITIQUE DES AUTEURS, in: *Graham*, Peter (Editor): THE NEW WAVE, a. a. O.
Bonham, Joe: THE RETURN OF ROGER CORMAN, in: Starlog, #19, Februar 1979.
Borgzinner, Jon: OP ART. PICTURES THAT ATTACK THE EYE, in: Time-Magazine, Nr. 17, 23. Oktober 1964.
Canby, Vincent: ROGER CORMAN: A GOOD MAN GONE TO POT, in: New York Times, 18. September 1966.
Chute, David: THE NEW WORLD OF ROGER CORMAN, in: Film Comment, #18, März/April 1982.
Corman, Roger: A LETTER FROM ROGER CORMAN, in: Take One, #1, November 1967.
Corman, Roger: AN INTERVIEW WITH ROGER CORMAN in: Take One, #2, November 1970.
Corman, Roger: VINCENT PRICE AS I REMEMBER HIM, in: Scarlet Street, #13, Winter 1994.
Corman, Roger: „HAU AB, SO SCHNELL DU KANNST!", in: Die Zeit, Dezember 2008.
Corman, Roger: „FÜR GEDANKEN BRAUCHT MAN KEIN GELD", in: taz, Juli 2013.
Cutts, John: THE PIT AND THE PENDULUM, in: Films and Filming, #8, Februar 1962.
Davidson, Bill: KING OF SCHLOCK, in: New York Times Magazine, 28. Dezember 1975.
Diehl, Digby: ROGER CORMAN: A DOUBLE LIFE, in: Action #4, Juli/August 1969.
Diehl, Digby: ROGER CORMAN: THE SIMENON OF CINEMA, in: Show: The Magazine of Films and Arts, #1, Mai 1970.
Dietz, Lawrence: THE QUICKIE MASTER, in: New York World Journal Tribune, 8. Januar 1967.
Dixon, Wheeler Winston: ROGER CORMAN, in: Senses of Cinema, Februar 2006.

Doherty, Rosa: CIA FILES REVEAL JORDAN'S KING HUSSEIN FATHERED A CHILD WITH JEWISH HOLLYWOOD ACTRESS, in: The Jewish Chronicle, 12. 01. 2018.

French, Larry: VINCENT PRICE - THE CORMAN YEARS, in: Fangoria, #6/ #7, Juni/August 1980.

Goldman, Charles: AN INTERVIEW WITH ROGER CORMAN, in: Film Comment, #7, Herbst 1971.

Graham, Aaron W./*Griffith*, Charles B.: LITTLE SHOP OF GENRES: AN INTERVIEW WITH CHARLES B. GRIFFITH, in: Senses of Cinema, 15. April 2005

Harzheim, Harald: THE KINGS OF THE B'S: JEAN LUC GODARD AND ROGER CORMAN, Wien (Verlag für Moderne Kunst) 2013.

Haydock, Ron: POE, CORMAN AND PRICE, in: *Haining*, Peter (Editor): EDGAR ALLAN POE SCRAPBOOK, a. a. O., S. 133-138.

Jones, Kent: „THE CYLINDER WERE WHISPERING MY NAME": THE FILMS OF MONTE HELLMAN, in: *Alexander*, Horwath/*Noel*, King/*Elsaesser*, Thomas (Hg.): THE LAST GREAT AMERICAN PICTURE SHOW: NEW HOLLYWOOD CINEMA IN THE 1970s, Amsterdam (Amsterdam University Press) 2004, S. 165-194.

Kane, Joe: MUSHROOM MONSTERS OR: THE DAY THE WORLD ENDED, in: The Monster Times, #1/ #3, Januar/März 1972.

Klein, Richard: ROGER CORMAN: EMOTIONAL TIES ARE WITH PRODUCTION, in: Variety, 13. Juni 1983.

Koszarski, Richard: THE FILMS OF ROGER CORMAN, in: Film Comment, #7, 1971.

Larson, Randall D./*Katz*, Fred: A TALK WITH FRED KATZ, in: CinemaScore, #11/#12, 1983.

Linaweaver, Brad: POE RELATIONS, in: Cult Movies, #23, 1997.

London, Michael: CORMAN, NEW WORLD SUE IN A BATTLE FOR CONTROL, in: Los Angeles Times, 6. März 1985.

McCarthy, Todd: A SWARM OF B's FROM ROGER CORMAN in: Los Angeles Times Calendar, 5. Februar 1978.

Milne, Tim: BLOODY MAMA, in: Sight and Sound, #39, Herbst 1970.

Minton, Kevin Lee. BEVERLY GARLAND, in: Filmfax, #46, 1994.

Morris, Chris: ROGER CORMAN: THE SCHLEMIEL AS AN OUTLAW, in: *Flynn*, Charles/*McCarthy*, Todd (Editors): KINGS OF THE B's - WORKING WITHIN THE HOLLYWOOD SYSTEM, a. a. O., S. 63-68.

Moullet, Luc: CORMAN, in: Les Cahiers du cinéma, #152, Februar 1964.

Myles, Lynda: 2 COLOUR SUPPLEMENT MOVIES, in: *Will*,

David/*Willemen*, Paul (Editors): ROGER CORMAN: THE MILLENNIC VISION, a. a. O., S. 81-89.
Newman, Kim: EXPLOITATION UND MAINSTREAM, in: *Nowell-Smith*, Geoffrey (Hrsg.): GESCHICHTE DES INTERNATIONALEN FILMS, a. a. O., S. 462-468.
Pinkerton, Nick/*Armitage*, George: INTERVIEW: GEORGE ARMITAGE, in: Film Comment, 28. April 2015.
Pirie, David: ROGER CORMAN'S DESCENT INTO THE MAELSTROM, in: *Will*, David/*Willemen*, Paul (Editors): ROGER CORMAN: THE MILLENNIC VISION, a. a. O., S. 45-67.
Positif, Ausgabe #59, März 1964.
Roman, Robert C.: POE ON THE SCREEN, in: Films in Review, #12, Oktober 1961.
Rothman, Stephanie/*Baumgarten*, Marjorie: EXPLOITATION'S GLASS CEILING. FEMINIST FILMMAKER STEPHANIE ROTHMAN ON HER SHORT BUT BRILLIANT RUN MAKING B-MOVIES, in: The Austin Chronicle, 9. April 2010.
Sammon, Paul: RICHARD MATHESON MASTER OF FANTASY, in: Fangoria, #3, 1979.
Schneider, Wolf: CORMAN TO UP PROD'N UNDER SOLIDIFIED CONCORDE BANNER, in: Hollywood Reporter, 26. März 1987.
Schöler, Franz: DIE ERBEN DES MARQUIS DE SADE. HORRORFILM III, in: Film, #10, Oktober 1967.
Seitz, Alexandra: JUST PASSIN' THRU. EINIGES ÜBER FILME VON MONTE HELLMAN, in: NACHtBLENDE, #16, Februar 2000.
Strick, Philip/*Corman*, Roger: MA BARKER TO VON RICHTHOFEN: AN INTERVIEW WITH ROGER CORMAN, in: Sight and Sound, #39, Herbst 1970.
Thomas, Kevin: ROGER CORMAN: THE DIRECTOR WHO CHANGED THE FACE OF HOLLYWOOD, in: Los Angeles Times Calendar, 9. Januar 1972.
Thonen, John: THE ROGER REPORT: ROGER CORMAN ON THE B-VIDEO BIZ in: VideoScope, Herbst 1999.
Warren, Geoffrey M.: "KELLY" SURPRISES AS NEW CRIME SLEEPER, in: Los Angeles Times, 4. Juli 1958.
Will, David: 3 GANGSTER FILMS: AN INTRODUCTION, in: *Will*, David/*Willemen*, Paul (Editors): ROGER CORMAN: THE MILLENNIC VISION, a. a. O., S. 68-80.

Willemen, Paul: THE MILLENNIC VISION, in: *Will*, David/ *Willemen*, Paul (Editors): ROGER CORMAN: THE MILLENNIC VISION, a. a. O., S. 8-33.

Willemen, Paul: CORMAN: GENRE AND GRAMMAR, in: *Will*, David/ *Willemen*, Paul (Editors): ROGER CORMAN: THE MILLENNIC VISION, a. a. O., S. 34-44.

Williges, Clemens G.: TAG DER GESETZLOSEN IM HEIMKINO, in: *Zion*, Robert: TAG DER GESETZLOSEN, Saarbrücken/Dudweiler (35 Millimeter - Das Retro-Filmmagazin) 2018, S. 15.

Zion, Robert: ROGER CORMAN, in: Enzyklopädie des phantastischen Films, Corian-Verlag, 59. Ergänzungslieferung, August 2000, 30 Seiten (inkl. Filmo- und Bibliographie).

Zion, Robert: NOT OF THIS EARTH – THE FILM MUSIC OF RONALD STEIN, in: Enzyklopädie des phantastischen Films, Corian-Verlag, 59. Ergänzungslieferung, August 2000, 6 Seiten.

Zion, Robert: VIER FRAUEN IM SUMPF [SWAMP WOMEN], in: 35 Millimeter Retro-Filmmagazin, Nr. 28, Aug./Sept. 2018.

Index

Fettgedruckte Seitenzahlen verweisen auf Abbildungen im Text.

A BUCKET OF BLOOD 9, 33, **34**, **95**, 96, **111**, 111-119, **113**, **116**, 205, 251, 273.
A PATCH OF BLUE 195.
A TIME FOR KILLING 282.
Ackerman, Forrest J. 69.
Aldrich, Robert 44, 182.
ALICE DOESN'T LIVE HERE ANYMORE 239.
Alonzo, John A. 196, 284.
AMARCORD 240, 293.
Anger, Kenneth 7, 104.
APACHE WOMAN 18, 39, 44, 45, 56, 60, 91, 266.
APOCALYPSE NOW 130.
APOLLO 13 260, 293.
THE ARENA 240, 291.
Arkoff, Samuel Z. 38, 41, 56, 60, 68, 70, 71, 87, 97, 119, 124-127, 207, 236, 241, 249, 265, 268, 271, 272, 273, 275, 276, 278, 279, 283, 284.
Arkush, Allan 18, 250, 251, 285.
Armitage, George 64, 65, 206, 284, 285.
Arzner, Dorothy 242.
ATLAS 21, 22, 96, 274.
ATTACK OF THE 50 FOOT WOMAN 50.
ATTACK OF THE CRAB MONSTERS 14, **64**, 65, 67, 89, 268.

BABY DOLL 104.
Bacall, Lauren 260.
Barger, Sonny 219.
Barnes, Charles 212, **217**, 276.
Barnett, Steve 259.
Bartel, Paul 250, 251, 252.
BATTLE BEYOND THE STARS 252, 288.
BATTLE BEYOND THE SUN 128, 286.
BATTLE OF BLOOD ISLAND 77, 128, 286.
Bava, Mario 50.
Baxter, Les 126, 274, 275, 277, 278, 279, 283.
BEAST FROM HAUNTED CAVE 85.

THE BEAST WITH 1,000,000 EYES **68**, 70, 76, 265.
Beaumont, Charles 42, 125, 127, 142, 210, 211, 213, 216, 276, 279, 280.
BECKET 142.
Bell, Jeannie 249.
Bennett, Joan 34.
Bergman, Ingmar 7, 236, 252, 293.
Berman, Harvey 96.
Bernds, Edward 88.
BIG BAD MAMA 251, 287.
BIG BAD MAMA II **258**, 259, 288.
THE BIG BIRD CAGE 247, 249, 251, 287.
BIG DOLL HOUSE **55**, **156**, 241, **246**, 247, 287.
Bigelow, Kathryn 261.
Big Otto [Otto Friedli] 220, 225.
Birch, Paul 46, 73, 90, 162, 165, 166, **168**, **170**, 265, 266, 268.
THE BLACK CAT 170.
Blaisdell, Paul 69, **74**, **161**, 162, 265, 266, 267, 268.
The Blockbusters 91, 93, 269, 270.
BLOOD AND BLACK LACE 50.
BLOOD BATH 128, **129**, 130, 131, 287.
BLOODY MAMA **21**, 60, **155**, **159**, 187, 195-203, **197**, **199**, **201**, 284.
Bloomfield, Mike 236.
BODY CHEMISTRY 259.
Bogdanovich, Peter 18, 19, 20, 64, 86, 219, 221, **223**, 281, 282.
Bohrer, Jack 220, 265.
BONNIE AND CLYDE 200.
THE BONNIE PARKER STORY 88, 191.
Borgzinner, Jon 181.
Bowers, Samuel 209.
Boyle, Barbara 243.
BOXCAR BERTHA 243, 287.
Breton, André 33.
THE BRIDE OF FRANKENSTEIN 170.
Bridges, Lloyd 45, 266.
Bronson, Charles **11**, 43, **187**, 188, **189**, **191**, 192, **193**, 199, 271.
Brown, Jim 249.
Brown, Judith **246**.
Brown, Rita Mae 257.
Brown, Roy 26, 208.
Bryant, Gerard 88.

305

Burroughs, William S. 91.

Burstyn, Ellen 239.
Burton, Tim 89.
Burton, Julian **34**, 114, 117, 273, 280.
BURY ME AN ANGEL 254.
Butterfield Blues Band 236.

Cabot, Susan 2, **11**, 42, **43**, 90, **92**, 93, 94, 95, 96, 98-102, **99**, 162, 164, **165**, 167, **187**, 189, **191**, **193**, 194, 199, 269, 270, 271, 273.
CAGED HEAT 247, 287.
CAGED HEAT 3000 259, 291.
Cahn, Edward L. 66, 69, 88, 97.
Cameron, James 18, 20, 260.
Campbell, R. Wright 42, 44, 125, 127, 142, 192, 265, 268, 271, 272, 277, 280.
Canby, Vincent 18, 224.
CANDY STRIPE NURSES 245, 287.
CANNONBALL 251, 292.
Carbone, Antony **76**, 77, **78**, **80**, 84, **85**, 90, 114, 273, 274, 275.
Carras, Anthony 126, 273, 274, 275, 277, 279.
CARNIVAL ROCK 42, **92**, 93, 270.
CARNOSAUR 259, 290.
Castle, Peggie 2, **45**, 46, 60, 266.
CAT PEOPLE 137.
Chaney, jr., Lon 124, 279.
Chaplin, Charlie 112, 225.
CHINATOWN 196, 239.
Claw, Irving 100.
Cochran, Steve 184, **185**, 272.
COCKFIGHTER 85, 250, 287.
COFFY 247, 249.
Cohen, Howard R. 65, 255.
Collins, Roberta 2, **55**, **246**.
Connors, Touch 52, **53**, 73, 90, 265, 266, 267,.
Coppola, Francis Ford 18, 128, 130, 184, 239, 240, 251, 277, 278, 279.
THE CONQUEROR WORM 126.
Conte, Richard 34, **35**.
Corey, Jeff 43, 77, 96.
Corman, Ann 26.
Corman, Gene 26, 36, 76, 128, 208, 214, 241, 272, 276, 277, 280, 283, 285.

Corman, Julie 242, 243.
Corman, Roger **13**, **21**, **74**, **197**, **211**, **223**, **240**, **263**.
Corman, William 26, 27.
Country Joe & the Fish 8, 284.
Court, Hazel 124, **127**, 276, 278, 280.
COVER GIRL MODELS 245.
Crane, Barbara 98, **101**, 270.
CREATURE FROM THE HAUNTED SEA 77, 84, **85**, 86, 111, 112, 116, 239, 262, 275.
CRIES AND WHISPERS 252, 293.
Crosby, Floyd 40, 42, 69, 126, 139, 181, 265, 266, 268, 269, 270, 271, 272, 274, 275, 276, 277, 278, 279.
CRY OF THE BANSHEE 126.
Cummings, Susan **51**, 52, 267.
Curtiz, Michael 112.

Dalton, Abby **43**, 90, 91, 160, 269, 270.
Dante, Joe 18, 65, 86, 91, 250, 251, 252, 255.
Davison, Jon 251, 257.
DAY THE WORLD ENDED 14, 67, **70**, 70-75, **72**, **74**, 80, 204, 206, 266.
DEATH RACE 2000 250, 251, 252, 261, 287.
DEATH RACE 2050 261, 292.
DEATHSPORT 251, 285.
DECOY 48.
DEMENTIA 13 128, 129, 287.
Demme, Jonathan 18, 20, 77, 247, 250, 260.
De Niro, Robert 18, 184, 196, **197**, **199**, 240, 284.
Denning, Richard 45, 46, 73, 90, 266, 268.
Dern, Bruce 18, 165, 198, 221, 229, 231, 281, 282, 284.
DE SADE 283.
Devon, Richard 90, 110, 190, **191**, **193**, 269, 270, 271.
DIARY OF A HIGH SCHOOL BRIDE 112.
THE DIARY OF ANNE FRANK 195.
Dickinson, Angie **258**.
THE DIRTY DOZEN 44.
D.O.A. 47.
Doel, Frances 42, 242, 249, 285.
The Doors 195, 229.
Downs, Cathy 45, 266.
DRAGONWYCK 133, **134**.

DRAGSTRIP GIRL 97.
Drenner, Elijah 91.

EASY RIDER 85, 229, 237, 238.
EDWARD SCISSORHANDS 89.
Eisenhower, Dwight D. 209.
The Electric Flag 236, 282.
Eliade, Mircea 15, 193, 227.

THE FAST AND THE FURIOUS 38, 39, 76, 286.
Fellini, Federico 240, 241, 293.
FIGHTING MAD 250, 287.
THE FINAL COMEDOWN 249.
Fisher, Steve 184, 272.
FIVE GUNS WEST 18, 39, 40, **41**, 42, 44, 45, 60, 76, 160, 265.
THE FLY 164.
FLY ME 245.
Fonda, Bridget 260, 286.
Fonda, Peter 18, **19**, 122, **151**, **152**, 165, **219**, 220, 221, **223**, 229, **231**, 234, **235**, 237, 238, 281, 282.
Ford, John 30, 225.
FOXY BROWN 247.
FRANKENSTEIN UNBOUND 259, **260**, 286.
Freud, Sigmund 167, 192.
Fuller, Sam 225.

Gable, Clarke 63.
Garland, Beverly 2, 46, **47**, 48, 49, **51**, 52, **53**, **56**, 57, 58, **59**, 60, 90, 96, 160, **161**, 162, **168**, 169, **170**, **172**, 267, 268.
GAS-S-S-S! OR IT BECAME NECESSARY TO DESTROY THE WORLD IN ORDER TO SAVE IT 8, 9, 14, 149, **159**, 181, **205**, 206, 207, 208, 243, 284.
THE GIANT LEECHES 119, 286.
Giftos, Elaine 206, **243**, 285.
GIRLS IN PRISON 97, 98.
Glanvill, Joseph 143.
Glenville, Peter 142.
Godard, Jean-Luc 86.
THE GODFATHER: PART II 184, 239, **240**, 292.
GOODFELLAS 184, 185.
Gordon, Alex 38, 71, 97, 266.

Gordon, Leo 90, 129, 212, 273, 276, 278, 279, 282.
GRAND THEFT AUTO 252, 287.
Gray, Beverly 66, 118, 243.
Grier, Pam 240, 247, 249.
Griffith, D. W. 225.
Griffith, Charles B. 42, 44, 60, 62, 77, 84, 85, 91, 92, 104, 105, 106, 110, 111, 112, 114, 116-119, 219, 229, 267, 268, 269, 270, 273, 274, 175, 281.
GRINDHOUSE: DEATH PROOF 55, 103.
THE GUNFIGHTER **32**, 292.
GUNSLINGER 18, 41, 44, 45, **47**, 56-62, 57, **59**, **61**, **153**, 162, 194, 267.

Hahn, Ronald M. 170.
Hall, Stuart 141.
Haller, Daniel 42, 126, 139, 142, 181, 271, 272, 273, 274, 275, 276, 277, 278, 279, 280, 281, 282, 283.
Hanna, Mark 42, 267, 268, 269.
Hannawalt, Chuck 40, 42, 275, 283.
HAROLD AND MAUDE 196.
Harryhausen, Ray 69.
Hathaway, Henry 94.
THE HAUNTED PALACE 14, 120, 124, **125**, 126, 130, 135, 136, 279.
Hawks, Howard 30, 51, 54, 225, 240.
Hayes, Allison 50, 57, 58, **59**, 60, **61**, 162, 267, 269.
Haze, Jonathan 36, 49, 52, 58, **59**, 90, 91, 117, **118**, 130, 168, 171, 265, 266, 267, 268, 269, 270, 271, 272, 274, 278.
Hellman, Monte 18, 19, 84, 85, 86, 96, 130, 250, 275, 278, 281, 283.
HELL'S ANGELS ON WHEELS 88.
Hessler, Gordon 126.
HIGH NOON 40.
HIGHWAY DRAGNET 34, **35**, 36, 286.
Hill, Jack 18, 55, 64, 70, 86, 103, 128, 130, 239, 241, 246, 247, 249, 252, 255, 257, 278.
Hitchcock, Alfred 30, 225.
HOLLYWOOD BOULEVARD **250**, 251, 252, 257, 287.
HOLLYWOOD BOULEVARD II 259, 289.
Hopper, Dennis 18, 229, 232, **235**, 238, 282.
THE HOT BOX 247, 287.
HOUSE OF USHER 9, 14, 79, 89, 122, 124, 126, 127, **133**, 133-141, **137**, **139**, **151**, **155**, **157**, 182, 204, 273.
HOUSE OF WAX 112.

Howard, Ron **13**, 18, 252, 260.
THE HOWLING 255, 262, 292.
HUMANOIDS FROM THE DEEP 254, 261, 288.
Hurd, Gale Ann 18, 242.
Hurt, John 260, 286.
THE HURT LOCKER 261.
Hussein, König von Jordanien 94.

I, MOBSTER 15, 182, 184, **185**, 186, 187, 205, 272.
I WAS A TEENAGE FRANKENSTEIN 88.
THE INTRUDER 8, **9**, 56, 77, 128, 167, 182, 204, 205, **209**, 209-218, **211**, **213**, **215**, **217**, 261, 276.
INVASION OF THE BODY SNATCHERS 171.
Ireland, John **56**, 58, **61**, 267.
IT CONQUERED THE WORLD 14, 69, **161**, 162, **163**, 165, 267.

Jackson, Colette **107**, 108, **109**, 270.
JACKSON COUNTY JAIL 247, 252, **253**, 287.
Jacob, Dennis 130, 278, 282.
Jansen, Volker 170.
JAWS 18.
Jefferson Airplane 8, 10, 233.
Johnson, Lyndon B. 209.
Jones, Amy 251, 257.
Jones, Morgan 169, **172**, 266, 268.
Jones, Tommy Lee 252.
Jones-Moreland, Betsy 2, **43**, **76**, 77, 78, **80**, **82**, 84, **85**, 86, 90, 271, 274, 275.
Juliá, Raúl 260, 286.
Juran, Nathan 34, 35, 50.
JURASSIC PARK 259.

Kallis, Albert 57.
Kaplan, Jonathan 166, 206, 245, 252.
Karloff, Boris 124, 129, 130, 251, 278.
Kasper, John 210.
Katz, Fred 112, 273, 274, 275.
Kazan, Elia 104.
Keitel, Harvey 89.
Kenney, June **43**, 90, **99**, **101**, **103**, **105**, 106, 115, 270.
Kerouac, Jack 114.

Kimbrough, Clint 197, **201**, 284, 285.
King, Henry 32.
King, jr., Martin Luther 209.
KISS OF DEATH 94.
Knight, Sandra 130, **131**, 277, 278.
Kowalski, Bernard L. 119.
Kramarsky, David 68, 265.

Ladd, Diane 222, 239, 281.
Laemmle, Carl 28, 261.
Laing, R. D. 200.
LAST WOMAN ON EARTH 14, 75, **76**, 76-86, 77, **78**, **80**, **82**, **153**, 162, 167, 173, 204, 239, 274.
Law, John Phillip **207**, 208, 285.
Leary, Timothy 179, 230, 234.
León, Gerardo de 247.
Lewton, Val 136.
Lichtenstein, Roy 203.
Lieberman, Leo 92, 97, 102, 269, 270.
Lippert, Robert 36, 76, 286.
THE LITTLE SHOP OF HORRORS [1960] 112, 117, **118**, 274.
LITTLE SHOP OF HORRORS [1986] 117.
Lords, Tracy 259.
Lorre, Peter 124, 277, 278.
Lovecraft, H. P. 120, 126, 279.
Lucas, George 18, 19.
Lund, John 39, **41**, 46, 265.
Lunsford, Beverly 212, **217**, 276.
Lynn, Ginger 259.
Lyons, Arthur 103.

MACHINE GUN KELLY **11**, 15, 17, 43, 44, 60, 89, 93, 126, 173, **183**, **187**, 187-194, **189**, **191**, **193**, 194, 199, 205, 271.
Malone, Dorothy 39, **41**, 45, 46, 160, 265.
Mankiewicz, Joseph L. 133, 134.
Marshall, Darrah **66**, 272.
Martin, Bill 100, 269, 270.
Martin, Lori 190, **191**, 271.
MASQUE OF THE RED DEATH 14, 96, 122, 126, **127**, 135, 136, 142, **150**, **152**, **157**, 236, 280.

Maté, Rudolph 46.
Matheson, Richard 42, 124, 126, 138, 140, 210, 274, 275, 276, 278, 283.
Maxwell, Frank 212, 222, 276, 279, 281.
McGee, Mark Thomas 39, 49, 58, 71, 105, 112, 160, 237.
Mescall, John J. 170, 268.
Metcalfe, Ken 250.
Milan, Lita 184, **185**, 272.
Milland, Ray 125, **158**, **174**, **176**, **178**, **180**, 276, 279.
Miller, Dick **34**, 89, **90**, 91, 96, 99, 100, **101**, **111**, **113**, 114, **116**, 117, 130, 169, 221, 231, 249, 250, 251, 255, 266, 267, 268, 269, 270, 271, 272, 273, 274, 276, 178, 279, 281, 282, 283.
Miller, Michael 247, 252, 253.
Milner, Dan 72.
Mimieux, Yvette 252.
MONSTER FROM THE OCEAN FLOOR 36, **37**,76, 262, 286.
Morris, Barboura 2, **34**, 90, **95**, 96, 98, **101**, 108, 114, **116**, 127, 162, 190, **191**, 221, 232, 269, 270, 271, 273, 275, 279, 281, 282.
Morris, Gary 17, 42, 50, 51, 83, 110, 120, 123, 170, 172, 177, 188.
MOTORCYCLE GANG 88, 89.
Murakami, Jim T. 252, 285.
Murnau, Friedrich Wilhelm 40.
Myles, Lynda 226, 234.
MYSTERY OF THE WAX MUSEUM 112.

NAKED PARADISE 14, 160, 268.
Nelson, Ed 90, 114, 268, 269, 270, 272, 273.
Nelson, Lori **70**, 73, **74**, 266.
Neumann, Kurt 164.
Nicholson, Jack 18, 43, 96, 117, 130, **131**, 229, 239, 274, 278, 282.
Nicholson, James H. 38, 39, 41, 50, 56, 68, 69, 70, 88, 119, 124, 125, 126, 195, 196, 207, 236, 237, 267, 268, 269, 270, 271, 272, 273, 275, 276, 278, 279, 283, 284.
NIGHT CALL NURSES 206, 245, 251, 259.
NOT OF THIS EARTH [1957] 14, 67, **154**, 162, 165, 166, 167, **168**, 168-173, **170**, **172**, 205, 268.
NOT OF THIS EARTH [1988] 259.

O'Brian, Declan 261, 263.
THE OKLAHOMA WOMAN 18, 44, **45**, 60, 266.
Ordung, Wyott 35, 36.

Osborne, Aaron 259.
Oz, Frank 117.

Page, Bettie 100.
Paget, Debra **125**, 277, 279.
Peck, Gregory **32**.
Peeters, Barbara 242, 254, 255, 257, 261.
Penn, Arthur 182, 200.
Peters, Donald A. 195, 284.
Peterson, Kristine 259.
THE PHANTOM FROM 10,000 LEAGUES 72.
Pierce, Maggie **150**, 277.
PIRANHA 252, 259, 288.
THE PIT AND THE PENDULUM 14, **121**,124, 134, 135, 136, **158**, 275.
PIT STOP 239.
Place, Lou 68, 69, 265, 266.
Platt, Polly 219, 281.
The Platters 91, 92, 269, 270.
Poe, Edgar Allan 28, 120, 124, 133, 177, 206, 274, 275, 276, 278, 279, 280, 281.
Pollack, Sydney 196.
THE PREMATURE BURIAL 14, **123**, 125, 126, 134, 136, 276.
Price, Vincent 42, 89, 90, 112, **121**, 122, 124, **125**, 126, 128, **134**, **137**, 138, **139**, **142**, 144, 147, **148**, **150**, **151**, 167, 274, 275, 277, 278, 279, 280, 281.
PRIVATE DUTY NURSES 206, 245, 287.
PULP FICTION 89.

Rathbone, Basil 124, 277.
THE RAVEN 124, 129, 278.
Ray, Nicholas 225.
Reeves, Michael 126.
REFORM SCHOOL GIRL 88.
Renoir, Jean 240.
RESERVOIR DOGS 89.
Rialson, Candice 2, **250**.
Richthofen, Manfred von 26, 208.
Rivette, Jacques 12.
Robards, Jason **167**, 185, 282.
ROBOCOP 257.
ROCK ALL NIGHT 89, **90**, 91, 93, 160, 269.

ROCK AROUND THE WORLD 88.
Roeg, Nicolas 127, 280.
The Rolling Stones 8, 219, 220.
Rosenquist, James 203.
Rothman, Stephanie 18, 70, 128, 129, 130, 241-244, 245, 247, 252.
RUNAWAY DAUGHTERS 97.
Rush, Richard 88.
Rusoff, Lou 42, 44, 60, 97, 266, 267.
Russell, Ray 125, 276, 279.

Sachse, Salli **231**, 232, 237, 282.
THE SAGA OF THE VIKING WOMEN AND THEIR VOYAGE TO THE WATERS OF THE GREAT SEA SERPENT **43**, 44, 60, 160, 270.
Santiago, Cirio H. 249.
SAVAGE! 249, 251.
Schoenberg, Burt 138, 274, 276.
Schlöndorff, Volker 252, 293.
Scorsese, Martin 7, 18, 19, 184, 185, 239, 243, 251.
THE SECRET INVASION 44, 128, 280.
Seeßlen, Georg 120, 140, 173, 182, 183, 184, 196, 202.
The Shadows 93, 270.
SHAKE, RATTLE AND ROCK! 97.
SHARKTOPUS 261, 262, **263**, 292.
Shatner, William **9**, 167, **211**, 212, 214, **215**, 216, 217, 261, 276.
Shayne, Linda 242.
Shear, Barry 88.
THE SHE-CREATURE 66.
SHE - GODS OF SHARK REEF 44, 100, 272.
Shepherd, Elizabeth **144**, **146**, 147, **148**, **150**, **151**, **158**, 281.
DAS SIEBENTE SIEGEL 236.
Siegel, Don 171.
THE SILENCE OF THE LAMBS 260, 292.
Silver, Alain 53, 54, 79, 100, 106.
Simon, Adam 259.
Sinatra, Frank 221, 239.
Sinatra, Nancy **19**, **219**, 221, 222, 239, 281.
Sinclair, Ronald 42, 126, 265, 266, 267, 270, 271, 276, 277, 278, 279, 280, 282.
SKI TROOP ATTACK 84, 273.
THE SLUMBER PARTY MASSACRE 257.

SMALL CHANGE 252, 293.
Smith, Sandra **107**, **109**, 270.
SORCERESS 176, 288.
SORORITY GIRL 42, **88**, 89, 93, **97**, 97-102, **99**, **101**, 111, 167, 247, 269.
Spain, Fay 107, **109**, 270.
Spielberg, Steven 18, 19, 20, 65.
Stallone, Sylvester 18.
STARSHIP TROOPERS 257.
Steele, Barbara 124, **158**, 275.
Stein, Ronald 100, 126, 266, 267, 268, 269, 272, 274, 276, 278, 279.
Stewart, David J. 92, 93, 270.
Strasberg, Susan **151**, 229, 231, 282.
Strauss, Robert **185**, 272.
Stresau, Norbert 140.
Strock, Herbert L. 88.
ST. VALENTINE'S DAY MASSACRE 15, 24, **25**, 65, **167**, 182, 185, **186**, 187, 281.
THE STUDENT NURSES **156**, 241, **243**, 244, 245, 259, 287.
THE STUDENT TEACHERS 245.
SUMMER SCHOOL TEACHERS 254.
Sunila, Joyce 254.
Suso, Henry 251, 285.
SWAMP WOMEN **17**, 18, 44, 45, **49**, 49-55, **51**, **53**, 60, 76, 100, 101, 194, 241, 267.
THE SWINGING CHEERLEADERS 247.
SWITCHBLADE SISTERS 103, 247.

TABU 40.
TALES OF TERROR 124, 134, 135, 136, 140, **150**, 276.
Tarantino, Quentin 55, 89, 103, 261.
TARGET: HARRY 283.
Taylor, Joan 44, 46, 266.
TEENAGE CAVEMAN 14, **66**, 67, 271.
TEENAGE DOLL 9, **23**, 50, 51, 54, 60, **103**, 103-110, **105**, **107**, **109**, 111, 115, **154**, 183, 205, 241, 247, 270.
THE TERMINATOR 20.
THE TERROR 76, 96, 129, 130, **131**, 239, 251, 278.
THAT GUY DICK MILLER 91.
THEY SHOOT HORSES, DON'T THEY? 196.
Thom, Robert 195, 284.

Thurman, Uma 89.
Tierney, Gene **134**.
THE TIN DRUM 252, 293.
TITANIC 20, 260.
T.N.T. JACKSON **248**, 249, 287.
THE TOMB OF LIGEIA 14, 126, 127, 135, 136, **142**, 142-149, **144**, **146**, **148**, **150**, **151**, **158**, 167, 171, 177, 281.
Toth, Andre de 112.
Tourneur, Jacques 137.
TOWER OF LONDON 128, 277.
Towne, Robert 18, 43, **76**, 77, **78**, **80**, **82**, 84, 85, 86, 125, 127, 142, 167, 239, 274, 275, 281.
Travolta, John 89.
THE TRIP 9, 15, 96, 122, 141, **151**, **152**, 173, 181, 204, **229**, 229-238, **231**, **233**, **235**, **237**, 282.
Truffaut, François 252, 293.
Trump, Donald 204, 261.
Turkel, Ann 254, 255.
TWO-LANE BLACKTOP 85.

Ulmer, Edgar G. 170.
THE UNDEAD 182, 269.
THE UNTOUCHABLES 24.
Ursini, James 53, 54, 79, 100, 106.

Vail, Myrtle 114, **118**, 274.
Van der Vlis, Diana 174, **176**, 279.
VANISHING POINT 196.
Vaughn, Robert **66**, 67, 272.
Verhoeven, Paul 257.
Ve Sota, Bruno 90, 115, 266, 267, 269, 270, 271, 273, 279.
Viola, Joe 247.
VON RICHTHOFEN AND BROWN 12, 14, 15, 26, **152**, 204, 205, 206, **207**, 208, 285.
VOODOO WOMAN 69.

Walsh, Katherine 232, **235**, 282.
Warhol, Andy 252.
WAR OF THE SATELLITES **93**, 271.
THE WASP WOMAN 14, 93, 94, 96, 112, 128, 162, 164, **165**, 272.

Waters, John 103, 104.
Welles, Mel 90, 91, 117, 268, 269, 274.
Westbrook, John 144, **148**, 280, 281.
Whale, James 170.
THE WILD ANGELS 7, 8, 15, 17, **19**, 62, 85, 87, 96, 111, **159**, 160, 165, 173, 182, 183, 204, **219**, 219-228, **221**, **223**, **225**, **227**, 229, 233, 238, 239, 281.
WILD IN THE STREETS 88.
THE WILD RIDE 96, 128, 286.
Will, David 14, 123, 202, 203, 226.
Willemen, Paul 12-18, 46, 61, 122, 135, 166, 171, 178, 179, 193, 202, 204, 226, 234, 257.
Williams, Oscar 249.
Williamson, Fred 249.
Williges, Clemens G. 120.
Willis, Gordon 260.
Wilson, Barbara **109**, 270.
Winters, Shelley **159**, **195**, **197**, **199**, **201**, 284.
WITCHFINDER GENERAL 126.
Witney, William 88, 191.
WOMEN IN CAGES 247.
Woolner, Lawrence 50, 241, 270.
Woronov, Mary 252.
Wynorski, Jim 257, 258, 259.

„X" - *THE MAN WITH THE X-RAY EYES* 14, **157**, 162, 165, 166, 167, 173, **174**, 174-181, **176**, **178**, **180**, 279.

THE YOUNG NURSES 245.
THE YOUNG RACERS 89, 239, 277.

Zanuck, Darryl F. 31.
Zinnemann, Fred 40.

Über den Autor

ROBERT ZION, 1966 in Kassel geboren, studierte u. a. Philosophie und Soziologie. Arbeit in der Kulturförderung, als Publizist, Kinoleiter und Politiker. Zahlreiche Veröffentlichungen über Film, Philosophie, Gesellschaft und Politik in verschiedenen Zeitungen und Zeitschriften. Er organisierte als Kinoprogrammgestalter u. a. Film- und Vortragsreihen über deutschsprachige Filmliteratur und Roger Corman. Bisherige Veröffentlichungen: DIE KONTINUITÄT DES BÖSEN – VINCENT PRICE IN SEINEN FILMEN, 2000; WILLIAM CASTLE ODER DIE MACHT DER DUNKELHEIT, 2000; DER VERLETZLICHE BLICK – REGIE: DARIO ARGENTO, 2017; ROGER CORMAN – DIE REBELLION DES UNMITTELBAREN, 2018; RHONDA FLEMING – ASCHENPUTTEL IN HOLLYWOOD, 2021; AUF DEM PFAD DER VERLORENEN: NOIR WESTERN – ESSENTIAL, 2022; FRITZ LANG IN AMERIKA, 2023.

Notizen

Notizen

Printed in the USA
CPSIA information can be obtained
at www.ICGtesting.com
LVHW091623031224
798219LV00009B/175